JN078575

ロバート・リー博士
In Memory of Dr. Robert Lee
(July 6, 1928 - February 29, 2016)

東京ミッション研究所創立30周年記念論文集

平和を
つくり出す
神の宣教 Mission of God
the Peacemaker

現場から問われる神学

責任編集　西岡義行

東京ミッション研究所

推薦の言葉

東條隆進

　東京ミッション研究所の 30 周年を振り返る時、初代所長の Robert Lee（ロバート・リー）博士の貢献なしには語ることができない。研究所発足直後に出版された D. ボッシュの *Transforming Mission: Paradigm Sifts in Theology of Mission*（Orbis Books 1991 年）の邦訳出版に総力を注ぎ、発足 10 周年には、『宣教のパラダイム転換』上巻（1999 年）が出版された（下巻は 2001 年）。この翻訳事業を通じて作られた翻訳者間の交わりが、日本宣教学会へと発展したことは、TMRI 発足当初からリー博士が願っていたことであった。

　ボッシュは、トーマス・クーンの『科学革命の構造』におけるパラダイム論を教会史の分析に援用したハンス・キュンクの時代区分（初代キリスト教会・教父時代・中世・宗教改革・近代啓蒙主義・エキュメニカルの時代）に沿って、キリスト教宣教の実践とその背後にある思想的／神学的枠組みがどのように変容（transforming）されてきたかを明らかにした。キュンクはキリスト教思想の分類学を提示したのに対し、ボッシュはキリスト教宣教がいかに時代を支配するパラダイムによって変質していったかを述べた。特に、宗教改革によってパラダイム転換がなされたとはいえ、実際には、その改革も、近代化の啓蒙主義的パラダイムに吸収されてしまったとした。さらに、この変化はプロテスタントのみならず、時代的差異はあったとしても、カトリックにも共通して見られ、ポストモダンの時代は、エキュメニカルなパラダイムにあるとし、カトリック・プロテスタントに限らず、集約できないほど様々な課題の中に置かれていることを提示した。

　リー師はハーバード大学での宗教学博士請求論文 "Religious Evolution

and the Individuation of the Self in Japanese History" (1974 年) で、日本の歴史社会過程で、超越的次元へと開かれた自我（セルフ）がいかに形成されたかの研究である。宗教社会学的議論を踏まえて、宗教的シンボルシステムの歴史的発展過程を文明論的広い視野で辿りつつ、宗教社会的座標軸における "Self" の発見（"The religious symbol system and the self in society"）に、日本のキリスト者の目指すべき方向性を求めていった。日本における人間理解の視座を、聖徳太子の時代から法然と親鸞、日蓮へと辿りつつ、どのような転換がなされ、何が継承されたを議論した。さらに、日本的宗教基盤と真に向き合いつつ、日本の近代化を推し進める中で「余はいかにして基督信徒になりしか」を問うた内村鑑三に注目し、ボッシュができなかったアジアや日本の宗教的伝統を踏まえた宣教論を展開した。

　神学者には祭司主義的神学者と預言者的神学者の系譜が存在する。リー博士は、それまでの議論を批判し、新たな切り口で議論を展開する点で、預言者的神学者の系譜に位置つけられる。神の民の歴史を福音の旅として捉え、「古代エルサレムから近代の東京へ」という宣教の神学を提唱した。「枢軸時代」を可能にした仏教や儒教などのアジアの宗教的パラダイム転換をも視野に入れ、その宗教的伝統の根源的課題を神学しつつ「旅する神の民」としての「キリスト者」を追求した。「主イエス・キリストの信仰告白集団」としての共同体が日本に形成されるため、「東京ミッション研究所」は、その最前線のキャンプなのだ。そして、新約聖書の神学者たちが発見した「神の国と神の義」を実現する現場、それが日本である。聖徳太子が発見した「和をもって貴し」とする日本教に、根源的革命をもたらす「シャロームを創造する」神の義人たちの旅、その途上に私たちが生きていることを明らかにした。この「神の宣教」の旅を遂行する福音のベースキャンプをロバート・リー博士はこの東京の地に建てられたのである。

　平和を造る人々は、幸いである　その人たちは神の子と呼ばれる。

（マタイによる福音書 5 章 9 節、聖書協会共同訳）

（東京ミッション研究所所長）

リー博士と「真の宗教」への提言

水間照弥

　リー博士が「コンテクスチュアライズ」との言葉をさかんに口にされるのを聞いた時、その度に私は得心した。しかし、それは私の場合は聖書解釈学のレベルにおいてであったが、先生の場合は、その言葉を主に宣教学のレベル——特に、日本宣教において用いた。それはそれで私にとって得心することであった。

　なぜなら、私にとって日本におけるクリスチャンの人口が日本宣教100年を経ても1パーセントの域を出ないのはなぜだろうかと考えあぐねていたからである。また、今でもキリスト教は「外国の宗教」、クリスチャンは「家出人クリスチャン」と言われ続けているからである。

　リー博士にすると、それは日本宣教において「コンテクスチュアライズ」がなされていないからである。

　私ごときになるが、毎年大晦日になると「除夜の鐘」を真摯な思いで聞きながら忘年の時を過ごし、108つの煩悩を払おうとした。除夜の鐘を聞き終わるやいなや1メートルにもなる積雪をかき分けて山頂にある天満神社に一年の祈願に詣で、その足で山の中腹にある真言宗の糸崎寺により、さらに、隣にある浄土真宗の寺にも立ち寄り手を合わせて家に戻る。家に着くやいなや家の床の間に安置されてある神棚に手を合わせ、次に隣にある仏間に行き「南無阿弥陀仏」とお経を唱え、さらに二階に行き天理教の神棚の前で柏手をうってお参りする、そしてこれらの事を一通り終え、リビングに行き、用意されたお雑煮を合掌し、真新しい箸で頂くのである。

　これらの事を当たり前にして毎年繰り返すのである。これらの振る舞いを何の抵抗も、不可思議さも覚えなかった。これが平均的日本人のメ

ンタリティーであると思う。これらの振る舞いをモーセの十戒の第二戒をもって「偶像崇拝で、罪である」と一刀両断するのも一理あるが、それで日本宣教は進んだのであろうか。また、進むのであろうか。否である。リー博士の言うように、このような日本人のメンタリティーをなしている宗教、思想・哲学、文化、風土を生活の座（ジッツ・イム・レーベン）において、さらに深層心理にまで至ってコンテクスチュアライズ・対決せずして日本宣教の進展はあり得ないのである。

さらに、リー博士は「真の宗教」との言葉をよく口にされた。それも比較宗教的にといった相対的レベルにおいてではなく、直（ちょく）に真のレベルにおいてであった。それは、それぞれの宗教の独自性を問うことによっての方法であった。キリスト教においては、「贖罪信仰──イエス・キリストの生、死、復活」といった独自性の宣教の言葉をもって日本人に問いかけ、選択を迫るといった方法である。それも対決型によってではなく、対応型によってである。

さらに、リー博士は実務的に TMRI（東京ミッション研究所）、AGST（アジア神学協議会）、日本宣教学会の立ち上げに多大な貢献をされた。

（東京ミッション研究所理事長）

平和をつくり出す神の宣教
Mission of God the Peacemaker

現場から問われる神学

〈東京ミッション研究所創立 30 周年記念論文集〉

目　次

序　章
東京ミッション研究所 30 周年を迎えて

金本　悟

　東京ミッション研究所が創立 30 周年を迎える。主に感謝したい。価値観には、時代と共に変化するものと、時代を超えて普遍的に残るものとがある。東京ミッション研究所は、時代と共に変化すべきものと普遍的な価値観を識別して、今の時代にふさわしい宣教のあり方をこの 30 年間模索してきた。

　昨年は、日本の元号が「平成」から「令和」に変わった。今年の 3 月 11 日には、世界保健機構（WHO）が、「新型コロナウイルスはパンデミックになった」との宣言を発表した。昨年末に中国の一都市で始まった感染症が 3 カ月で世界中に広がり、パンデミックになるというグローバル化の時代に私たちは生きている。そして、東京ミッション研究所は、この国際社会における宣教学的思惟を探り求めている。

　東京ミッション研究所が設立された時は、「昭和」から「平成」へと元号が変わった時代であった。東京ミッション研究所の薦書シリーズ No. 1 は、「天皇制の検証 ── 日本宣教における不可避な課題」であり、日本文化の中心的アイデンティティーとしての天皇制と向き合いながら宣教についての考察を続けてきた。

1　東京ミッション研究所の使命

　ロバート・リー初代所長（所長在任、1989 年 12 月〜 2003 年 8 月）は、東京ミッション研究所所報第 1 号で「Tokyo（東京）」「Mission（ミッション）」「Research（研究）」「Institute（所）」の言葉の意味を解説している。リー師は、

近代の歴史において東西文明が衝突し交流する都市である「Tokyo（東京）」
は、近代化の結果として地球上の多くの地域がグローバル化された結果、
文明の衝突の最前線になってしまったとの見方を持っておられた。その
「Tokyo（東京）」で、「Mission Research（ミッションの研究）」をすることは、
最前線の現場での宣教学であり、その事をなしうる研究所を設立すると
いう志がリー師に与えられた。そして、その最前線である東京で宣教学
を実践できるように、「Research Institute（研究所）」が設立された。

　昭和から平成へ元号がかわった時は、重苦しい雰囲気や自粛が満ちて
いた。昨年の令和への改元時には、祝賀ムードが満ちていた。それには
いろいろな要因があるであろう。一つには、前天皇の崩御にともなう新
天皇の即位と前天皇の譲位にともなう新天皇の即位の差があげられよう。
次に、昭和の時代には戦争があったが、平成の時代にはなかったという
事実もあるであろう。さまざまな要因による影響は日本人及び日本に住
む人々に影響を与え、時代によって異なる宣教学的な課題に私たちは直
面することになる。

　今日、私たちは高度に発展したテクノロジーによってグローバル化さ
れた世界で生活し、インターネットなしの生活は考えられなくなってき
た。地球温暖化を始めとする気候変動に伴う大規模自然災害の多発や、
新型コロナウィルスの世界的感染、さらに家族制度や社会制度などの変
化に伴う子どもたちの養育や教育への対応など宣教学的な課題も飛躍的
に増大している。東京ミッション研究所では、これらの宣教学的な課題
をポストモダン時代における宣教学的パラダイム形成の課題と位置づけ
て取り組んできた。これからも時代の変化とともに、東京ミッション研
究所は、キリスト教的立場に立って、宣教学的課題に取り組んでいく。

2　東京ミッション研究所の歴史

　東京ミッション研究所は、設立の準備を 1988 年から開始した。1989
年 9 月には、宣教学者のウィルバート・シェンク師フォーラム、第 1 回

日本宣教研修ツアー（伊勢：千代崎秀雄師を団長とする宣教ツアー）を経て、1989年12月に東京都東村山市にある日本ホーリネス教団東京聖書学院内に設立された。設立時の主要メンバーは、評議員会議長に鍋谷堯爾師、理事長に小林和夫師、所長にロバート・リー師、副所長に齋藤孝志師、総主事に金本悟という布陣であった。

　東京ミッション研究所は、ロバート・リー初代所長の指導の下で、福音派の伝統を大切にしながらも、福音派以外のキリスト教の伝統や他宗教にも開かれたセミナーやフォーラムを開催してきた。OMS International（旧 東洋宣教会）及びアズベリー神学校の教授陣、また、メノナイト教会及び神学校の教授陣を含めた多くの内外からの講師が東京ミッション研究所を訪れ、宣教学的な対談を通じて交流を深めつつ、研究を行い、宣教学、平和学、実践神学などの書物を出版し、講演会を開催してきた。

　リー師は、講演会の講師としてデイヴィッド・ボッシュ師を招聘した。ボッシュ師は、南アフリカ生まれで、宣教学と神学を学ぶためドイツやスイスに留学しオスカー・クルマン師のもとで、博士号を取得された。その後南アフリカに戻り、オランダ改革派教会の神学者として活躍し、白人でありながら、アパルトヘイトに反対の立場を貫かれた宣教学者である。ボッシュ師は東京ミッション研究所の招聘を受け入れ、来日を楽しみにされていた。しかしながら、来日直前の1992年4月に、交通事故で天に召されてしまった。その後、ボッシュ氏が1991年に出版したばかりで、世界的に高い評価をうけた *Transforming Mission: Paradigm Shifts in Theology of Mission* を翻訳する計画が持ち上がった。神戸ルーテル神学校の鍋谷堯爾師や東京ミッション研究所の関係者を中心に、カトリック宣教研究所の小田武彦師の協力も得て出版することになり、西岡義行主事の下で、カトリックやプロテスタントを問わず多くの方々に分担翻訳していただいた。そして、新教出版社から『宣教のパラダイム転換』（上：1999年11月刊行、下：2001年3月刊行）（選書シリーズ No. 3、No. 4）が出版された。この本は、日本の宣教学に大きな影響を与え、この本の出版により、東京ミッション研究所は、日本のキリスト教界に認知される研

究所となった。さらに、この共同作業を通して培われた交流や信頼関係が基礎になって日本宣教学会設立の機運が具体的になっていった。神様の導きは私たち人間には計り知れないものがある。

『宣教のパラダイム転換』の出版をきっかけに、東京ミッション研究所は、ポストモダンへのパラダイムシフトが近い将来起こり得ることへの備えとしての研究を深め、アラン・クライダー著『聖をめざす旅』（選書シリーズ No. 7）、ウィラード・スワートリー『平和の契約』（選書シリーズ No. 11）などを続けて出版した。また、ジョン・ハワード・ヨーダーの『愛する人が襲われたら？』（選書シリーズ No. 8）を出版するとともに、ヨーダー研究会を起ちあげ『ジョン・H・ヨーダーの神学』（新教出版社 2010）を出版した。

リー師の功績として、アジア神学大学院・日本校（Asia Graduate School of Theology/Japan、略称 AGST/J）での働きも記憶に留めておきたい。アジア地域にある福音的な神学校が互いに連携をとり、アジアの教会の働き人をアジアで教育できるように 1970 年にアジア神学協議会（Asia Theological Association）がシンガポールに設立され、多くの神学校が加盟している。各国に支部があり、日本支部では、福音派の神学校 6 校が協力して、アジア神学大学院 / 日本を組織し、学びを修了した者に、神学修士（Th. M.）、牧会学博士（D. Min.）、神学博士（Th. D.）の学位を授与できる体制を整えた。リー師は、このアジア神学大学院・日本校で長年教鞭をとられ、東京聖書学院を含む多くの福音派の働き人や神学校教師を育ててくださった。

また、宣教の実践の分野では、イースタン・メノナイト大学に設立された Institute of Conflict Resolution（後の、Institute of Conflict Transformation）の設立者である、ロナルド・クレイビル師を招き「平和セミナー・牧会者セミナー」を開き、教会内にも紛争地域にも共通する紛争を平和作りに転換していく示唆を提供することができた。

リー師は、日本宣教学会の設立に向けて、東京ミッション研究所、関西ミッション・リサーチ・センター（神戸ルーテル神学校を含む）、福音聖書神学校、大阪キリスト教短期大学、東京キリスト教短期大学（共立基督

教研究所を含む、現、東京基督教大学）との連携を模索されていた。

　リー師の所長退任後に私が第二代東京ミッション研究所所長（在任、2003年9月〜2015年3月）に任命された。私は、リー師の意思を受け継いで、日本宣教学会を起ち上げる働きを継続し、2005年8月に同学会の設立総会が早稲田奉仕園において行われた。また、日本宣教学会設立当初、その事務局を東京ミッション研究所内に設置させていただけたことも感謝なことであった。

　この学会はすでに15周年を迎えている。事務局も、日本聖書神学校、清泉女子大学、東京ミッション研究所、東京基督教大学と持ち回っており、総会は、早稲田奉仕園、東京ミッション研究所、日本聖書神学校、清泉女子大学、カトリック幼きイエス会ニコラバレ、関西学院大学、上智大学、カトリック麹町聖イグナチオ教会岐部ホールなどで開催されてきた。2020年度の総会は、関東学院大学を会場として開催される予定である。今では、福音派、日本キリスト教協議会（NCC）系、カトリック系のそれぞれが共に研鑽しあいながら宣教学の学びを共にしていく学会として発展している。

　リー師の主張でもある、近代化の結果としてのグローバル化は、ポストモダン時代を生み出すことを踏まえて、実学及び研究を行っているローザンヌ運動との連携を深めた。その結果、東京ミッション研究所は、2010年10月に行われた第3回ローザンヌ会議（南アフリカ共和国ケープタウン市）のための参加準備を、関西ミッション・リサーチ・センターと共に行い、会議後に正式発足した日本ローザンヌ委員会の事務局も東京ミッション研究所内に設置させていただくこととなった。第3回ローザンヌ会議は、1910年に開催された第1回宣教会議であるエディンバラ国際会議の100周年を記念して開催されたものである。

　なお、私の所長就任に伴い、西岡義行師が後任の総主事に就任してくださった。東京ミッション研究所が設立された当時、西岡師はフラー神学校に在学中であった。フラー神学校から宣教学の博士号を取得後、日本に帰国され、東京ミッション研究所に加わってくださった。西岡師は、

東京聖書学院及びアジア神学大学院の教授、また日本宣教学会の学会誌編集委員長、牧師なども兼任され、日本ローザンヌ委員会でも活躍してくださり、それらの働きは現在でも継続されている。西岡師の東京ミッション研究所への貢献には多大なものがある。

　2015年には、東條隆進師が第三代所長（在任、2015年4月〜現在）として就任された。東條隆進師は、真言宗の家に育ち、早稲田大学の学生時代にキリスト教信仰に触れ、早稲田奉仕園や信愛学舎と深い関係を持ち、学生伝道への重荷を持たれた方である。下関市立大学の教授であった頃、下関に日本キリスト兄弟団（けいていだん）の教会を複数開拓し、キリスト者学生会（KGK）活動にも参加されるようになる。神戸大学で経済学博士の学位を取得した後、神戸ルーテル神学校において神学を学び、アジア神学大学院から牧会学博士号を取得し、その後早稲田大学に戻られて教鞭を執り、日本キリスト兄弟団弥生教会の牧師も兼任されてこられた。

　神戸においては神戸ルーテル神学校教授の鍋谷堯爾師との親交が厚く、日本キリスト兄弟団はメノナイト教会との連携のある教派であるので、ロバート・リー師とはとても良い連携を持たれていた。また、経済学、牧会学、仏教学にも両者とも深い洞察を持っておられ、良き宣教学の同志であった。リー師のアジア神学大学院での働きを、東京ミッション研究所理事長である小林和夫師と共に東條師は支えられた。また、鍋谷師と共に東條師はボッシュの『宣教のパラダイム転換』の翻訳出版においてもリー師を支えられた。日本宣教学会が設立された時には、初代の会長としてリー師の目指した宣教学会の方向付けを継承された。

　また、理事長が小林和夫師から、水間照弥師と引き継がれた。新理事長の水間師は、東京聖書学院教授であると共に日本ホーリネス教団新井教会牧師であり、ロバート・リー師の指導の下に牧会学・宣教学の学びを深められた方である。

　西岡師は、水間照弥理事長、東條隆進所長の下でも総主事を継続してくださっている。

　2016年2月29日に初代所長のロバート・リー師は、多くの人々に惜

しまれつつ米国で天に召されたが、リー師が東京ミッション研究所および日本の宣教の現場に残された足跡は多くの人々に受け継がれている。

3　東京ミッション研究所の将来

　東京ミッション研究所から多くの働き人を宣教の現場に送り出してきた。横田法路師は、九州の熊本大地震の救済活動のために「九州キリスト災害支援センター」を設立された。水野節子師及び宮﨑誉師は、2019年（平成 30 年）2 月に庭野平和賞（世界平和に貢献した個人や団体を表彰）を受賞されたジョン・ポール・レデラック師の著作（『敵対から共生へ──平和づくりの実践ガイド』ヨベル、2010 年［平成 22 年］）を翻訳出版された。当研究所理事の岩上敬人師は、JEA 総主事となられた。

　社会の変化は著しい。ソーシャル・ネットワーキング・サービス（SNS）の進化・拡大にともない世界中のあらゆる情報が瞬時に世界中の人々に伝わる時代になった一方で、SNS による犯罪の数や凶悪さも増してきた。経済格差を含め社会の二極化が世界でも日本でも始まっており、その結果としての課題が宣教学的な課題として新たに浮かび上がってくる時代ともなっている。

　これからの時代に東京ミッション研究所は、どのようにそれらの課題に向き合っていくのであろうか。聖書に記されているラジカルな聖書信仰を現代社会において具体的に生きていくことが宣教の実践であると私たちは考えている。その宣教をどのように研究していったら良いのであろうか。私たちは、神がわたしたちに語り掛けてくださることに対しての私たちの具体的な応答が宣教活動であるととらえているが、その活動を学術的に研究することが東京ミッション研究所（Mission Research Institute）の使命と心得ている。また、研究員一人ひとりが与えられている課題に真剣に向き合い、ネットワークを有効に活用して情報を共有しながら、共通する課題にともに向き合うことも可能であろう。そのためには、リー師が尽力されていた日本における神学教育教師陣の資質向上

及び次世代リーダーの育成という研究所の使命を再確認し、ネットワークを維持し発展させていくことが大切であろう。今後神様が東京ミッション研究所をどのように導き、用いてくださるのか楽しみである。

4　付記 神様の導き

　最後に、私が東京ミッション研究所に導かれた経緯について触れておきたい。そこに、東京ミッション研究所を設立に導く神さまの宣教の御業を感じるからである。

　私は大学生の時代に、キリスト者学生会（KGK）運動に加わっていた。当時理事長であった舟喜順一師のお勧めもあって、エドワード・カーネル（Edward John Carnell）の *Introduction to Christian Apologetics*（キリスト教弁証学入門）を読んだり、W・E・ホーダーン（William E. Hordan）の『現代神学入門』（布施濤雄訳）を読んだりしていた。カーネルは、フラー神学校、ウェストミンスター神学校、ボストン大学神学部などで学び、母校でもあるフラー神学校の弁証学の教授であった。

　その頃、フラー神学校や、アズベリー神学校で学ばれ、東京聖書学院で副院長をされていた新進気鋭の学者である斉藤孝志師のもとに、当時練馬神の教会の牧師であった今野孝蔵師と共に訪問する機会が与えられた。齋藤孝志師はカーネルがキルケゴールの思想と対話をしながら弁証学を教えていることを熱く語られると同時に私に留学を勧めてくださり、それ以来メンターとして私を御指導くださった。

　私は齋藤孝志師の勧めもあり、ホイートン大学大学院、トリニティ神学校、プリンストン神学校、ボストン大学神学部で学ぶことを許され、ボストン大学では『現代神学入門』にも名が記されていたロバート・ネルソン教授のもとで学びをする機会が与えられた。その時代に、ボストン大学に教授として赴任されたのがロバート・リー師であった。

　リー師は宗教社会学を中心に仏教学や日本の美学などをハーバード大学で学ばれた方であり、ボストン大学には宗教社会学や仏教学を教える

ために招聘されていた。リー師は、ボストン大学に来る前に、アマースト大学やテネシー大学での教師としての実績がある方であったが、日本での宣教師としての経験もあり、お子様方三人はみな日本生まれであった。そのようなこともあって、私たちも家族ぐるみのお付き合いをさせていただいた。リー師のハーバード大学での博士号の学位論文は、日本人の個性（individuality）の研究であった。リー師は、聖徳太子から、鎌倉仏教の教祖たち、内村鑑三、戸田城聖等の著作を日本語あるいは漢文の原文で読みこなすことができるほどの語学力のある方であり、日本人の中で「個」を確立した人々の著作を通して、日本人の「個」の在り方を探られている研究者であった。リー師とのボストンでの出会いは２年ほどであり、その後、リー師はテキサス州のサザンメソジスト大学に転任された。リー師の後任には、宗教社会学者のピーター・バーガー教授がボストン大学に招かれた。

　私は、1985年から東京キリスト教短期大学で「自然科学思想史」や「宗教社会学」を教える機会が与えられた。その頃、日本メノナイト協議会方南町教会の牧師であられた本間正己師から、「ロバート・リー師があなたを探している」との連絡を受けた。当時、リー師は明治学院大学国際学部開設のために大学教授として招かれ、神奈川に住んでおられた。私は、当時東京キリスト教短期大学で教えながら同大学附属の共立基督教研究所（宇田進所長）に関わっていたので、リー師を宇田 進師に紹介させていただいた。また、東京聖書学院教授であった齋藤孝志師にも同師を紹介させていただいた。そのことが契機となって、リー師は、明治学院大学の大学教授として宗教学を大学生に教えるよりは、将来の牧師たちに対して神学及び宣教学を教えることを選ばれ、東京聖書学院の客員教授として赴任してくださることとなった。

　振り返ると、松村悦夫師が日本ホーリネス教団委員長の時代に私を東京聖書学院の講師として招いてくださり、松木祐三師が教団委員長、小林和夫師が聖書学院長の時代にリー師を客員教授として迎えてくださった。神様が、ロバート・リー師、齋藤孝志師、松木祐三師、千代崎秀雄師、

小林和夫師と共に私をも東京ミッション研究所に導いてくださった。

　齋藤孝志師の「宣教者」としての宣教学的な情熱が東京ミッション研究所設立の前史として大きな貢献をなしているのではあるが、小林和夫理事長の貢献も多大である。斉藤孝志師の東京ミッション研究所への思いを支え続けられ、若手教役者の人材養成に努められた。私もプリンストン神学校への推薦状を書いていただいた。若手を育てたいという使命感は、小林師とロバート・リー師に共通しており、お二人の友好関係が、松木祐三師を含めて日本ホーリネス教団をして東京ミッション研究所を支え続ける原動力となっていたことを記させていただきたい。また、リー師が小林師の詩篇註解を高く評価していたことも併せて記させていただく。

　神様は様々な出会いを通して東京ミッション研究所を、そして私たち一人ひとりをいつの時代にあっても「宣教者」として導いておられることを確信している。主がこれまで東京ミッション研究所を導き、用いてくださったことに感謝をささげる。スタッフとして長年にわたり忠実にご奉仕くださっている中川美弥子姉、金本史子姉、宮崎 誉師をはじめ、東京ミッション研究所のために様々な形でかかわってくださった方々、祈ってくださっている方々、財政的に支援してくださっているお一人おひとりに御礼申し上げる。

「いと高きところには栄光、神にあれ、地には平和、御心に適う人にあれ。」

（ルカ2：14）

（東京ミッション研究所　初代総主事、第2代所長）

第1章
古代イスラエルから近代東京への
パラダイム転換
―― ボッシュの批判的展開 ――
⁽¹⁾

ロバート・リー

概要――本稿では、ボッシュのパラダイム転換を展開することによって、日本文明における *missio dei*（神の宣教）の文化脈化の課題が明らかにされる。それは、古代から近代への時間の旅、西洋からアジアへの文明の旅、すなわち古代エルサレムから近代の東京にいたる道を、マクロ社会的、歴史的、ならびに比較的研究である。

1　この章の一部は、『宣教のパラダイム転換――下・啓蒙主義から21世紀に向けて』（東京ミッション研究所、2001年）の拙論「まえがき――上巻から下巻へ」（9-26頁）にすでに出版されている。また、日本に関する議論については、拙著『日本と西洋キリスト教――文明の衝突を超えて』（東京ミッション研究所、2005年）1-4章を参照。

【訳注】本論文は、もともと2003年7月22-24日に米国インディアナ州エルクハート市にある合同メノナイト聖書神学校（AMBS）を会場に、AMBSと東京ミッション研究所の共催で行われた「東アジア神学協議会」において発表され、同年11月に、*Mission Focus: Annual Review,* Volume 11: Supplement, pp.33-59に掲載されたものである。この論文は、1999年に英語で出版された著書 *Clash of Civilizations: An Intrusive Gospel in Japanese Civilization* (Harrisburg: Trinity Press International) の第1-4章で展開される議論を要約しつつ、その第5章の結論部分をさらに一歩先に進めた内容となっている。その後、同書が『日本と西洋キリスト教』として翻訳出版されるにあたり、原書で15頁ほどだった第5章に差し替えて、本論文が日本語版の第5章として出版された。差し替えに際しては、1-4章との重複を避けることを目的にある程度の編集がなされた。今回の再録にあたっては、単独の論文であることを考慮しつつ、リー氏が2005年版でアップデートした部分については、そちらを尊重した。

デイヴィット・ボッシュの『宣教のパラダイム転換』(*Transforming Mission: Paradigm Shifts in Theology of Mission*) が 1999 年に出版された時、この書は「実に壮大なる書」、「宣教学大全ともいえるもの」（レスリー・ニュービギン）、また「最も包括的で綿密なキリスト教宣教の研究書」[2]（アラン・ニーリィ）と評価された。その後、何度も増刷され、中国語[3]、韓国語[4]、日本語[5]など、多くの言語に翻訳されている事実は、それらの賛辞を立証しているといえよう。

　ボッシュが宣教学を再定義した仕方のゆえに、この書は、アジア神学大学院（AGST）日本校における大学院レベルの宣教学課程〔博士課程（D. Min.）および修士課程（Th.M.）〕の中核的カリキュラムの基礎的教科書となった。宣教学を実践神学の一部門として定義づけたり、教会論の下に位置づけたりする代わりに、ボッシュは宣教学を、*missio dei*（神の宣教）として理解し、教会論や実践神学に対して神学的に先行するものとした。*Missio dei* を、三一神の内在的行為の中心的主題として解釈することにより、彼は、聖書神学、歴史神学、そして現代神学を一つの宣教の神学へと統合したのであり、そうすることで、宣教を聖書学、歴史学、神学といった別個の領域に振り分けるような、伝統的な細分化型の宣教研究を克服したである。『宣教のパラダイム転換』は、聖書・歴史・現代という三つの部分に区分されてはいるが、その副題（*Paradigm Shifts in Theology of Mission*）〔宣教の神学におけるパラダイム・シフト〕が表明している概念によって統合された、単一の作品として読まれなければならない。事実、上下二巻物として出版されたデイヴィッド・ボッシュの書の日本語訳は、シンプルに『宣教のパラダイム転換』(*Paradigm Shifts in Mission*) という題で

2　David J. Bosch, *Transforming Mission: Paradigm Shifts in Theology of Mission* (New York: Orbis, 1991) の裏表紙より引用。

3　Taipei, Taiwan: China Evangelical Seminary, 1996.

4　Seoul, Korea: Christian Literature Crusade, 2000.

5　上巻は 1999 年、下巻は 2001 年に東京ミッション研究所より出版された。

あり、その上巻は『聖書の時代から宗教改革まで』、下巻は『啓蒙主義から21世紀に向けて』となっている。

I　ボッシュと日本のパラダイム転換

パラダイムとパラダイム転換

　上記の日本語の書名が示すように、宣教の歴史における「パラダイム転換」は日本の学者に衝撃を与える批判的考察であった。彼らはボッシュが新しいパラダイム、あるいは「パラダイム変革」（paradigm transformation）ではなく「パラダイム転換」（paradigm shift）と述べていることに注目した。パラダイム変革は革命的変化を意味し、トーマス・クーンが科学の歴史について論じているように、新しいもののために古いものを放棄することである。この理解に従えば、ボッシュは宣教の歴史に関して、旧約聖書と新約聖書の間に、旧約聖書における律法とその歴史を中心とする宗教から、新約聖書による「イエスの人格と十字架」を中心とする宗教への「パラダイム変革」という非連続を見ていることになるであろう。すなわち、「イエスにとって決定的行動原理」は、もはやトーラーではなく神の支配（reign of God）、つまり「人類の宗教史において絶対的に新しいもの」なのである。ボッシュにとっては、この新約聖書のパラダイムが宣教の原初的パラダイムになっているのであり、それに続く、宣教の神学における5つのパラダイム転換は、この新約聖書のパラダイムの、異なる時間と空間における文化脈化として理解することができる。

　ボッシュは、パラダイム転換の歴史を新約聖書から始めているため、彼の描く一連のパラダイム転換が、*missio dei*（神の宣教）は1世紀のイエ

6　Thomas S. Kuhn, *The Structure of Scientific Revolutions,* Third Edition, (Chicago: University of Chicago Press, 1996), pp. 92f.〔トーマス・S．クーン『科学革命の構造』（みすず書房、1971年：原著第2版1970年の翻訳）、104-105頁〕

7　Bosch: 35-36.〔上：69-71頁〕

スから始まったと暗示しているように見える。その結果批評家たちは、ボッシュがパラダイム転換の研究において、古代イスラエルに関する全旧約聖書の歴史を除外したと指摘した。ボッシュ自身は、「旧約聖書から離別させられた新約聖書は存在しない」ということを熟知していた[8]。しかし、〔ボッシュによれば〕「旧約と新約の決定的な違いは、宣教に関してである。新約は基本的には宣教についての書である[9]」。ボッシュはさらに続ける。もし旧約に「宣教師」が存在するとしたら、それは、ご自身の民を創造しようと歴史に働いておられる神ご自身である。なぜなら「歴史こそが神の活動の場」だからである[10]。

　ちなみに、ボッシュが古代イスラエルの描く旧約の歴史を削除したことは、アジアのキリスト者にとっては極めて重大な問題である。アジア人の歴史的アイデンティティは、西洋文明との連続性を持たない古代文明にその基礎を置いているからである。この問題について、間接的には以下において、また直接的にはより後の部分で、ポストモダン・パラダイムの出現との関連で述べることにする。ここでは、ボッシュの書で描写されたパラダイム転換の順序に沿って議論を進めたい。

　ボッシュが述べる新約聖書のパラダイムとそれに続く一連のパラダイム転換は、日本において、すぐに二つの関連する問題を提起した──（1）聖書のパラダイムに関して長年続いてきた解釈学的問、つまり、「古代エルサレム」において「何を意味したのか」、そしてそれが近代の東京において今日「何を意味するのか」ということ[11]、および（2）西欧の歴史にお

8　Bosch: 16.〔上：38-39 頁〕

9　ボッシュによるルツェプコウスキー（H. Rzepkowski, "The Theology of Mission," *Verbum SVD* 15 [1974]: 79-91, p.80）からの引用、Bosch: 16.〔上：40 頁〕

10　Bosch: 19, 17.〔上：43, 40 頁〕

11　「何を意味したのか」という記述的作業と、「何を意味するのか」という解釈学的作業との区別は、高く評価されているクリスター・ステンダールの辞典項目による。Krister Stendahl, "Biblical Theology, Contemporary," *Interpreter's Dictionary of the Bible* (Nashville: Abingdon, 1962), I: 418-32. ステンダールは、この区別の重要性を、学術論文「使徒パウロと西方の内省的良心」（"Apostle

ける一連の歴史的パラダイム転換の日本の歴史に対する意味とその関係とである。

「何を意味したのか」を発見するという、この解釈学的問いの最初ないし記述的部分は、比較的容易な部分である。日本人はすでに、現代聖書学の批判的なツールを手にしており、それによって、共感的に1世紀のキリスト者の世界に入ることが可能になっている。こうした研究を通して、彼らは、一定の制限の中で、「何を意味したのか」を次第に理解できるようになっていった。しかし、「何を意味したのか」だけでは決して充分ではあり得ない。なぜなら、聖書は、私たちの聴衆に対してそれが「何を意味するのか」を伝達するときにはじめて、福音となるからである。古代エルサレムから近代の東京までの道程が、ボッシュの歴史的パラダイム転換が描く道程に限定される場合、日本人にとって、1世紀と21世紀を橋渡しするという解釈学的作業は、問題が多く、またおそらく実現不可能なものとなるであろう。

それにもかかわらず、日本のキリスト者は、この歴史を単純に迂回し、あるいは無視して、〔直接〕新約聖書に戻ることはできない。なぜなら、古代エルサレムから近代東京までは、近道も直行便もないからであり、また、日本人はキリスト者になるにあたって、実際に、この西洋の経路に沿って旅をしたからである。それゆえ、古代エルサレムから近代東京までの道——今日の日本のキリスト者にとって根本的な宣教学的課題——は、この旅路の不可欠な段階として、ボッシュのパラダイム転換の歴史を批判的に検証することを含むものでなければならない。

Paul and the Introspective Conscience of the West," *Harvard Theological Review* 56 [1963]: 199-215; Reprinted in idem. *Paul Among Jews and Gentiles: And Other Essays* [Philadelphia: Fortress, 1976], 78-96）において鮮明に描いている。〔この区別の〕宣教学的使用については、拙著『日本と西洋のキリスト教』、第1章「古代エルサレムから近代の東京へ」（25-46頁）を見よ。

「宣教の神学におけるパラダイム転換」

　ボッシュは宣教の歴史において 6 つのパラダイムと 5 つの転換を記している。その中で 2 つの根本的な転換に注目している。そのひとつは、聖書的パラダイムから初代教会のパラダイムへの最初の転換で、プロテスタント宗教改革まで続いて行くものである。もうひとつは、宗教改革のパラダイムから近代啓蒙主義のパラダイムへの第 4 の転換で、それは最終的に、ポストモダン・パラダイムの出現へと至るものである。したがって、上下二巻からなる『宣教のパラダイム転換』の日本版は、この論理に沿って分割されたのであり、下巻は第 9 章「啓蒙主義における宣教」から始まり、第 10 章の「ポストモダン・パラダイムの出現」に始まる第三部を導入する。

　最初のパラダイム転換は、聖書の神理解から教父の神理解への根本的な断絶を表す。聖書的神学における救済論的および倫理的カテゴリーに代わって、神の属性を定義するために、存在に関するギリシア哲学のカテゴリー（存在論）が導入された。こうして、神学は、世界における神の救済的活動の歴史的な理解から、神の本質の形而上学的理解へと転換された。ボッシュが示したように、その後の展開の中で、この神についての教義は、西洋文明の形成においてキリスト教社会（Christendom）を正当化するものとなり、宣教は、その〔西洋文明〕において、キリスト教社会の教会論の中へと埋没させられたのである。ボッシュの言葉で言えば、「原始キリスト教において、皇帝祭儀の面前でイエスは主であると語る大胆な信仰告白として始まったものが、皇帝は『時』において支配し、キリストは『永遠』において支配する、という妥協に終わってしまった」のである。私も別のところで論じたように、この *missio dei* の教父的理解およびその後の中世的理解は、キリスト教社会と西洋文明の出現との基礎を据えるものとなった。

12　Bosch: 202.〔上：343 頁〕
13　『日本と西洋キリスト教』を参照。

単線的歴史を超えて：アジアにおけるパラダイム転換

　西洋（キリスト教）文明に先立つ、独立した始まりを持つアジアおよび日本の歴史の視点からすると、ボッシュの著作は単線的歴史、すなわち勝利主義的歴史（triumphal history）の形態を取るものであり、それは、アジアおよび日本、特にキリスト者を、16世紀（中世）と、18および19世紀の西洋の衝撃による沈殿物（precipitates）へと降格させるものである。そのような歴史の凱旋行進（triumphal march）は、聖書時代の原始教会から始まり、教父時代のギリシア教会、中世のラテン教会、ヨーロッパ宗教改革の教会を経由して、啓蒙主義、近代、およびポストモダンの時代に至る教会史を進む――すなわち、西洋文明の形成と発展に符合する西方向への動きである。ボッシュの著作の巨大な分量とその範囲に鑑みるなら、こうした観察は、批判を意図しているのではなく、以下において取り組むように、ボッシュの研究をアジアに延長する上で要求される、彼の著作の限界を指摘するものである。

　この世界における *missio dei*、神の宣教に対するボッシュ自身の深い関心にもかかわらず、ボッシュの単線的歴史は、宣教の歴史を西洋キリスト教社会、つまり教義において「正統」であるものへと還元し、その一方で、「分派的」ないし「異端的」と見なされたものを除外してしまう。こうして、使徒後時代において、コンスタンティヌスによる教会と国家の統合のもとでのキリスト教社会の成立が、宣教の境界線を定めた。初代および中世の教会は、ローマ帝国およびその領土拡大を「世界宣教」の限界と見なしたのである。宗教改革期の神聖ローマ帝国の解体をもってしても、ボッシュが指摘するように、世俗権威型宗教改革者たち（the magisterial reformers）は、大宣教命令を使徒時代に完結したものと見なし続けていた。したがって、「分裂」したアナバプテスト[14]を除いて、宗教改革者たちは、自らの宣教的努力を、ヨーロッパにおいて出現しつつあった国民国家の拡大に限定しただけでなく、それと結びつけたのである。

14　アナバプテスト派に対するボッシュの論評については、Bosch: 245-47〔上：411-14頁〕を見よ。

ローマ帝国外のアジアでの宣教：教父的パラダイム

「ローマ帝国外のアジアでの宣教[15]」に関する短い論述が例証しているように、ボッシュ自身は、キリスト教社会（教父的）パラダイムの限界を認識していた。ギリシア教会を経由してラテン教会およびその他のヨーロッパ諸教会へと至る、次第に単線的になって行く西洋キリスト教の展開とは対照的なものとして、ボッシュは、ローマ帝国の境界線の外側におけるキリスト教会、特にネストリオス派の働きの宣教的情熱を指摘する。

エペソの〔第3回〕公会議（紀元431年）において「異端」と宣告されると、ネストリオスはエジプトに追放され、その名前は西洋教会の歴史から排除されてしまった。しかし、彼の追従者たちは東方へと逃れ、中央アジア一帯における最大の宣教的勢力となり、インドおよび中国にまで到達した。東アジアでは常に少数者集団であったものの、ネストリオス派キリスト教は、14世紀末に宣教的なイスラムおよび仏教の諸運動に取って代わられて歴史の砂中に消えて行くまで、その多様な非コンスタンティヌス的形態において繁栄を続けたのである[16]。本稿の範囲を超えてはいるが、今日のアジアにおける非コンスタンティヌス型の教会にとって、この非コンスタンティヌス型キリスト教の出現と消滅における文化脈化の教訓に関するさらなる研究が必要である。

大航海時代における宣教：中世のパラダイム

ヨーロッパからアジアへと向かうキリスト教宣教の陸路が、イスラムの隆盛によって遮断されると、コロンブス〔クリストバル・コロン〕（1492年）、バスコ・ダ・ガマ（1498年）他の探検家による海路の発見が、アジアおよび新世界への中世キリスト教社会の拡大のための新たな道を切り開いた。日本の私たちにとって、宣教と植民地主義の中世的パラダイム

15　Bosch 1991: 202-205.〔上：343-46頁〕
16　関連する最近の研究として、Samuel Hugh Moffett, *A History of Christianity in Asia, Volume I: Beginnings to 1500.* (San Francisco: HarperCollins, 1992) を見よ。

26　　第1章　古代イスラエルから近代東京へのパラダイム転換

に関するボッシュの簡潔な論述[17]は重要であり、日本における西洋キリスト教の最初の直接的遭遇における大規模な失敗の教訓を理解するための、さらなる研究の根拠ともなるものである。

　ボッシュが示したように、「大航海時代」（the Age of Discovery）は、植民地主義の形態における宣教活動の空前の時代を促した。「キリスト教国が大きな驚きをもって発見したことは、キリストの教会が創立して15世紀が経つというのに、なお数百万もの人々が救いについて何も知らず、洗礼を受けていないので、そのすべてが永遠の刑罰へと突き進んでいる、ということであった」[18]。この状況に対応して、教皇アレクサンデル6世は教書〔贈与大教書：*Inter Caetera*〕を発布し、ヨーロッパ以外の世界を二つに分割して、スペイン王とポルトガル王の両者に「新たに発見された領域」に対する全権を付与することによって、二重の保護体制（double patronage）〔国王教会保護権：*patronato real* による〕を確立した。全権とは、新植民地を、政治的にのみならず、教会制度上も支配する権限を意味していた。こうして、植民地主義と宣教とは、相互依存関係になった。すなわち、植民地化する権利が、キリスト教化する義務を含んだのである[19]。この中世ローマ・カトリックのパラダイムのもとで、キリスト教宣教は日本に及んだのである。

日本における「キリスト教の世紀」

　キリスト教が日本に伝えられたのは、16世紀中期、すなわち中世社会の最後の動乱期であった。ヨーロッパで封建主義が崩壊したように、日本でも、戦争によって国が分裂しようとしていたその水面下で、政治体制の変革が進みつつあった。ヨーロッパよりも急速に成長する国内の経済活動および国際貿易、生活に浸透する世俗化、軍事と政治の徹底的権力集中といった激的な変化が、日本の近代期を形作ったのである。この

17　「植民地主義と宣教」については、Bosch: 226-30〔上：380-85頁〕を見よ。

18　Bosch: 227.〔上：381頁〕

19　Bosch: 227f.〔上：380頁以下〕

ような文脈において、日本の歴史的現実と中世キリスト教のエトスや教義が衝突したのである。

　最初のポルトガル商人が来日したのは 1543 年のことであった。6 年後の 1549 年 8 月 15 日に、イエズス会の宣教師、フランシスコ・ザビエルが来日し、ローマ・カトリックが呼ぶところの「キリスト教の世紀」が日本において始まった。[20]キリスト教は、政治の崩壊および社会の激変といった戦国時代のただ中で、伝えられたのである。商人および貿易の仲介的な役割を果たした宣教師は、まず地方の大名らに歓迎された。彼らは貿易に熱心で、西洋の武器や広い世界からの知識を求め、競い合うほどであった。イエズス会の指導のもと、九州の南部全域にわたってキリスト者が急増した。数十年に及ぶ純粋なキリスト教熱によって、あるキリスト教領土では集団回心が起り、仏教寺院や神社を冒瀆・破壊した。こうして、九州におけるキリスト教は分裂を生む力となり、キリスト者と非キリスト者との領土間で十字軍同様の戦争を引き起こしていった。[21]60 年後には、おそらく信者が 50 万人ほどにまで増えたと考えられ——この時点でのキリスト教人口の割合（2%）は、今日の割合を越えていた——そのほとんどがイエズス会の下におかれていた。[22]

　この、九州におけるキリスト者の分断的な政治的脅威には、対応が必要とされた。1587 年 7 月 27 日には、〔豊臣〕秀吉が、キリスト教を、社

20　C. R. Boxer, *The Christian Century in Japan: 1549-1650.* (Berkeley: University of California Press, 1951) を見よ。

21　Mary Elizabeth Berry, *Hideyoshi,* (Cambridge, Mass.: Harvard University Press, 1982), pp. 87-89.

22　数字には大きな幅がある。あるローマ・カトリックの資料によると、1606 年には信徒が 75 万人で、年間の信徒増は平均で 5,000-6,000 人あったと考えられている。ハーバード大学出版の "Rice-patty" と呼ばれる教科書では、当時のキリスト教徒の人口を 1582 年前後で 15 万人、その世紀の終わりには 30 万人、そして 1615 年には、50 万人に達したであろうと概算した。John F. Fairbank, et al., *East Asia: Tradition and Transformation,* (Boston: Houghton Mifflin Co, 1978), pp. 394, 527 を見よ。

会を崩壊せしめる「破壊的な教義」(pernicious doctrine) として糾弾する最初の禁止令を発布した。ジョージ・エリソンは次のように述べている。[23]

　日本の指導者は、全能の神という概念はもっともらしいが、その結果は破滅的なものになると見なした。この異国の宗教は、その彼岸性ゆえに非難され得るものであった。それは、キリスト者たちが、人間の行為の正当性〔の根拠〕を社会的領域から引き離して天的領域へと移してしまったからである。キリスト者に要求される超越者への忠誠心は、世俗の君主への忠誠心を空洞化した。唯一の神が存在し、道徳的秩序を決定するように行動するという、このキリスト教の主張を、〔日本の〕哲学、倫理、また政治は拒絶したのである。

　日本のキリスト者への最初の残虐な迫害が、1597年2月5日に生じ、6名のフランシスコ修道会の宣教師、3名のイエズス会のメンバー、そして17名の日本人信徒ら、合計26名が長崎で処刑された。すでに実権を握っていた徳川幕府は、1612年以降、断続的にキリスト教禁止令を発布し、1614年までには組織的迫害を行うようになっていた。[24] ついには、1633年から1639年にかけて一連の鎖国〔隔離〕令が発布され、その後230年間、日本は西洋に対して門戸を閉ざしたのである。

　1644年までには、宣教師は誰一人として残っていなかった。すなわち、彼らは集められて拷問を受け、殺され、あるいは背教を強要されたのである。1660年代までには、事実上すべてのキリスト者が姿を消した。3,000人以上のキリスト者が、「破壊的な信仰」を理由に殉教に追い込まれ、さらに多くの者が背教に追いやられた。ある者は、隠れキリシタンとなった。

23　George Elison, Deus Destroyed〔滅ぼされたデウス〕: *The Image of Christianity in Early Modern Japan,* (Cambridge, Mass.: Harvard University Press, 1973) p.1.

24　Jurgis Elisonas (aka George Elison), "Christianity and the *daimyo*," in *The Cambridge History of Japan, Vol. 4: Early Modern Japan,* (Cambridge: Cambridge University Press, 1991), pp. 360, 364f., 370.

彼らは、「知らず知らずのうちに、カトリックの信仰から離れて、仏教あるいは神道に染まりつつ混合主義的民俗信仰へ移行し、隔離された宗教集団」となった。この集団は 19 世紀にローマ・カトリックの宣教師が再び来日するまで、身を隠し続けていたのである。

　歴史学者ユルギス・エリソナス（別名：ジョージ・エリソン）がこの時代を要約しているように、キリスト教が最初に日本にもたらされたのは、日本の中世の政治体制が崩壊しつつあった時である。その結果、移行期の政治体制に依存していたポルトガル政府支援による植民地型の（イエズス会による）宣教もまた、崩壊したのである。

　　逆説的なことに、この［「キリスト教の世紀」］の意義は、キリスト教の勝利にではなく、その敗北がもたらした効果にある。キリスト教の侵入は、結局ほとんどキリスト教の足跡を残せなかった。すでに日本の文化的色彩が豊かになっていた時代にあっては、それは異国情緒的要素でしかなかったのである。しかし、このキリスト教の世紀の後、二世紀以上もの鎖国が続くことになる。キリスト教的逸脱〔一次的なキリスト教の受容〕は、鎖国政策との因果関係がなければ、単なる幕間劇（interlude）となっていたであろう。このキリスト教の全面的拒絶が、［近世という］時代の定義づけを促したのである。

　こうして、日本文明と西洋文明との最初の出会いは、「文明の衝突」に終わり、イエズス会の中世的パラダイムによる宣教は敗北した。イエズス会神父であるアンドリュー・C・ロスは、*A Vision Betrayed: The Jesuits in Japan and China 1542-1742*〔裏切られたヴィジョン〕と題する研究において、

25　Elisonas, 1991: 369-70.

26　Elison, 1973: 1.

27　この表現は、Samuel P. Huntington, *The Clash of Civilizations and the Remaking of the world Order* (New York: Simon and Schuster, 1996)〔サミュエル・ハンチントン『文明の衝突』、鈴木主税訳（集英社、1998 年）〕による。

これらの出来事を宣教学的失敗として描いている。すなわち、フランシスコ・ザビエル、また特にイエズス会の東洋への巡察師であるアレッサンドロ・ヴァリニャーノの抱いていた、真に土着した教会の設立というヴィジョンの原則は、ヨーロッパ文明の侵入によって妥協させられてしまったのである。ロスによると、「ポルトガル管区のイエズス会指導者らは、……時として、ヨーロッパ文化の付随的なものと、キリスト教信仰の本質的要素との区別をつけられなかったようである[28]」。

近代宣教パラダイム

　ボッシュが挙げた6つのパラダイム転換のうち2つは、根本的な変化として際立っている。すなわち、聖書の時代から教父時代への最初のパラダイム転換、そして4番目のプロテスタント宗教改革から近代の啓蒙主義への転換である。すでに述べたように、ボッシュの挙げた最初のパラダイム転換は、神が人間の歴史内で行動し、神の民を形成するという聖書的な視点から、形而上学的二元論というギリシア哲学の視点への転換であった。この転換によって、救済は人間の歴史の中にではなく、歴史の彼方に見出されるようになった。すなわちそれは、人間の（堕落した）肉体の内に閉じ込められ、この世の束縛から解放されて神と結びつくことを求める、永遠の魂の救済であって、中世日本の末期に生きていた日本人には、理解不可能な見解であった。

　ボッシュによると、宗教改革から近代啓蒙主義へという第二の主要なパラダイム転換は、形而上学的二元論が脱神聖化された世界へと崩壊し、いまや科学的および実証主義的な歴史思考によって定義づけられるようになってゆく様を目撃した。社会学的な用語で言えば、近代あるいは近代化は、世俗化によって特徴づけられるが、それは、社会的、政治的、経済的体制が、神聖なる王たちといった宗教的権威の支配から解放されるということである。社会は、それぞれに分化された社会的領域の内的

28　Andrew C. Ross, *A Vision Betrayed: The Jesuits in Japan and China, 1542-1742.* (Maryknoll, N.Y.: Orbis, 1994) p. xiii.

論理に従って分化・合理化されてゆき、市民社会と市場経済を伴う国民国家が形成されていった。

　西洋において、近代化の最も劇的な変化は、中世の神聖ローマ帝国（キリスト教社会の一形態）の脱神聖化において生じた。宗教改革期にすでに始まっていたこの変化は、近代国民国家の形成過程で起きた18世紀の二つの血なまぐさい革命によって完結したのであって、そこでは、キリスト教社会における諸王および教皇／祭司たちの神的権威は、人民の主権へと移行した。その〔脱神聖化の〕アメリカ版では、地上における神の国というピューリタン的ヴィジョンに基づく市民宗教が、指導的な宗教文化の機能を果たした一方で、フランスではより世俗的なヒューマニズムのイデオロギーが、そして後にロシアでは社会主義のイデオロギーが、同様の機能を果たした。

　これらの事例では、国民国家が個人的アイデンティティの中心となり、最高の人的権威となったのである。西洋の近代化における世俗化は、究極的権威の場を王たち／祭司たちから人民へと転換したにもかかわらず、結局のところ、〔そうして誕生した〕新たな社会・政治体制、つまり近代国民国家それ自体が、最高の権威を主張するに至ったのである。キリスト教社会においては、教皇および諸王が最高の（神聖な）権威をめぐって争ったが、近代においては、公共生活における教会が、しばしば国民国家の中へと埋没させられてしまい、その〔国民国家の〕最高の権威の主張が、皮肉なことに、この「世俗の」国家を神聖なものにしてしまったのである。

アジアと日本の近代化

　アジアおよび日本における近代化は、このコンテクストにおいてこそ、理解し対比することができるようになる。歴史的に言えば、西洋の近代化は、世界の状態を根本的に変えてしまった。いかなる非西洋諸国も、西洋の近代化の衝撃を無視したり避けたりすることはできない。しかしながら、近代は一極集中しなかった。(29)近代化は、西洋に起源を持つものの、

人間の歴史を単一の普遍的歴史へと収斂させるようには導かなかったのである。サミエル・ハンチントンは次のように述べる。[30][31]

> 近代化はかならずしも西欧化を意味してはいない。非西欧社会は近代化することが可能だし、近代化するのに独自の文化を捨てたり、西欧の価値観や制度や生活習慣などをすっかり採用する必要はなかった。……それどころか、近代化はそれらの文化を強くし、西欧の相対的力を弱める。根本的なところでは近代化しながら、非西欧化しているのである。

　アジアにおいては、インド、中国、そして日本が、それぞれ西洋の近代化という衝撃に対して異なる対応をした。それぞれが、西洋の近代を部分的に拒否し、あるいは根本的に変更して、固有の近代文明を築いたのである。たとえば、インドは、西洋型の民主主義という英国の遺産をインド型に変容することによって、西洋帝国主義（英国の植民地主義）に対応した。中国では、西洋の帝国主義（不平等条約によって制定された外国人租界）の拒絶が、「中国的特徴を持つ社会主義革命」へと展開した。しかしながら、アジアにおける西洋の近代化の衝撃に対する最初期の、そして最も迅速かつ徹底的な対応は、以下で述べるように、明治時代（1868-1912年）における日本の新伝統主義的な応答であった。
　西洋であろうとアジアであろうと、国民国家の形成を下支えするのは単

29　このテーゼは、S. N. Eisenstadt, *Tradition, Change and Modernity* (New York: John Wiley and Sons, 1973) において、最初に完全な形で展開された。〔S・N・アイゼンシュタット『近代化の挫折』、内山秀夫・馬場晴信訳（慶應通信、1969年）〕

30　冷戦の終わりにフランシス・フクヤマが論じたように、「われわれが目撃しているのは、歴史それ自体の終焉、つまり人類のイデオロギーが進化して行きついた終点であり、人による政治の最終的な形態として西欧の自由・民主主義が普遍化していくさまなのかもしれない」（Huntington, 31 に引用）。〔邦訳36頁〕

31　Huntington, 1996: 78.〔邦訳111頁〕

線的歴史、すなわち、国家の独自性や起源、またその最高の価値や主権を正当化するために作られた歴史である。多くの新しい国民国家のモデルとなったアメリカ合衆国やフランスの憲法に見られるように、そのような歴史は、憲法に成文化された。日本もまた、その固有性にもかかわらず、例外ではなかった。日本は、その独自の単線的歴史を作り上げたのであり、それは確かに固有の特徴をもってはいたが、最終的に西洋型の憲法へと到達したのである。[32]

　230年間の鎖国を自らに課した後、19世紀半ばになって、日本は突如、西洋の近代化の大きな衝撃に対して自らを明け放った。[33]その後30年の間に、日本は、国家神道を自らの中心に創設することを伴って、封建的社会から近代的国民国家へと変貌を遂げたのである。[34]西洋の君主制の世俗化の代わりに、明治の寡頭政府は、国家神道の高位祭司でもあった、神聖なる天皇を有する神国を作り上げる道を選んだ。古代の神話論的な理論によれば、天皇は、創世女神であるアマテラス〔天照〕の直系の子孫であり、「天地と共に窮りなき」（"co-eval with heaven and earth"：教育勅語、1890年）[35]、太古の時と現在との生ける連結であった。「カミ」（神）である天皇は、永遠にして清く、「神聖にして侵すべから」ざる（"sacred and inviolable"：明治憲法、1889年）[36]存在であり、先祖である神々からその子々孫々

32　20世紀初頭に創られていった西洋に対抗する日本の単線的な歴史観については、Stefan Tanaka, *Japan's Orient: Rendering Pasts into History* (Berkeley: University of California Press, 1993) を見よ。

33　明治維新初頭の1868年に出された「五カ条の誓文」は、「知識を世界に求め、大いに皇基を振起すべし」と述べる。

34　この事に関する議論は、Helen Hardacre, *Shinto and State, 1868-1988,* (Princeton, N.J.: Princeton University Press, 1989) を参照。

35　【訳注】英文は "The Imperial Rescript on Education" (1907) による。日本語は「教育に関する勅語の全文通釈」（文部省図書局、1940年）による。教育勅語の原文は「天壌無窮」。

36　【訳注】英文は "The Constitution of the Empire of Japan" による。日本語は原文を調整した。大日本国憲法第三条の原文は、「天皇ハ神聖ニシテ侵スヘカラス」。

へ、祝福と恩恵を賜る神聖なる経路であった。

　それと同時に、この神聖なる天皇の名のもとに、侍エリート階級の排除によって封建的な階層的社会構造は廃止された（1869 年）。それに代わるものとして、政府は西洋型の普遍的徴兵制度（1873 年）と普遍的教育制度（1872 年）とを制定し、それによって、（属性と名誉 [ascription and prestige] という伝統的価値観に代えて）功績と達成（merit and achivement）という近代的価値観に基づく近代的な指導者層育成のために、社会的上昇の道を用意した。しかしながら、社会〔自体〕は、儒教的価値観によって、すなわち、人々を「[天皇への] 忠誠と親孝行」（“loyalty [to thc Emperor] and filial piety”：教育勅語[37]）へと動機づけることによって統合されていたのであり、それはかつての侍階級の「武士道」的価値観であった。さらに、社会と国家は、天皇を頭とし、臣民を天皇家の枝家族とする家制度へと統合された。こうして、天皇、国家、社会、および個人のアイデンティティは、神格化された国民国家の中に融合されていったのである[38]。終戦後、戦後の憲法によって主権の所在が天皇から人民に移行したにもかかわらず、この神聖な国家という概念は、その市民にとって、最上位の忠誠心と個人的アイデンティティの拠り所であり続けたのである[39]。

日本における近代の宣教

　上述したように、近代、あるいは明治時代は、230 年に及ぶ「鎖国」政策に終止符を打った。日本と西洋の歴史が絡み合うこととなったのは、これで二度目である。そしてこの時には、西洋の近代化推進者たちに続

37　【訳注】英文は “The Imperial Rescript on Education” による。日本語はこの英文による。教育勅語の原文は、「克ク忠ニ克ク孝ニ」。

38　詳細な議論は、『天皇制の検証——日本宣教における不可避な課題』（東京ミッション研究所、1990 年）にある。英語版は *The Japanese Emperor System: The Inescapable Missiological Issue* (Tokyo: Tokyo Mission Research Institute, 1995).

39　日本の近代化に関するもう一つの論考として、Takanobu Tojo（東條隆進），“Historical Significance of Japan's Modernization,” *Mission Focus,* 11/Supp., (2003): 67-76 を見よ。

いて、近代の宣教師たちが日本に入ってきた。最初の宣教師たちは、そのほとんどがプロテスタントであったが、1859年に非合法なかたちで日本に到着した。1873年までには、宣教師たちは87名になっていたが、回心者は11名のみであった。1873年にキリスト教に対する禁止令がようやく解除されると、それ以来キリスト教は急速に広まり、1880年代の終わりにその人気が頂点に達すると、宣教師たちは、その世紀の終りには日本がキリスト教国になっているだろうと予測していた。[40]

しかし、中国人とロシア人とを連続して戦争で打ち負かすと（1894-95年［日清戦争］、1904-1905年［日露戦争］）、日本のナショナリズムが高揚し、ほとんどの日本人が西洋文明、特にキリスト教を拒否した。自由主義的な大正時代（1912-26年）までにはキリスト教は回復し、1930年代および1940年代初頭、すなわち超国粋主義の時代になるまでの間は、緩やかな成長を続けた。日本が太平洋戦争を開始し、第二次世界大戦および「大東亜共栄圏」〔構想〕へと突き進むようになると、キリスト教は再び拒絶された。[41]太平洋戦争は、事実上、日本にとってもうひとつの「鎖国」時代だったのである。

日本にキリスト教が拡大した第三の主要な期間は、第二次世界大戦後に、連合国最高司令官（SCAP）にして「キリスト者の元帥」ダグラス・マッカーサーが、日本をキリスト教化するために何千もの宣教師を召集した時に始まった。マッカーサーは、日本が真に民主化されるためには、それに先立ってキリスト教国となる必要があると確信していたのである。

40　ハーバード大学の教科書は、1889年におけるキリスト教徒人口は、1％の4分の1以下、あるいはローマ・カトリックが40,000人、プロテスタントが24,000人、ロシア正教が18,000人と概算している（Fairbank, et.al., *East Asia,* p. 527）。

41　1939年に、宗教団体法によって、国家神道以外のすべての宗教団体は、文部省の管轄のもとに登録を義務付けられた〔原文では「内務省」となっているが、実際は「文部省」なので、修正した。国家神道のみ所轄官庁は内務省〕。プロテスタントのほとんどの教団は、1941年に「日本基督教団」のもとに統合された。

こうして、戦争直後の数年間、日本にもうひとつの「キリスト教ブーム」が起き、宣教師たちの間に、キリスト教国としての日本の将来について大いなる楽観主義が表明された。

　要約すると、日本における近代のキリスト教宣教の統計上の歴史が明らかにしているところによれば、第二次世界大戦後約60年経た2004年現在、日本に存在する土着教会は、会員数が324,000人から1,132,334人へと3倍以上に増加しており、あるいは人口比率では率0.43%から0.89%へと、僅かながら倍増している。(42) 一般論として言えば、中世における2%という高さから1%未満という現代の成長までの幅を持つ日本における緩やかな教会成長は、歴史的な状況に左右されてきた。今日、日本のキリスト者たちは、この統計が露わにする、教会成長を1%未満に抑えている見えざる天井を自覚しているが、それは戦後初期の時代の急速な成長に終わりを告げるものであった。

日本の近代宣教パラダイムの問題点

　今日、日本における近代宣教の問題は、歴史的かつ量的な仕方で、あるいは文化的かつ質的な仕方で、描写することができる。ここでは、量的な分析を続けよう。教会協議会派においても福音派においても共に、多くのキリスト者が人口の10%までの教会成長を祈り求めているが、現実には、教会成長は人口の1%未満、あるいは1995年以降は人口のちょうど0.9%に留まってきた。これとは対照的に、今でこそ韓国教会指導者たちも「停滞」について語るようになっているものの、戦後の韓国におけるキリスト教の拡大は人口の25-30%であったと推定されている。(43) 信教の自由が厳しく制限されている中国本土においてさえ、公認教会およ

42　2004年版の『日本キリスト教年鑑』からのデータ。

43　ソンギュル神学大学の教授、Seok-Won Sohn によると、韓国におけるキリスト教の著しい成長の跳躍は1967年に始まり、1995年にピークを迎え、それ以降は人口の25%で停滞している。この点については、彼の論文 "History and Prospective for Korean Protestant Missions," *Mission Focus,* 11/Supp., (2003): 140-57 を参照。

び非公認教会の会員数は、人口の 0.3-0.5% になると推定されている。[44]教会成長が見られない日本の現実を、どのように説明したらよいのであろうか？

　歴史的なデータは、日本における教会成長が、急速な成長の後に緩やかな成長や、マイナス成長さえ続くといった、一定期間のサイクルに従って進展してきたことを明らかにしている。ロバート・ベラーは、この振り子的特徴を、日本の歴史における外国人嫌悪（xenophobia）の期間と外国人贔屓（xenophilia）の期間の交代として描写する。

　　外国人嫌悪の二つの期間は、日本社会にとって深刻な病的結果をもたらした。それは、徳川時代初期の国の閉鎖［鎖国］と、1930 年代および 1940 年代初期の極端な国粋主義の時代である。……この外国人嫌悪の時期はどちらも、激しい迫害に特徴づけられた時代である。大規模なキリスト教徒の処刑を含む徳川時代初期の日本における迫害は、世界の歴史における宗教迫害の中でも最も激しい迫害のひとつであった。……〔二つの時代のうちの〕後の方の時代には、自由主義者［キリスト者を含む］やマルクス主義者に対する激しい迫害が続いた。どちらの場合も、外国人との関わりの放棄と、純粋な日本的集団生活への回帰が、第一義的に要求された。どちらの場合も、迫害された集団は、日本の「国体」、すなわち国策に対して、それを超越し、またそれとは相容れない忠誠心を抱いていたと考えられたのである。……しかし、日本はそれとは正反対の弊害にも苦しんだ。すなわち、極端な外国人贔屓である。時として、少なくとも何人かの日本人は、日本の後進性の感覚に圧倒されて、自国の伝統全体を喜んで捨て去ってしてしまうかに見えた。例えば、明治時代の初期には、日本語を廃して代わりに英語を学ぶことや、仏教を廃してキリスト教を受容すること

44　中国教会の現在の急速な成長に関する概観については、Shi Guo (Peter) Yuan の論文 "Modern Chinese Church History and Special Ministry to Women, Minorities and Youth," *Mission Focus,* 11/Supp., (2003): 27-32 を参照。

を望んだ人々が存在したのである[45]。

　ベラーの歴史的図式を更新するならば、第二次世界大戦の終結後には、再び西洋文化に対して開放的な時期が続いたことに注目する必要がある。完全な敗北を喫し、無条件降伏によって屈辱を受け、歴史始まって以来初めて占領され、貧困と飢餓を余儀なくされ、天皇が公に神性を放棄する宣言を耳にした時、日本人は、驚いたことに、慈悲深い占領政策を経験した。この敗北と、貧困と、そして生きる意味の喪失の時に、多くの日本人は、慈悲深い征服者の彼岸的宗教に慰めを求めたのである。しかしながら、日本が驚くべき経済成長によって自信を取り戻すようになると、1960年代後半から、この振り子は反対方向に振れはじめた。19世紀後半、また1930年代および1940年代初頭において再び、日本が西洋世界における同等の地位を獲得するために、アジアにおいて軍事的・政治的帝国主義を確立することによって西洋を模倣しようとしていた時期とは対照的に、20世紀後半には、今度はアジアにおける経済的覇権によって、日本は再び西洋との地位の均衡を追求しているのである。

　ついでながら、16世紀半ばから17世紀前半にかけて、また19世紀後半から20世紀前半にかけて再び、キリスト教を開放的に受容した期間は、60年程続いたことに注目すべきであろう。第3番目である、現在の第二次世界大戦後のキリスト教「ブーム」は、60年になろうとする今、すでに急速に弱まっている。

内村と近代日本における意味の探求[46]

　近代日本におけるキリスト教の文化的ないし質的問題を描き出すため

45　Robert N. Bellah, "Continuity and Change in Japanese Society" in *Stability and Social Change,* edited by Bernard Barber and Alex Inkeles (Boston: Little Brown, 1971), pp. 338ff. この論文は、Robert N. Bellah, *Imaging Japan: The Japanese Tradition and Its Modern Interpretation,* (Berkeley: University of California Press, 2003) に再録されている（引用は pp. 192f.）。

46　ここで扱う議論は、内村鑑三に関する以下の研究による。"Service to Christ

に、以下の部分では、長くなるが、近代における最も初期の、そして最も鋭敏な日本人キリスト者、内村鑑三（1861-1930年）から引用することにしたい。230年にわたる鎖国の突然の終焉を受けて、〔明治維新により〕身分を喪失した侍の誇り高き息子であった内村は、彼の同世代の者たちと、国家形成における自分達の将来の役割について、時間を忘れて議論していた。この明治日本の「新世代」は、洪水のごとく押し寄せる西欧の思考や制度に浸る中で、科学の法則に支配された新たな世界観や、ナショナリズムの価値観に基づいた新しい社会の概念に遭遇することとなったが、それらは双方共に、何世紀にもわたって日本人に自己のアイデンティティを提供してきた伝統的な儒教的世界観および封建的社会秩序を浸食していった。この「新世代」は、知的なレベルでは、信用を喪失した自らの過去の世界観を拒絶したものの、情緒的には、この新しくより普遍的な西洋の価値観を容易には受け入れることができなかった。それが、彼らの儒教的遺産に由来する、日本のエリートとしての極端なまでの自意識を否定するように思われたからである。つまり、この「新世代」は、厳しい文化的アイデンティティの危機に直面したのである。[47]

　多くの「新世代」にとって、この緊張関係は、日露戦争（1904-1905年）の劇的な勝利によって日本が西洋から近代国家として認められるようになったことで、ほとんど解消された。しかしながら、すでにキリスト教に改宗していた内村は、その良心の故に、自国の（西洋型の）帝国主義的方向性を公的に拒絶したことで、悪名高き存在となった。それと同時に、彼はまた、自身の恩師である宣教師たちのキリスト教を受けいれることもできなかったのである。当時の宣教師たちを鋭く批判して、彼は、後

　　and Country: Uchimura's Search for Meaning" in *Culture and Religion in Japanese-American Relations: Essays on Uchimura Kanzo, 1861-1930,* edited by Ray A Moore (Ann Arbor, Mich.: The University of Michigan Press, 1981), pp.71-99. この論文は、*The Japan Christian Quarterly,* 54 (1988): 92-110 に再録された。

47　「新世代」についての議論は、Kenneth B. Pyle, *The New Generation in Meiji Japan: Problems of Cultural Identity, 1885-1895,* (Stanford, Cal.: Stanford University Press, 1969), pp. 6-22 を見よ。

に「無教会」運動として知られることになる「日本的キリスト教」を宣言した。

　一人の日本人が真に独立して基督を信じるなら、彼は日本的基督者である。そして、彼の基督教は日本的基督教である。日本人は基督者となることによって、日本人たることを止まない。その反対に、基督者となる事によって彼は一層日本的となるのである。日本人が米国人となり、或いは無定形なる一般人と化する時、彼は真の日本人ではなく、真の基督者でもないのである。[48]

　基督教は、武士の精神をその中に持ち込むことによって、失われてしまうのだろうか。ルターのドイツ的基督教は価値あるものであり、基督教に格別の貢献をしたではないか。そうであるなら、米国的あるいは英国的基督教は万国共通の宗教で、私の基督教は国家的あるいはセクト的だと非難することを慎まれたい。米国あるいは欧州の宣教師によって彼らの信仰に改宗せしめられた日本人が、その宣教師を模倣する有様ほど悲しむべき姿を私は見たことがない。[49]

　私の友は、ウエスレーである以上に法然であり、ムーディーである以上に親鸞である。宗教が同じであることが、必ずしも信仰の方向が同じであるとはいえない。私がイエスに向けた心は、法然や親鸞が阿弥陀に向けた心に近い。それは米国人や英国人が基督に向けた心ではない。[50]

　多くの日本人にとって、キリスト者と非キリスト者の双方にとって、

48　『内村鑑三全集』、第 15 巻（岩波書店、1932 年）、578 頁以下。

49　『内村鑑三全集』、第 15 巻、579 頁。

50　『内村鑑三信仰著作全集』、第 16 巻（教文館、1961 年）、130 頁。法然や親鸞は、それぞれ 13 世紀の浄土宗、浄土真宗の宗祖である。

内村は範例的な人物、国家の良心となった。なぜなら、彼は、超越的実在に対する自身の強烈な忠誠心において、大いなる個人的一貫性と独立心をもって、自らの国を強烈に愛したからである。彼自身の文化的なアイデンティティの危機は、今日の多くの日本人も共有しているものだが、近代という危機を反映している。内村の有名な「二つのJ」発言は、しばしばキリスト者によって彼らのジレンマを表現するものとして引用される。

> 　私は二つのJを愛するのであって、第三のJはない。一方はJesusであり、他方はJapanである。私は自分がどちらを愛しているかを知らない。私は耶蘇として、イエスのために我同胞を憎む。そして心の狭い日本人として、イエスのために宣教師より嫌われる。私は全ての友を失っても構わない。しかしJesusとJapanを失うことは出来ない。JesusとJapan。私の信仰は同心円ではなく、二つの中心を持つ楕円である。私の心と知性は二つの大切な名前を中心に回っている。私は、一方が他方を強めることを知っている。イエスは我愛する日本人を強め、潔める。日本は私のイエスへの愛を明確にし、具体化する。この二つのためでなかったなら、私は単なる夢想家、狂信者、あるいは世界の浮遊者に過ぎない。イエスは私を世界人、人間の友とし、日本は私を我国を愛する者とした。そのことによって、私はこの地球にしっかりと結ばれるのだ。この二つを同時に愛することによって、私の心は狭すぎることも、広すぎることもない。⁽⁵¹⁾

　前段の長い引用が示すように、内村は唯一無二の個人であり、時代の遥か先を行く人物であった。彼は、真正な福音のメッセージは、日本の文化と歴史の内に文化脈化され無ければならないことを理解していた。彼は、「普遍的人間」という啓蒙主義の考えを、彼の霊的遺産を縮小させてしまう抽象化として拒絶した。その代わりに、現代の文化人類学と

51　『内村鑑三全集』、第15巻、599頁以下。

一致して、彼は文化、つまり彼の日本的遺産が、外的な処分可能な特徴ではなく、人間存在にとって本質的構成要素であると主張したのである。すなわち、ちょうどアメリカ人、英国人、またドイツ人のアイデンティティがそうであるのと同じく、日本人の人間としてのアイデンティティもまた、文化的かつ歴史的に造られたものなのである。[52]内村にとって、キリスト者になることは、自らの文化的ないし精神的遺産を抹消しなかったし、また、彼の精神的遺産が彼のキリスト教信仰を堕落させることもなかった。事実、キリスト者となることは、かえって彼の日本人としての精神的遺産を強化ないし成就したのである。従って、内村は、法然や親鸞の精神的遺産を包摂する「日本的キリスト教」を要求したのである。[53]

　要約すると、近代において、継続する日本人のアイデンティティの危機は、キリスト教の成長を促進したか、あるいは抑制したかのどちらか

52　この点に関する理論的な議論については、クリフォード・ギアーツ『文化の解釈学』、I、II（岩波書店、1987 年）〕、特に、第 4 章、「文化体系としての宗教」〔I: 145-215〕、および第 2 章、「文化の概念の人間の概念への影響」」〔I: 145-215〕、を見よ。

53　内村が自らのキリスト教信仰にとって重要なものとして、日本の仏教徒（浄土教）の伝統から法然と親鸞を選択したことは、現代のキリスト教側からの関心を遥かに先取りしたものである。例えば、Karl Barth, *Church Dogmatics,* Vol. 1/2 (Edinburgh: T. and T. Clark, 1956), pp. 342ff. 〔カール・バルト『教会教義学 神の言葉 II/2 神の啓示 下』、吉永正義訳（新教出版社、1964 年）、265-69 頁〕; Alfred Bloom, *Shinran's Gospel of Pure Grace* (Tucson: University of Arizona Press, 1965); および、拙論 "The Problem of Transcendence in Comparative Religion: The Quest for the Sacred in Kamakura Buddhism," in *Transcendence and the Sacred,* edited by Alan M. Olson and Leroy S. Rouner (South Bend, Ind.: University of Notre Dame Press, 1981), pp. 115-37 を見よ。さらに、今日の神学者たちによる仏教徒・キリスト教徒間の対話におけるこの問題への関心については、Gordon D. Kaufman, "Pure Land Buddhism Today: Some Methodological Issues in Recent Revisioninst Interpretations," and John B. Cobb, Jr., "A Christian Critique of Pure Land Buddhism," in *Toward a Contemporary Understanding of Pure Land Buddhism: Creating a Shin Buddhist Theology in a Religiously Plural World,* edited by Dennis Hirota, (Albany, N.Y.: State University of New York Press, 2000), chaps. 4 (127-46) and 5 (147-60) を見よ。

であった。ある時には、この国家的意味の探求は、西洋から、その技術だけでなく、その価値および宗教をも、借りることを好んだ。別の時には、日本人のアイデンティティは、明治時代においてその近代的形態が成立した自らの伝統的な文化的遺産へと戻って行った。今日の日本のキリスト者にとって、内村が遺したもの（legacy）は、未完の課題であり、歴史的にも分析的にも、さらなる文化脈化を要求するものである。このコンテクストにおいて、キリスト教宣教（mission）は、近代ないしポストモダン時代の日本において継続される意味の探求といった、自らの不可避の宣教学的課題に立ち向かうために、根本的な見直しを迫られているのである。

II　ボッシュを超えて

出現しつつあるポストモダン・パラダイムに向けて：
古代エルサレムから近代の東京へ

　ウィルバート・シェンクによれば、1972 年から 1987 年にかけての期間における近代宣教パラダイムの崩壊は、宣教の歴史における一つの時代の終焉と同時に、ポストモダンの時代における「神の宣教」（missio dei）理解のパラダイム転換を告げるものである。いまだ明確に定義されてはいないが、この新しいパラダイムは、西洋の勝利主義の単線的歴史が持つ「一方行的動き」の終焉から始まらなければならない。それは、理論においてだけでなく、実践においてもそうでなければならない。要するに、繰り返しになるが、どうすれば古代エルサレムから近代の東京へと旅することができるのか、すなわち、古代から近代へ、また西洋の文明からアジアの文明への旅である。

54　Wilbert R. Shenk, "Mission in Transition, 1972-1987," *Missiology,* 15 (1987): 419-430.〔「過渡期にある宣教」、東京ミッション研究所編『これからの日本の宣教──発想の大転換』（東京ミッション研究所、1994 年）、第 1 章（1-30 頁）〕
55　リー『日本と西洋キリスト教』、第 1 章（25-46 頁）参照。

ボッシュはすでに、日本にいる典型的な宣教師が旅してきた道程を描き出してくれている。それは、おそらく古代エルサレム（例えば、「それが何を意味していたか」に関する、その宣教師の神学校時代の学び）に始まり、アンティオキア、ローマ、アレキサンドリア、ドイツ、イングランド、そして〔北米の〕ニュー・イングランドを次々に経由して日本に到達した旅であり、この地に、この旅路の全遺産が移植されたのである。日本の牧師たちが辿った道筋も、それと大差ないものであろう。というのも、彼らは自らのキリスト教信仰を、この同じ道沿いのどこかで発見し、彼ら自身もまた、そこからほぼ西洋のものである宗教的伝統を自らの環境に移植し、適用したからである。ここで問題なのは、この道筋がはたして適切なもの、あるいは真正なものだったのか、ということではない。なぜなら、キリスト教は、確かにこのようにして日本に伝えられたからである。むしろ問題は、この経路を辿ることで「バター臭い」（外国の）福音を作り上げてしまい、それが日本の文化的歴史と根本的に断絶したものであるために、疎外を生む結果となった、ということである。さらには、エルサレムから東京への近道や直行便があるかどうか、ということが問題なのでもない。なぜなら、この後に及んでは、すでに日本の中にある西洋の宗教的伝統を迂回する道は存在しないからである。ある年配の日本人聖書学者は、ボッシュ〔の『宣教のパラダイム転換』〕を読んだ後、自分は今、ようやく自分のルター派のルーツがより良く理解できるようになった、と述べた。[56] 問題は、むしろ、はたして日本におけるキリスト教のメッセージは、古代インドおよび中国で始まり、後に紀元６世紀から９世紀にかけて文化的伝播によって日本に移植され、新たなアジア文明を形成するに至った、この文明の文化的、宗教的歴史を無視し続けることができるのか、ということである。

古代イスラエルから近代日本へ

　旧約聖書は、日本のキリスト者に対して、批判的な仕方と比較的な仕

56　『宣教のパラダイム転換』の監修者、鍋谷堯爾氏の発言。

方の両方において、自らの宗教的遺産を理解するための別の経路を提供する。なぜなら、古代イスラエルの歴史は、古代インドおよび中国の歴史と並行するものだからである。さらには、中国文化による、初期日本の部族社会の変革は、中世キリスト教社会の形成における、文化的伝播によるヨーロッパ諸部族の変革と並行している。

　単純化して言えば、旧約聖書における古代イスラエルの歴史は、出エジプトの経験における、神の民としての古代イスラエルの形成という、原初的パラダイムに始まる、「パラダイム転換」の連続として読むことができる。古代エジプトとバビロンという、神聖王権（divine kingship）と厳格な階級社会を伴う青銅器文明の二第巨頭に挟まれていた古代イスラエルは、小さく取るに足りない社会であったが、聖戦に専心する超越的な戦士なる王〔つまり聖書の神〕を礼拝することによって、兄弟〔姉妹〕の平等主義的共同体という、他とは全く異なるタイプの社会となった。そのイスラエルは、ダビデ王の治世下での根本的なパラダイム転換において、隣国と代わり映えのしない、つまらない君主国になろうとして、ヤハウェの直接的支配と聖戦を放棄した。イスラエルは、軍事的征服によってその国境を広げる世襲的王制と、救済を仲介し王国を正当化する世襲的神殿祭司制、そして階層社会の発端とを備えた、神権政治の王国となったのである。時折生じる預言者による介入を例外として、イスラエルは、偶像へと向きを変えることによって、ヤハウェの超越性を沈めてしまったのである。

　第二の主要なパラダイム転換は、エレミヤおよび第二イザヤの預言者的審判において生じたものであり、それは王制と戦争、神殿とその祭司制度、そして階層社会というシステムの解体において頂点に達した。それに代わって、王や軍事力が存在せず、祭司や神殿が存在せず、また特権的な社会的地位が存在しない捕囚において、イスラエルの民は、いまや特定の社会的連結とは結びついていない超越神を、再び礼拝するようになった。イスラエルは、ディアスポラ（離散の地）における「在留異国

57　ディアスポラの概念の重要性については、John H. Yoder, "See How They Go

人」また「苦難の僕」となったのである。最後に、神の民のエルサレムへの帰還、および第二神殿の経験におけるもう一つのパラダイム転換においてユダヤ教が誕生したが、このユダヤ教は、後に原始キリスト教会の台頭において、「パラダイム変革」（paradigm transformation）のためのコンテクストとなった。こうして、変革されたとは言え、古代イスラエルの霊的遺産は、新約聖書の中で放棄されたのではなく、むしろ成就されたのである。それに従って、今日の日本のキリスト者は、旧約聖書を批判的な比較において読むことによって、自分たち自身の宗教的遺産がどのように変革され、成就され得るかを発見するのである。

枢軸時代：歴史的（世界）宗教の台頭

日およびアジアのキリスト者にとって、旧約聖書に描かれた古代イスラエルの歴史を含めるということは、*missio dei*（神の宣教）を、紀元前最初の千年期まで遡って拡張するということである。それは、古代インド、中国、イスラエルという、三つの地理的に遠く隔たった流域文明において、ほぼ同時に、かつ独立して、歴史的宗教ないし世界宗教が出現した時代であり、哲学者カール・ヤスパースが、人類史における「枢軸時代」（axial age）と名づけた期間である。ヤスパースは次のように述べる。

> この歴史の軸は、紀元前 800 年と紀元前 200 年との間に生じた精神的過程において見出される。そこにおいてこそ、我々は、歴史において最も深く刻まれた分断線と遭遇するのである。今日我々がそのようなものとして知っている人間は、〔そこにおいて〕存在するようになったのである。我々はこれを、略して「枢軸期」（Axial Period）と名づけ

---

with Their Face to the Sun," *For the Nations* (Grand Rapids, Mich.: Eerdmans, 1997), chap. 3 を参照。

58　Karl Jaspers, *The Origin and Goal of History,* (New Haven: Yale University Press), pp. 1f.〔引用の日本語は英訳による。ドイツ語からの邦訳は、『歴史の起源と目標』、ヤスパース選集 9、重田英世訳（理想社、1964 年）、22-24 頁を参照〕

ることができるだろう。

　世界の三つの領域すべてにおけるこの時代について何が新しいかと言えば、人間は、全体としての「存在」（Being）について、自分自身について、そして自らの限界について意識するようになったのである。人は、世界の恐怖と自らの無力さを経験する。人は根源的な問いを問う。虚無と正面から向き合って、人は必死に解放と贖いを得ようとする。……この時代において、我々がそれによって今日もなお思考している根本的な諸カテゴリーが生まれたのであり、また人類がそれによって今なお生きている世界宗教の始まりが創造されたのである。

　枢軸時代において、インドでは、遊行苦行者たち（wandering ascetics）あるいは森林住者たち（forest hermits）の宗教から、仏陀（前563-483年）が現れた。中国では、逍遥する賢者教師たちの教えから、孔子（前551-479年）が現れた。そして古代近東においては、モーセのメッセージが、また後にはヘブライ預言者たち（前760-538年）のメッセージが、ナザレのイエスにおいて頂点に達した。これらのカリスマ的人物は皆、自分自身の時代の社会的、政治的、宗教的状況を根本的に拒否し、自らの人格ないしそのメッセージにおいて、救済、解放、あるいは啓蒙の道を提示したのである。彼らは、世界宗教——歴史的宗教、現世拒否の宗教、あるいは救済宗教と呼ばれることもある——の創始者となった。ヤスパースが示したように、これらの世界宗教は、人類が今日もなお、それによって思考し生きている「根本的な諸カテゴリー」を提供したのである。(59)

　古代社会全域において生じた歴史的宗教は、個人や家族、共同体、社会、あるいは王に対して究極的価値を付与することを拒絶する現世拒否によって特徴づけられる。それ以前は、初期の日本においてそうであったように、原初的な宗教および社会においては、一人一人の個人としてのアイデンティティは、その人の社会的アイデンティティと融合してい

59　Jaspers, *The Origin and Goal of History*, p. 2.〔邦訳、23-24 頁〕

た。個人のアイデンティティは、第一義的に、家族や集団、共同体、あるいは階層におけるその人の役割によって定義されていた。歴史的宗教あるいは現世拒否の宗教では、個人のアイデンティティの場は、日常社会の世界から、超越的ないし普遍的領域へと移行した。個人の宗教的な目標は、もはや、原初的文明の宗教儀礼が祝福していたような現世の肯定には見出されなくなったのである。その代わりに、現世を拒否する宗教的進路は、この世界の否定、この世界からの解放、あるいはこの世界からの救済によって見いだされる、新しいアイデンティティへと導いたのである。

　歴史的宗教における、この宗教的現世拒否は、人類史上初めて、個人の社会的アイデンティティから明確に分化された、自律的で中核的な自己の出現を可能にした。この独立した自己のアイデンティティは、超越的あるいは究極的リアリティーの内に、新しい個人としてのアイデンティティを見出すことによって可能となった。それゆえ、すべての歴史的宗教は、個人に対して、既存の社会・政治的秩序から自由にされた、新しい自己のアイデンティティを与える救済宗教でもある。それと同時に、世界宗教は、それぞれ驚くほど異なる仕方で、その信者たちを彼らの社会的また自然的環境と、新たな仕方で関わらせた。[60]

歴史的宗教と、アジアおよび日本における帝国文明の出現

　ここで、アジアにおける帝国文明の出現が、西洋における帝国文明の出現と並行していることに注目したい。ちょうど原始キリスト教が、その最初のパラダイム転換において、西洋におけるキリスト教社会の出現

60　古典的研究は、Max Weber, *Sociology of Religion* (Boston: Beacon, 1963) である。特にその第 XI 章 "Asceticism, Mysticism, and Salvation Religion," pp. 166-83 を見よ。〔邦訳は、マックス・ウェーバー『宗教社会学』、武藤一郎・薗田宗人・薗田坦訳（創文社、1976 年）。英語版は Winckelmann 編のドイツ語第 4 版からの訳、邦訳は第 5 版からの訳。英語版 XI 章は、邦訳の「第 10 節　救済方法と、生活態度へのそれの影響」の中の「6　現世拒否的禁欲と現世ない的禁欲」から「9　救世主神話と救拯論」冒頭まで（212-32 頁）に相当〕

を伴って巨大文明の宗教へと変容したように、アジアの歴史的宗教の伝統は、むしろ西洋におけるコンスタンティヌス以前にすでに、巨大帝国文明を形成して国家宗教となっていた。インドにおいては、ほぼ一世紀にも及ぶ征服と統合の後、マウルヤ王朝の第3代目の統治者であるアショーカ王（在位：前270-232年頃）が、血みどろの軍事的征服によって最初の汎インド帝国を確立した。アショーカ王は、自身の帝国を平定し正当化するために、それ以上の暴力を放棄し、公的宗教として仏教を採用した。その在位中に、アショーカ王は、（出家者中心の［monastic］）原始仏教を文明的宗教に変革し、また仏教を宣教的宗教にした。そして、その仏教はアジア全土に広まり、紀元1世紀には中国に、6世紀には朝鮮を経由して日本に達した。[61]

　中国では、ほぼ二世紀間に及ぶ戦乱を経て、秦王朝の始皇帝が、紀元前221年に軍事的征服によって中国を統一し、帝国型文明を開始したが、[62]その文明は、1911年に中華民国の形成によって崩壊するまでの間、数々の王朝の変遷を経ながら存続した。厳格な律令国家として始まった秦漢帝国（前221-後220年）は、次第に儒教の使用へと回帰し、漢王朝の武帝（在位：前141-87年）のもと、紀元前136年に、儒教は公的な国家宗教となった。宣教的宗教ではなかったものの、儒教的思想および実践は、中国文明を東アジア全域、特に朝鮮と日本に拡大させたのである。

　日本においては、宗教的展開（パラダイム転換）の歴史は、前段で論じた他のアジアの枢軸時代宗教の場合とは大きく異なっていた。古代イン

61　コンスタンティヌスと同様、アショーカ王が本物の信仰者であったかについて疑問視する学者がいるが、それは、彼が推奨した実践が仏陀の教えと異なっていたからである。この点については、"History and Legend of the Ashokan Impact," *Buddhism and Asian History: Religion, History, and Culture. Readings from the Encyclopedia of Religion,* edited by Joseph M. Kitagawa, (New York: Macmillan, 1989), pp. 8-10を見よ。〔邦訳は、「アショーカ王時代の仏教」、『エリアーデ仏教事典』（法藏館、2005年）、19-22頁〕

62　1974年に、8,000人規模の軍団をかたどった素焼の兵馬俑が副葬された有名な秦の始皇帝陵が、長安近郊で農民たちによって発見された。

ドおよび中国では、独立した宗教的革新が、原初的宗教および社会を、現世拒否的救済宗教にする根本的な変革をもたらしたのであり、その救済宗教においては、明らかに帝国文明の出現に先立って、個々人の自己のアイデンティティが発達していたのである。それとは異なり、初期の日本は、古代イスラエルと同様、中国の隋王朝（紀元581-618年）および唐王朝（紀元618-907年）という巨大帝国文明の周辺に位置する、取るに足らない社会であった。高度な文明の伝播の波が繰り返し押し寄せる中、日本は、朝鮮を経由して中国から、仏教と儒教的政治術および社会倫理とを、自らの土着的伝統の上に加え、6世紀から始まって、氏族中心の中央集権的（律令）国家を作り上げて行った。

　しかしながら、古代イスラエルとは異なって、初期の日本は、超越神の名において批判的に現世を拒否する預言者的伝統を持たなかった。したがって、初期の日本における仏教は、原始仏教におけるような個人的救済の宗教ではなく、「護国」宗教、つまり悪の勢力から国を護り、その繁栄を保証する宗教であった。哲学的にいえば、仏教の一元論的（非二元論的）特性は、現象世界——この事例では日本——と絶対的なものとを融合させるので、仏教の教えが、自然、王位、また社会の〔存在する〕現象世界を神聖化することによって、見事に帝国的国家を正当化する機能を果たしたのである。言い換えると、日本人は、6世紀以降の仏教的および儒教的概念と中国文明との影響にもかかわらず、自らの原初的な、枢軸時代以前の諸前提を放棄しなかったのである。

法然と親鸞：日本における歴史的（枢軸的）宗教

　法然および親鸞の鎌倉（1190-1300年）仏教の根本的な超越的特性は、原初的宗教の明らかな例外、あるいはその打破であった。後の時代の内村鑑三は、直感的に、彼らに慰めを求めたのである。法然は、阿弥陀仏の住まいである「浄土」（清い地）と対比させて、日本を「穢土」（汚れた地）

63　この点に関するより詳しい説明は、拙論 "The Problem of Transcendence in Comparative Religion" を見よ。

とすることで根本的にその価値を貶めることによって、日本仏教における絶対なるものと国家との一元論的同定を決裂させた。しかし、彼の教えにおける阿弥陀の根本的超越性は、個人を社会的に帰属されるアイデンティティからは自由にしたものの、人間存在の意味については、この世における問題として放置した。なぜなら、〔法然にとって〕その〔人間存在の〕真の意味は、別の世界（another world）における次の生（next life）においてのみ見出され得るものだったからである。

　この問題と格闘する中で、親鸞は、阿弥陀仏の概念を普遍化し、単に浄土の永遠の支配者であるだけでなく、すべての存在の内に浸透している普遍的真理および力でもあるとした。したがって、各個人の心（あるいは、思い）は、仏の思い（Buddha mind）の容器であると同時に、地上的な思い（earthly mind）の容器でもある。人間が来世での成仏（Buddhahood）を切望する代わりに、阿弥陀仏はすでに人間の心の中へと降っている。阿弥陀は、自身の本来の誓願〔本願〕を成就して、すでに自身の真の思いを人間の思いに移し替えた。つまり阿弥陀は、人間の心に、誠実、信心、また浄土への往生の願いをもたらす真理の種を植えたのである。要するに、親鸞は、仏の思いと人間の思いとを結び合わせることによって、法然が教えた阿弥陀と人類との間の隔たりを崩壊させ、それによって、未来の存在においてではなく、この〔現世における〕存在において救済を約束したのである。従って、「念仏」（詠唱）はもはや、絶望的に堕落した人の嘆願ではなく、いまや阿弥陀仏の慈悲に対する感謝〔報恩〕の表明である。このように親鸞は、法然の超越的な阿弥陀仏を、この世におけるあらゆる個々の存在に直接内在するものとしたのである。この見解は、法然の場合と同様に、弟子たちに対して、社会秩序から独立した自己のアイデンティティのための象徴を提供した。しかし、それにとどまらず、この世における、そしてこの地上の生涯における意味ある存在のための基礎をも提供したのである。実際に親鸞は、阿弥陀仏のゆえに、神聖な僧伽〔仏教の修道制度〕と、擬似神聖的な社会政治的体制の双方を相対化して（親鸞は妻帯した）、あらゆる階層のあらゆる職種の人々に

も個人としての救済と〔存在の〕意味を与えたのである。[64]

　しかし、後の時代には、親鸞の弟子たちは、自らを強固に結び合わされた封建的集団に組織化した。親鸞は、弟子たちに対して、人生の行為のすべてを阿弥陀仏への報恩として行うように説得していたにもかかわらず、後の時代には、これらの報恩の行為は、阿弥陀の地上における公的代理として特定された親鸞の直系卑属のなすべき、義務的行為となった。親鸞が抱いていた、高度に個別化された自己へと導くラディカルな宗教的信念に代わって、後の浄土派の弟子たちは、集団的連帯の要求、つまり神聖化された社会秩序に、個人的自己を従属させてしまうような宗教的信念に自らを組織化し、ついには浄土真宗の封建的宗派（一向一揆）に至った。

　親鸞の弟子たちは、日本の歴史において繰り返し再現されてきた「埋もれた超越の伝統」の典型である。「埋もれた超越」（submerged transcendence）とは、世界の偉大な宗教的伝統および文明を、自分たち自身の前枢軸時代的な宗教的前提を放棄することなく受容し、また適用しようとする、日本人の傾向性を指す表現であり、ベラーが日本の宗教の「基礎低音」（ground bass）と呼んだものである。[65]

64　時代錯誤的ではあるが、あるキリスト教神学者たちは、親鸞を日本のマルティン・ルターと呼ぶ。

65　ロバート・ベラーは、日本に関する著作を出版し始めた当初より、日本の宗教を描写する際に「基礎低音」あるいは「埋もれた超越」という用語を用いた。最新の説明は、彼の著書 *Imaging Japan:* , p.7 を見よ。また、丸山眞男の論文 Maruyama Masao, "The Structure of *matsurigoto*: the *basso ostinato* of Japanese political life," in *Themes and Theories in Modern Japanese History: Essays in Memory of Richard Storry*, ed. by Sue Henny and Jean-Pierre Lehmann (London: Athlone, 1988)〔「政事（まつりごと）の構造──政治意識の執拗低音」、『百華』、第 25 号（1985 年 12 月号）＝『丸山眞男集 第 12 巻 1982-1987』（岩波書店、1997 年）、205-39 頁〕、さらに、丸山眞男「原型・古層・執拗低音」、武田清子編、『日本文化のかくれた形』、第 3 章（岩波書店、1984 年）、87-151 頁〔＝『丸山眞男集　第 12 巻』、107-56 頁〕を参照。

天皇制

日本人は、6世紀以来仏教および儒教の考えと中国文明の影響を受け、16世紀にはキリスト教および西洋中世の文明、また19世紀以来、再びキリスト教と、そして近代社会の影響を受けてきたが、前枢軸時代的な宗教的関わりを放棄しなかった。むしろ、この日本の伝統の「基礎低音」は、輸入される外国の諸伝統に繰り返し浸透し、それらの諸文化を再編成して、自らの原初的遺産を強化するのである。そしてこの原初的遺産は、いまや現代の天皇制の内に記号化されているのである。

前段において述べたように、日本は明治維新の時代に、神的天皇を制定することによって、30年で、自らを擬似封建的社会から近代国民国家へと変革した。昭和時代（1926-1989年）の第二次世界大戦後について、著名な歴史学者ジョン・ウィニー・ホールは以下のように記す。[66]

> アジア諸国の中で、〔日本以外に〕君主制［明治時代における］を破壊するどころか、むしろそれを強化することによって近代世界へと入った国はほとんど存在しない。……軍事的敗北の灰燼と戦時の幻滅の中から再生して、昭和天皇は、新たな憲法制度のもとに同じ体制を保持したことにより、その劇的な変化にもかかわらず、再び継続性の象徴となった。

この日本の天皇制の継続性についてのジョン・ホール教授のコメントが書かれたのは、1968年、つまり、あの運命的な日である1945年8月15日から23年後のことである。その日の正午、多くの日本人は、「詔書」として日本の無条件降伏と敗戦とを告げる昭和天皇の肉声（事前に録音されたもの）を、ラジオをとおして初めて聞いたのである。そのショックと、それに続くアメリカ軍の占領（SCAP）によってもたらされた劇的な変化

66　John Whitney Hall, "A Monarch for Modern Japan," in *Political Developments in Modern Japan*, edited by Robert E. Ward, (Princeton: Princeton University Press, 1968), pp. 63f.

にもかかわらず、日本の天皇制は、国家の安定を提供し続けた。

その20年後、昭和天皇の重篤な病状が公的に報道された1988年9月19日に、この安定性と継続性は試されることとなった[67]。国は「自粛」、つまり長期間の自己抑制を開始した。国家公務員は海外への渡航を中止し、地方公共団体も会社も学校も、年間祝祭行事、スポーツ行事、パーティ、コンサート、またその他お祝い事等の催しをキャンセルした。1989年1月7日の朝に昭和天皇は逝去し、昭和の時代は終った。新天皇がすぐに即位し、その翌日には、暦は新しい時代、平成元年に変わった。1989年2月24日、700人の外国要人と、164の国家を代表する元首他を含む1万人の弔問者は、テレビ放映された二重の葬送儀礼──放映されない私的な（伝統的）神道儀礼〔大喪儀〕に、放映される（近代的）公的儀式〔大喪の礼〕が続く──に参列した。

最後に、1年間の服喪期間の後、1990年11月12日および14-15日に2つの即位儀礼が行われて、皇位交替が完結した。伝統的には、一つは仏式〔即位灌頂を背景にもつ高御座の儀[68]〕、もう一つは神式〔大嘗祭〕による儀式の両方が、天皇の神格化のための儀式であるが、現在の神道の影響で仏式の儀式は世俗化され、神道の収穫感謝の大祭である大嘗祭が、より重要な儀式となった。

「大嘗祭」は、11月14日の夜8時に始まり翌日の夜明けまで行われる祭であり、太陽女神であるアマテラス〔天照〕の孫にして日本最初の天皇、ニニギノミコトが天から降ること〔天孫降臨〕にまつわる古代神話を儀礼的に再現したものである。もともとは農耕周期における豊穣儀式であるこの儀式において、新天皇はニニギノミコトとなり、母なる太陽女神

67　ここでは、『日本と西洋キリスト教』、第2章の「天皇の逝去」の項（49-52頁）で詳細に述べたことをまとめている。

68　【訳注】『日本と西洋キリスト教』の「天皇の逝去」では、高御座の儀について次のように解説される。「以前には、仏教の影響もあって、この儀式によって天皇は、魔術的な経文を唱えながら、偉大な太陽仏である大日如来の生まれ変わりになるとされた」（51-52頁）。なお、原文では高御座の儀の日付が11月10日となっていたが、正しくは12日であるので、修正した。

と親しく交わって一体化し、そうして女性へと変容することで神々によって受胎し、その後、神格化した先祖、すなわち「生ける神」（現人神）として再生するのである。[69]

　日本人が深い愛着を抱いているこれらの皇位継承儀式は、何を意味するのであろうか。ここでは、葬儀と即位の両方の儀式において、伝統的なものと近代的なものの両方が、一つのものとして保持されている。近代的なものの方は、一人の天皇の逝去と新しい天皇の即位を象徴するが、伝統なものの方は、より複雑である。大嘗祭において儀礼化されているのは、一人の個人の逝去と第二の個人の即位ではなく、「天地と共に窮りなき」皇室の家系の継続性なのである。すなわち、皇位継承とは、生物学的なものではなく、皇祖神であるアマテラスへと遡る、時の宗教的延長なのである。

　したがって、「天皇」という現代の用語は、近代的な意味合いと伝統的な意味合いの両方をもつ。「天皇」は、国家（nationhood）という近代的な政治的概念を象徴するのと同時に、（伝統的な）永遠の道徳律、つまり、永遠に清く、真実であり、かつ慈悲深きもののすべてをも象徴する。「天皇」は、こうして、日本の土地、人々、およびその社会に対して、究極の意味を付与するのである。そこには、以下のような伝統的な考えが含まれる。すなわち、人間の個人の霊魂は清く真実であること、人間関係は忠誠の階層に基づくこと、そして日本の土地、人々および社会は、人類の歴史において独自のものである、という考えである。神話的に言えば、すべての日本人は神々の子孫、また「ヤマト」あるいは太陽女神〔アマテラス〕の系列にある枝家族と見なされている。言い換えれば、日本人の自己アイデンティティは、その存在自体が日本の歴史と一体化してい

69　日本の伝統的な即位式についての議論は、Tomura Masahiro, "The Emperor System and Christian Responsibility," *The Japan Christian Quarterly*, 55/1 (1989), pp. 8-18 を見よ。〔高御座の儀の仏教的背景については、同論文 15-16 頁。なお、日本語の文献としては、戸村政博『即位礼と大嘗祭を読む ── 現代と王権』（日本基督教団出版局、1990 年）、65-80 頁を見よ〕

る天皇の内に体現されているのである。要約すると、天皇制は国民の誇り、道徳的清さ、また歴史的継続性となっているのであり、それが、大きな社会的、政治的、経済的変動の時代においても、国家の安定を保ってきたのである。

不可避な宣教学的課題

清さ、真理、土地、人々、そして社会のすべてが「天皇」という象徴のもとに一つとなっているがゆえに、日本人の自己アイデンティティは、完全に囲われたものである。それゆえ、天皇を拒否することは、ある意味では、日本人としての自己の存在の一部を拒絶することである。戦時下における教会の責任に関する多くの告白や悔い改め、謝罪文などにおいて省察されているように、天皇制は、日本のキリスト者にとって確かに「不可避な宣教学的課題」となっていたのである。以下に、典型的な宣言文として、東京ミッション研究所も起草に参画したものを引用する。

第二次世界大戦中、[70]

日本のキリスト教会は、日曜日の礼拝の始まる前に「国民的儀礼」として天皇のいる「宮城（皇居）」に向かって最敬礼することがあっても、さして抵抗を感じませんでした。愚かにも戦時中の教会は「天皇礼拝」をしても、それが十戒の第一戒……に触れることなど、まるで意識していなかったかのようです。これは罪深いことでした。戦時中の雰囲気はキリスト教を「敵性国」の宗教と見なしがちであったので、ことさらに物議をかもさないように気をつかったことも理由のようです。いつしか、日本の多くのキリスト教会では、「国家あっての教会」

---

70 「戦後50年を迎える日本キリスト者の反省と課題」：カトリック東京大司教区靖国問題実行委員会、JFOR（日本友和会）、東京地区メノナイト教会連合、東京ミッション研究所（TMRI）、日本キリスト教協議会（NCC）平和・核問題委員会、日本キリスト教協議会（NCC）靖国神社問題委員会、日本福音主義神学会実践神学部門、日本福音同盟（JEA）社会委員会、日本メノナイト兄弟センター（JAC）による共同声明。

という考え方が一種の常識になってしまってい［ました］。……

　……「日本基督教団」は、……当時の植民地であった朝鮮のキリスト教会に対してまで、「神社参拝」「天皇礼拝」を強要しました。これらは「宗教的な行為ではなく、臣民（天皇に服従する者）としての当然の義務である」などと説得しています。……しかし、中には……これを拒否したために、舌筆につくすことのできない残虐な拷問を受け、ついに殉教した人たちが少なからずいたのです。実は、そのような事実があったことさえ戦後のかなりの間、私たちの多くの者は知らないでいました。

　……戦後五十年を迎えるこの年こそ、私たちは、戦争の責任を大胆に告白し、その罪を赦されて真剣に悔い改め、キリストにあって「平和を実現する」道へと歩みだしましょう。
1995 年 4 月 10 日

III　要約

ポストモダンのパラダイムの出現に向けて：
日本文明の文化脈化の問題

脱構築と文化脈化
　本稿において提案してきた〔ことを整理すると〕[71]、文化脈化には以下のことが含まれる。まず、(1) 聖書の研究、つまり聖書が何を意味したのかについての研究であり、その中には、(2) 自分自身の神学的伝統――宣教師たちから受け継いだ伝統――において、それ〔聖書〕が何を「意味したのか」を問う批評的学びが含まれ、さらに、(3) 今日の日本の文化

71　【訳注】本稿「II ボッシュを超えて」の最初の項目、「出現しつつあるポストモダン・パラダイムに向けて」の冒頭部分を見よ。さらに詳細な議論は、『日本と西洋キリスト教』、第 1 章を参照。

および社会において、それ〔聖書〕が何を「意味するのか」が含まれる。そして、そのことには、(4) 日本の文化的歴史の批評的理解が含まれる。文化脈化は、連続した過程ではなく――上の順序はそのように暗示するかもしれないが――、現在における聖霊の導きに対して、より一層の自由と開放をもたらす弁証法的な過程である。

　聖書および伝統の解釈において、クリスター・ステンダールがもたらした、過去において「何を意味したのか」と、それが今日「何を意味するのか」に関する区別は、宣教学的目的のために重要である。この区別によって、「聖書」の西洋的遺産から独立した歴史を持つ第二の文化に対して、聖書解釈における二重の批判的過程を導入することができるようになる。ここで批判的アプローチと言う場合、それは、西洋人宣教師と日本人キリスト者のどちらもが、キリスト教信仰が日本に伝達され受け入れられた宗教的また文化的遺産を考慮する必要がある、ということを意味しているのであり、そこには、私たちの思考を歪めてしまう、残留する前近代・啓蒙主義・ポストモダン型のメタ・ナラティヴを脱構築する（deconstruct）ことも含まれる。それに加えて、日本においては、宣教師も日本人キリスト者もともに、日本の文化と歴史を理解するために、より批判的なアプローチを必要としているのであって、それは、いわゆる「天皇制」を相対化するプロセスと、「日本人論」（日本人の独自性を主張する理論）の脱構築を含むものである。葉山宣教学会での激論が証明しているように、この点を強く指摘されると、日本人キリスト者でさえ、この「日本人」イデオロギーについては本能的に防御的な反応をするのである。

　本格的な脱構築的研究は、日本ではまだ十分に展開されていない。フランスの脱構築論者ジャック・デリダからの、日本におけるポストモダニズムについての質問に対して、有名な日本のポストモダン文芸評論家

72　注 11 を見よ。

73　【訳注】このエピソードは、1984 年のデリダ来日に際して行われた、デリダ、柄谷、浅田彰による座談会（「超消費社会と知識人の役割」『朝日ジャーナル』

の柄谷行人は、(冗談交じりに)日本は未だかつて近代だったことがない
ので、日本にはポストモダンもない、と答えた。[73] 同じことは、ポスト啓
蒙主義、ポスト・キリスト教社会、ポスト・キリスト教といったポスト
モダンの「トレンド」に対しても指摘されるべきであろう。日本人は、
彼らが「西洋史」と名づけた文明の啓蒙主義理解を受け入れなかった。
しかし、それに代わって、「東洋史」(東洋ないしアジアの歴史、以下で論じる)
と呼ばれる、別の「啓蒙主義的」理解を発展させたのである。また日本
は、明治時代には30年のうちに、封建社会を、天皇制という土着の市民
宗教を擁する近代国民国家へと変貌させることに成功したにもかかわら
ず、西洋の近代化の根源的モデルに倣うこともなかった。さらに、日本は、
明治初期における大勢の急速な改宗と第二次世界大戦後の「キリスト教
ブーム」とが、そう期待させたにもかかわらず、一度もキリスト教国家
になることはなかった。

「東洋史」:日本版の〝オリエント〟

　日本の近代化において、日本人は、西洋から選択的に学び、また借り
たが、その中には、近代の歴史の理解と記述も含まれる。彼らは、ヨーロッ
パ中心の啓蒙主義的な世界史の見方が、日本を不可避的に二流の位置に
格下げしてしまうことを、いち早く学び取った。彼らは、人類史のこの
西洋的見方の中に、人間の文明と世界の歴史の起源がアジア(古代近東)
に想定されており、またこの文明のその後の発展が、東から西へという
単線的な軸にしたがっていることを見出した。ヨーロッパの暗黒時代と
並行していたイスラムの興隆とその黄金時代、また古代インドおよび中

1984年5月25日号、6-14頁)でのやり取りを指しているようである。デリダ
の「脱構築」の日本での受容をめぐり、柄谷は「日本で<脱構築>というと
きの最大の困難は、<構築>がないということ、<構築>がないところで<
脱構築>がいかにして可能かということなんです」と述べる(8頁;cf. Marilyn
Ivy, "Critical Texts, Mass Artifacts: The Consumption of Knowledge in Postmodern
Japan," in *Postmodernism and Japan*, ed. by Masao Miyoshi and H. D. Harootunian
[Durham, N.C.: Duke University Press, 1989], pp. 21-46, here 40-42)。

国における高度な文明の独自の発展といった、この単線的構造に適合しない歴史上の諸発展は、無視されるか、あるいは除外されたのである。

こうして、この啓蒙主義的見解は、遍在する「西洋」——近代文明の精神ないし本質として、緩やかに定義される——を想定することとなった。すなわち、古代近東を起源とし、そこから古代ギリシアおよびローマへ、そして最終的に西ヨーロッパと英国へと、西に向かって次第に移動した「西洋」である。その他の歴史はすべて、この西洋文明の延長として評価され、理解された。この図式では、アジアの歴史は、西ヨーロッパが支配的だった16および17世紀の海洋進出をもって始まり、18および19世紀における土着社会および文化の崩壊へと続き、さらに、19世紀後半および20世紀初頭における（西洋）近代化の衝撃に対する民族主義的応答によって完成されたのである。[74]

日本人側の異議は明らかだった。[75]ヨーロッパでの研究から帰国した白鳥庫吉は、1904年に権威ある東京帝国大学の史学科教授になった。西洋の実証主義型の歴史学を「証拠」として使用することで、白鳥と彼の同僚らはすぐに、西洋の啓蒙主義的な世界観である「西洋史」に代わるものとして、「東洋史」（アジア史）を確立した。日本人を、西洋文明の沈殿物（precipitate）として必然的に二次的位置に置く世界史ではなく、白鳥は、日本人のために同等の位置を獲得したのである。それは、白鳥自身が、ウラル・アルタイ地域における共通の言語的起源という、古代近東における文明発祥に先行する出来事を「発見」する中で、ヨーロッパとアジアとの間に共通の起源を想定したことによる。白鳥は、〔西洋の啓蒙主義的世界観の〕東－西軸〔東から西への軸〕に代えて、文明の発展におけ

---

74 このような枠組みは、例えば Edward Farmer, et.al, *Comparative History of Civilizations in Asia* (Vol. 2; 1977) といった、アジア文明に関する教科書でも使用されている。

75 この後の複数の段落は、Stefan Tanaka の *Japan's Orient: Rendering Pasts into History* (Berkeley: University of California Press, 1991) における、エドワード・サイード『オリエンタリズム』（1981年）〔の提示する「オリエント」〕の日本版の適用に関する鋭い研究に従っている。

る北－南軸〔北から南への軸〕を想定したのである。

　白鳥によれば、北方遊牧民のウラル・アルタイ系諸部族は、二つの方向に移動した。すなわち、トルコ族は西方に移動してコーカサス人となり、モンゴル族は東方に移動してアジア人となり、その両方のグループは、常に南へと移住しながら、〔複数の〕文明揺籃の地へと進んでいったのである。これらの初期アジア文明は、初めから、北方諸部族の好戦的価値観（martial values）——その中には、戦争神（例：古代イスラエルのヤハウェ）、太陽（例：後には、日本の太陽女神アマテラス〔天照〕）、あるいは「天」（中国において）の崇拝が含まれる——と、南方農耕共同体の平和的価値観（pacific values）との配合を、その特徴としていた。

　放浪の北方諸部族は、南方のより平和的諸民族と同化する中で、しばしばその好戦的徳性（virtues）を喪失していき、インドの〔文明の〕ような、アジアの偉大な諸文明を生み出した。中国の歴史においては、この北－南二元論は、次々に移行する異民族の支配者たちによって継続されたが、その内乱および／あるいは同化は、最終的に中国文明の衰退をもたらした。白鳥はここに、西から東への軸も加えて、アジア文明の漸進的発展が、中国およびアジアの他の地域で衰退した後に、日本において頂点に達したとする。このアジア文明の漸進的発展において、ただ日本だけが、北－南軸の二重の徳性の一体性を、完全な形で保存したのである。

「西洋史」対「東洋史」

　このアジア史（東洋史）は、西洋史と並行しているが、日本にアジア文明の頂点としての地位を与えることによって、日本を西洋から区別したのであり、それは、西ヨーロッパを西洋文明の頂点とすることと並行するものであった。それと同時に、この「世界」史は、有史以前の共通の起源をウラル・アルタイ地域に持っていたために、「東洋史」は、日本に対して、近代文明の共同創立者としての西洋との同等性を確立した。このような歴史は、その西洋版がそうであるのと同様に、民族における日本の独自性（日本人論）と、日本の優越性の両方を主張することを可能に

したのである。また西洋版と同様に、日本の優越性は、「生ける」、神聖な（「現人神」である）皇室の血統（天皇制）によって日本の内に象徴化された、その精神的本質（spiritual essence）において見出されたものであり、この天皇制において、文明の北－南軸の二重の徳性が保持されているのである。これとは対照的に、西洋は、この北－南軸の二重の徳性を、プロテスタンティズムの精神におけるような、（イエスが死んだゆえに）「死せる」伝統においてしか継続できなかったのである。[76]

　上段において図式的に描いたように、「東洋史」は、日本版のアジア中心的世界史観を表現していたのであって、それは、ほとんどの宣教師によって当然視されていた西洋のヨーロッパ中心的見解に対して、機能的に等価なものであり、かつそれに対する応答であった。日本では、学問的な議論と論争は続いたものの、東洋と西洋の間の違いと日本の独自の役割についての白鳥の基本的な定式化（ないしメタ・ナラティヴ）は、後続する研究のためのパラダイムとして受容され、アジア史の多様な地域また時代についての数多くの詳細な歴史的分析を生み出したが、それらはすべて、ヨーロッパから輸入された実証主義的な（「科学的な」）歴史学に基づくものであった。さらに、この東洋史のメタ・ナラティヴは、日本の民族の独自性と日本文明の起源に関する大衆的理論である「日本人論」のその後の発展において、基礎的な前提となった。[77]

　こうして、このアジア史の「科学的」見解は、宗教的象徴体系であり、かつ明治時代に作られた社会構造である日本の天皇制についてなされてきた、伝統的な神話的説明（上段の「天皇制」の項で描いた）を、補完したのである。近代国家をどのように正当化するかについて議論した末に、明治の指導者たちは、西洋文明の「精神的本質」を拒絶し、その代わりに、自分たちの文化的過去に根ざした、神話的かつ「科学的」な民族的アイ

76　白鳥は、レオポルト・フォン・ランケ（Leopold von Ranke）の西洋文明の本質理解から影響を受けていた。Tanaka, 64-67 頁を参照。

77　多様な「日本人論」と「天皇制」の理論の優れた概観については、『天皇制の検証』収載の千代崎秀雄による論文（第 1 章、第 4 章）を見よ。

デンティティを、日本人に提供したのである。世俗的な憲法（インドのような）ではなく、彼らは、神的王権のモデルを「回復した」（restored）のである[78]。

脱構築と文化脈化

エドワード・サイードが、その著書『オリエンタリズム』において、ヨーロッパの学者や政治家たちが、いかにして、「オリエント」〔東洋〕を指導することと形成することの双方を追求しようとしたかを示したように[79]、まさに日本人の学者たちも、自分たちの「オリエント」を作り上げることによって、それと同じ作業を実行したのである。今や、ポストモダンの学者たちは、西洋人も日本人もともに、日本の歴史および文学において、脱構築という共通の作業を開始したところである[80]。脱構築は、新たな再構築を始めることができる前に、両方のグループがどちらも、自らの歴

---

78 【訳注】原文の "restored" は、当然ながら明治維新の英語表記（the Meiji Restoration）を意識した表現である。

79 Edward Said, *Orientalism* (New York: Pantheon Books, 1981 [first published by Routledge and Kegan Paul, 1978]).〔エドワード・サイード『オリエンタリズム』、板垣雄三・杉田英明監修、今沢紀子訳（平凡社、1986 年；平凡社ライブラリー版［上・下］、1993 年）〕

　【訳注】サイードは、ヨーロッパにおける「オリエント」（東洋）に関する言説を分析し、「オリエント」という対象物を自らの知識体系内で理解可能なものとして定義づけ構築するその言説が、オリエントに対するヨーロッパの植民地支配を可能にするプロセスを明らかにした。サイードが特に中東についての言説について、フランスおよびイギリスが「オリエントを、過去のものとして、ヨーロッパの進歩を測る対象物とした」ことにより、「自らの地位的優位性を発展させ、定義づけた」過程を描いたように、スティーヴン・タナカ（注74 参照）は、この権力行使としての知識のモデルをさらに推し進めて、日本における「東洋史」の言説において、日本が偉大な文明を受け取った中国を「シナ」として定義づけることにより、そこから進歩したものとして日本の優位性を主張する過程を描く（Tanaka, pp. 21-24）。

80 　例えば、Masao Miyoshi and H. D. Harootunian (eds.), *Postmodernism and Japan* (Durham, N.C.: Duke University Press, 1989) を見よ。

史観を形成し、また方向付けてきたメタ・ナラティヴを放棄する必要が
ある、ということを意味している。

　しかしながら、脱構築は、再構築〔をすること〕抜きには無意味である。
近年において、脱構築に対する宣教学的な応答は、福音が受肉すべき文
化と社会の歴史的相対性を認識することになっている。脱構築は、ポス
トモダンの世界におけるキリスト教宣教にとって、文化脈化と再構築の
ための新しいパラダイムを可能にするものなのである。

新しいパラダイムに向けて：ボッシュからの発展

　日本文明における「神の宣教」（*missio dei*）の文化脈化を考察する本研
究では、西洋キリスト教社会（Christendom）の歴史におけるパラダイム
転換というボッシュの考えが、時間的にも空間的にも拡大されて、旧約
聖書の古代イスラエル文明の歴史と、それに並行する、日本文明の先駆
けとなった古代インドおよび中国のアジア文明をも含む形で展開されて
いる。このボッシュのパラダイム転換の拡大版は、二つの主要なパラダ
イムの変化を際立たせた。それは、枢軸時代の宗教および帝国文明の出
現（キリスト教および西洋文明の出現を含む）と、19世紀のアジアにおけ
る西洋近代の衝撃である。

　15世紀末から始まった、西欧の海洋進出に伴い、世界のほぼすべての
部分に侵入するようになった西洋によって、世界は次第に一つになって
いった。15世紀以前には、西洋を特に意識せずともアジアの歴史を書く
ことができたが、19世紀の西洋近代化の拡大に伴い、そうした歴史を書
くことは不可能になった。あらゆる非西洋文明は、西洋の侵入に対して
応答を余儀なくされた。それゆえ、日本のキリスト者たちは、西洋のキ
リスト教における自らのルーツと、アジアの文明における遺産とを批判
的に文化脈化することによって応答した。すなわち彼らは、古代から近
代までの時間と、西洋文明からアジアの文明まで、要するに、古代エル
サレムから近代の東京までの道を旅したのである。以下の部分は、本研

究において取り上げた、文化脈化の現代における宣教学的課題の 10 項目
と、その応答の要点である。⁽⁸¹⁾

近代日本

第 1 に、ウィルバート・シェンクの論文が描いているように、⁽⁸²⁾近代宣
教パラダイムの崩壊は、宣教の歴史における一つの時代の終焉と、ポス
トモダン時代に向けた、「神の宣教」（missio dei）の理解におけるパラダイ
ム転換との両方を示すものであった。まだ、はっきりとは定義されては
いないが、新しいパラダイムは、理論においても実践においても、西洋
の勝利主義の終焉、すなわち「一方向的運動」の終焉をもって始まるも
のでなければならない。

第 2 に、日本における近代化は、西洋的形態の近代ないしポストモダ
ン文化および社会には収斂しなかった。むしろ、日本自身が持つアジア
の宗教の遺産が、継続して日本人のパーソナリティーとアイデンティティ
を理解する「根本的な諸カテゴリー」（ヤスパース）を提供し続けてきた
のである。したがって、日本において人間存在の意味を理解するためには、

81 　ここで取り上げるリストは、ボッシュが挙げた 13 項目の「出現するエキュ
　　メニカルな宣教パラダイム」（Bosch: 368-510）〔下：196-426〕を置き換えるこ
　　とではなく、出現する宣教的パラダイムの、日本にとって決定的に重要な 10
　　の要素を強調することを意図している。〔以下の 10 項目のうち、第 1 項目は、
　　2003 年の *Mission Focus* 論文に対して、2005 年の『日本と西洋キリスト教』で
　　新たに加えられた。2005 年版では、2003 年版の第 5 項目と第 6 項目が一つに
　　まとめられており、全体で 10 項目となっている。その他、2003 年版の第 3 項
　　目と第 4 項目が、2005 年版では順序が入れ替わり、第 5、第 6 項目となって
　　いる。〕

82 　Shenk, "Mission in Transition" (1987)〔「過 渡 期 に あ る 宣 教」〕; "The Modern
　　Mission Paradigm" (1994)〔「近代宣教パラダイムとその推移」、『これからの日
　　本の宣教』、第 1 部、第 2 章（31-56 頁）〕; and "Toward Contextualization: Three
　　Stages in the modern Mission Paradigm" (1994)〔「文化脈化に向けて――現代の宣
　　教パラダイムにおける三段階」、『これからの日本の宣教』、第 1 部、第 4 章（81-108
　　頁）〕を参照。

これらのカテゴリーが、日本人にとってどのようにリアリティーの最初のモデルとして機能し続けているのかを知る、ということが要求される。

　第3に、文化的にも宗教的にも、日本のキリスト者は依然として、自分たちにとって「不可避な宣教学的課題」である天皇制、すなわち神道版の「キリスト教社会」（Christendom）に直面している。日本人の自己アイデンティティは、神聖な日本社会に埋め込まれたままであり、それはつまり、その社会自体が、その国家とその国民とその天皇制とを神聖化する内在的文化の中に埋め込まれているのである。この日本文明の内在的特性には超越的参照が欠落しているため、日本文明は自己参照的かつ個別主義的なものとして、超越性、普遍的価値、および個々人の人権を主張する西洋文明とは対照的なのである。ハンチントンは適切にも、そのような諸文明──片方はキリスト教社会（Christendom）に基づき、もう片方は「神道社会」（Shintodom）型の文化に基づく──について、「文明の衝突」と表現した。

　第4に、今日の日本社会と、その社会化の実践とは、緊張関係に保たれた、また時に矛盾の内に保たれた、近代的要素と伝統的要素の両方によって成り立っている。幼稚園や初等社会集団における「集団生活」の形成におけるように、社会化の実践が伝統的要素と一致している場合には、日本人のアイデンティティと社会秩序は、西洋的な（*ex parte*）視点

83　この議論については、Robert L. Ramseyer, "When Society Itself Is the Tyrant," *The Japan Christian Quarterly,* 58 (1992) :75-84〔『これからの日本の宣教』、第2部、1-2章（111-49頁）〕を見よ。〔この *ex parte*（個から）および *ex toto*（全体から）は、レイナー・バウムが提唱した、近代的個人と社会秩序の関係に関する理念型である（Rainer C. Baum, "Authority and Identity: The Case for Evolutionary Invariance," in *Authority and Identity,* ed. by Roland Robertson and Burkhart Holzner [New York: St Martin's Press, 1980], 61-118 ＝『日本と西洋キリスト教』、第3章、103-110頁）。*Ex parte* 型では、根源的リアリティーは独立した個人の内にあり、社会はその構成員である諸個人の交渉によって構築された秩序であるのに対して、*ex toto* 型では逆に、根源的リアリティーは永続する社会に内在し、個人はその社会に参与することによって、そこからリアリティー全体の一部を受け取るのであり、西洋は前者、日本は後者の類型で説明される。〕

から見れば、「専制的」（tyrannical）なものになり得る。他方、特に *ex toto*〔の〕視点から来た者たちにとっては、進行する日本社会の世俗化は、社会の基本構造を脅かすアノミーを生み出す。もちろん、ここで選択すべきは、機能不全の社会でも「専制的な」社会でもなく、むしろホーリスティックな福音のメッセージである。それこそが、個人的救済、すなわち、専制と無秩序から自由な新しい社会秩序（教会）において、新たな個人的、社会的アイデンティティをもたらす自己の個別化を提供するのである。

　第5に、〔本稿においては〕扱わなかったが、教会と国家の関係、あるいは教会と社会の関係という多年にわたる問題に対して、世界の歴史に文化脈化された形での新たな取り組みがなされなければならない。過去においては、日本においても西洋においても、教会と社会〔の問題〕は、エルンスト・トレルチおよび／あるいはH・リチャード・ニーバーの類型論によって論じられた。これらの類型論や、その他の西洋の類型論は、分析のためには有用であるとしても、あくまでもキリスト教社会（Christendom）のコンテクストを前提しており、キリスト教社会型の解決を提示するものである。そうした理解は、キリスト教人口が1％未満である文明において、また原則的にキリスト教に敵対的である神的王〔天皇制〕、つまり神道の高位祭司によって神聖化されている社会においては、ほとんど意味をなさない。

84　古典的参照文献として、Ernest Troeltsch, *The Social Teaching of the Christian Churches,* (NY: Harper & Brothers, 1960)〔邦訳については、冒頭部分は「『社会教説』への序論および方法論的予備問題」、佐藤敏夫訳、『キリスト教と社会思想』、トレルチ著作集7（ヨルダン社、1981年）、5-27頁として、また初代教会を扱った第1章は『古代キリスト教の社会教説』、高野晃兆・帆苅猛訳（教文館、1992年）、中世カトリック教会を扱った第2章は『中世キリスト教会の社会教説』、高野晃兆訳（教文館、2014年）として、それぞれ訳出されている〕、および、H. Richard Niebuhr, *Christ and Culture* (New York: Harper & Brothers, 1951)〔邦訳：『キリストと文化』、赤城泰訳（日本基督教団出版局、1967年）〕が挙げられる。武田清子は、『土着と背教——伝統的エトスとプロテスタント』（新教出版社、1967年）において、H・リチャード・ニーバーが『キリストと文化』で取り上げた5類型を、土着と背教という類型を含めて創造的に援用している。

西洋においては、キリスト教社会が、長きにわたって西洋文明の〔唯一の〕神聖共同体として機能してきたのであり、またそれは神により聖別された王権に基づくものであった。ところが、今日では、ポスト・キリスト教社会（post-Christendom）時代、あるいはポストモダン時代について語ることができる。この教会と国家の分化によって、教会はキリスト教社会の市民宗教から自由になり、それに代わる代替共同体（alternative community）となることについて、（たとえ私たちが、その〔代替共同体の〕実践においてどれほど不完全であったとしても）語ることが可能になったのである。

近代宣教の遺産

　第6に、アジアの歴史と西洋の歴史が絡み合って行ったように、この同じ時代における近代宣教運動の展開は、当然ながら、西洋近代化の非西洋世界への拡大と不可分であった。明治維新以来、近代のプロテスタント宣教師たちが日本の教会に残した遺産は、歴史および文明についてのヨーロッパ中心の理解であり、それはまさに、近代の西洋文化を全世界に拡張するものであった。西洋における啓蒙主義は、世界を同質的なものとして思い描いたが、そのヴィジョンは、先行する産業革命の後、19世紀に世界市場が出現したことによって補強されたのである。日本の指導的なポストモダン論者である柄谷行人によれば、西洋において、[85]

　世界史は、基本的な同一性のなかで語られ、それぞれの異質な〝世界〟は、そのなかの段階として組み込まれる。……だが、それを可能にしたのは、西洋の19世紀である。

85　日本人の視点からのポストモダン批評は、Karatani Kojin, "One Spirit, Two Nineteenth Centuries," in *Postmodernism and Japan*, pp. 259-72〔柄谷行人「一つの精神、二つの十九世紀」、『ヒューモアとしての唯物論』（筑摩書房、1993年）、46-64頁〕を見よ〔引用は47頁〕。

したがって、西洋の福音の日本への歴史的侵入は、ポストモダン世界におけるキリスト教宣教の研究において無視され得ないだけでなく、日本文明のコンテクストにおいて批判的に検証される必要がある。

第7に、今日、日本の神学者たちは、この、日本の歴史を西洋の歴史の一つの「段階」（stage）に降格させた、「世界」史の西洋的理解を自覚している。彼らは、自分たちが受け取った神学上の伝統のもつ、西洋啓蒙主義の遺産と、キリスト教社会（Christendom）の諸前提とに対して、批判的である。そこで彼らは、そこから脱出する道として、「文化脈化」という考えに向かったのである。しかしながら、西洋においては、この脱出は、自ら自身の歴史的理解を、歴史的にも文化的にも相対化することであり、それは神学におけるラディカルな脱構築（deconstruction）——アメリカの正統的（リベラル派と保守派の双方の）キリスト教と日本にいる宣教師たちの多くが、受け入れようとしないチャレンジ——、すなわち大いなる否定の実例となるものを含む。要するに、脱構築は、文化脈化のプロセスに内在的なものなのである。

第8に、ほとんどの日本人にとって、また日本社会全体にとって、*ex toto* 型の個人のアイデンティティおよび社会理解が支配的である。この型の文化的社会的コンテクストにおいて福音のメッセージの文化脈化が行われるためには、個人主義的な西洋の神学の大半、すなわち、アウグスティヌスから「世俗権威型宗教改革者たち」（the magisterial reformers：ルターおよびカルヴァン）、さらに今日の神学の大半の見直しが要求される。[86] 肉（イド）の罪と罪責（超自我）とに焦点を合わせる新プラトン主義的二元論に毒された神学に代えて、日本の神学は、強力な依存欲求（甘え）

86　この批判の一つとして、Stendahl, "The Apostle Paul and the Introspective Conscience of the West" (1963) を見よ。アウグスティヌスについては、Elaine Pagels, *Adam, Eve, and the Serpenrt* (New York: Random House, 1988) 〔エレーヌ・ペイゲルス『アダムとエバと蛇——「楽園神話」解釈の変遷』、絹川久子・出村みや子訳（ヨルダン社、1999 年）〕、特に 5-6 章を見よ。〔日本人を *ex toto* 型パーソナリティとする説明については、*Clash of Civilization*, pp. 57-59 =『日本と西洋キリスト教』、105-107 頁参照。〕

を伴う自我（エゴ）と、自我を集団生活の価値に従属させる厳しい「自我理想」（タテマエ）とのニーズに焦点を合わせるべきである。言い換えるなら、日本の神学は、人間関係に対する日本人の感性に語りかける必要がある（浜口と土井によって論じられたように）——すなわち、壊れた関係性や、競争による分派主義、また差別を生み出す排他主義といった現実を前にした、調和の必要性である。〔しかし、この〕日本的調和（和）は、聖書的なモデル、すなわち壊れた関係に和解をもたらし、反目する分派間に平和をもたらし、よそ者、疎外された者、収奪された者に対して、差別ではなく正義をもたらす「ためのモデル」（model for）によって、変革される必要がある。このような福音のメッセージは、西洋から輸入された、狭い個人主義的かつ回心主義的な神学および経験の限界を越えて行くものでなければならない。

　第9に、現代宣教学における、重要な変数としての文化の発見は、宣[87]教学的課題の新しい議題——福音の範囲、個人的回心の意味、教会の組織およびその社会との関係といったもの——を、それぞれの歴史的また社会的コンテクストにおいて提供する。これらすべての課題は、西洋において一度ならず経験されたものであり、また非西洋の姉妹教会に対しても、キリスト教の遺産として手渡されたものであるが、どれひとつとして、当然視することはできないものである。言い換えるなら、文化は社会的、歴史的に条件付けたものである、というこの認識は、あらゆる社会のあらゆる世代に対して、これらの課題に新たに取り組むことを要求するのである。

「文明の衝突」

　最後に第10番目として、キリスト教の宣教学的応答は、「文明衝突」を不可避なもの、あるいは最終的なものとして受け入れることはできな

87　さらなる議論は、クリフォード・ギアーツの『文化の解釈学』および、Charles R. Taber, *The World Is Too Much With Us: "Culture" in Modern Protestant Missions.* (Macon, Ga.: Mercer University Press, 1991) を参照。

い。なぜなら、ポストモダンないしポスト・キリスト教社会の教会の時代においては、教会と国家はますます分化されるようになっており、そのことがキリスト教会を、キリスト教社会（Christendom）の市民宗教、あるいは「神道社会」（Shintodom）から自由にしているからである。したがって、日本と西洋のキリスト者たちは、「在留異国人たち」の自発的共同体になることを追い求めることができる。彼らは、西洋の文明あるいは日本の文明へと還元され得ない〔共同体であり〕、神の国の初穂としての終末論的共同体である。そのような共同体は、国家と社会とに対して証しするために新たな社会秩序に集められた、自由に愛し合う者たちの変革的経験を養い育てる。なぜなら、国家も社会も、この目に見える忠実な教会の証しなしには、この神の国の初穂のリアリティーを知り得ないからである。

第2章
平和神学の基盤としての聖書学的枠組み

東京聖書学院・聖書学講師　宮崎　誉

序文

　日本における平和神学の発展と定着のためにロバート・リー氏は多大な貢献をした。R・リー氏の指導の元で東京ミッション研究所は、平和教会としての実践を重ねてきたメノナイト派系の神学書の邦訳を多く送り出してきた。[(1)] ジョン・H・ヨーダーをはじめ多くのメノナイト派を代表する神学者たちによる平和神学の文献は、今後、日本において真摯に平和神学を志す者たちのために重要な神学的プラットフォームを提供することになる。

　R・リー氏への感謝は、個人的な面でも語りつくせない。それは東京聖書学院を卒業して、駆け出しの牧師として東京聖書学院教会の副牧師となったとき、四年間、R・リー氏の隣の家に住んで親しく交流する機会をいただいた。R・リー氏はメノナイト派の神学者たちを毎年日本に招いて、集中講義が開かれた。聖書学のウィラード・スワートリー、教義学のノーマン・クラウス、初代教会史のアラン・クライダー、平和学のロナルド・クレイビル、ハワード・ゼアなど、またメノナイト派ではないがスタン

1　平和神学の構築に貢献するために書籍が出版されてきた。J・H・ヨーダー『社会を動かす礼拝共同体』、矢口以文・矢口洋生・西岡義行訳（2002年）、『愛する人が襲われたら？──非暴力平和主義の回答』、棚瀬多喜男訳（1998年）、ヨーダー研究会編『ジョン・H・ヨーダーの神学──平和をつくりだす小羊の戦い』新教出版社（2010年）、ウィラード・M・スワートリー『平和の契約──福音の聖書神学的理解』（2006年）、アーノルド・スナイダー『イエスの足跡に従う──アナバプテストの伝統』、中川美弥子・矢口以文訳、東條隆進監修（2013年）、他。

リー・ハワーワスを招いた。これらの著名な研究者たちの学びに触れたことは、大きな特権と感じている。これらの平和神学に心惹かれて、後に東部メノナイト大学（EMU）と合同メノナイト聖書神学校（ABMS）で学ぶ機会を得ることができた。その留学に際して、R・リー氏の助言はとても参考になり、また、東部メノナイト大学での生活でR・リー氏と奥さまのナンシーには家族がとてもお世話になり、留学生活が支えられたことに深い感謝に感じている。

　今回の論文は、そのような経緯で学んだメノナイト派の神学校で、どのような聖書学的枠組みで平和神学が位置づけられているのかを描写し、具体的にはルカ福音書のテクストを選んで、解釈の一例を示すこととする。記念論文集という特質から、広い読者が対象となるので聖書学が専門ではない方々にも、読みやすいように配慮することとする。

論旨紹介
序文
1．平和神学の聖書学的枠組み
　（1）シャロームの多面性
　（2）シャロームの概念形成（T・Y・ニューフェルド）
　（3）新約におけるシャローム（エイレーネ）概観
　（4）シャロームのコンセプトチャート（W・スワートリー）
2．テクスト解釈：エルサレム入城と平和の嘆き（ルカ福音書19章）
　（1）ルカ19章の字義的翻訳と本文批評
　（2）平和の福音と神の国
　（3）パックス・ロマーナとパックス・クリスティ

1　平和神学の聖書学的枠組み

　メノナイト派など平和教会の伝統では、いわゆるプロテスタントの正統派といえる宗教改革型の神学的枠組みを踏まえつつも、独自の枠組みで平

和神学の構築に取り組んでいる。東部メノナイト大学のキャンパスには、神学校（Eastern Mennonite Seminary）の方ではアナバプティストの非暴力平和主義を土台に教会形成をする牧師たちを養成し、併設されている紛争変革プログラム（Conflict Transformation Program）の修士コースでは世界の紛争地で和解の使命に取り組む平和活動家を育成している。そのようにして神学、牧会、実践という多方面で平和構築の使命に生きる者たちが、深い確信を聖書から受け取って歩むために、「平和と正義の聖書的基礎」（Biblical Foundation of Peace and Justice）という授業がある。本論文では、そのような研究の中から重要なものをいくつか紹介する。[2]

（1）シャロームの多面性

シャロームは「平和」や「平安」と一般的には訳される。争いのない静かな状況を指すと考えられることが多い。しかし旧約聖書の「シャローム」は、非常に多面的な「繁栄」を表現し、旧約聖書の各時代において用いられ方に幅があることが分かっている。

「シャローム」の用法として、一般的な平和の意味と異なる顕著な例として、ダビデ王がバト・シェバと姦淫の罪を犯して、それを隠蔽するために夫のウリヤを戦地から戻したときに交わされる会話がある。ダビデは、将軍ヨアブと戦地にいる民、そして戦争の状況を問うとき、「うまくいっているか」の意味で「シャローム」が用いられる（サム下 11:7、聖書協会

---

2 平和神学の構築として、聖書神学の視点で最も有益な書物は、W・スワートリーの『平和の契約』だろう。そして、聖書理解を土台としつつ、平和神学に取り組んでいる J・H・ヨーダーの著書は『イエスの政治──聖書的リアリズムと現在社会倫理』である。この書は、福音書からイエスが導くキリスト者の倫理を読み解いているが、聖書的リアリズムを鍵語として、キリストに従う者として生きる弟子の道を示す。ヨーダーの「聖書的リアリズム」は、ラインホールド・ニーバーが提唱した「キリスト教リアリズム」との対比で用いられている。ヨーダーの著作は多くある中で、彼が教理的な面で神学理解をまとめた書物として、*Preface to Theology*(Grand Rapids, Mich.: Brazos, 2002) が挙げられる。

共同訳では「ヨアブの安否、兵の安否……、また戦況」）。いくつかの英訳では「how the war prospered」と訳される[3]。繁栄の意味で用いられているとはいえ、「戦争はシャロームか／戦いはうまくいっているか」という旧約の記述に、単視眼的なシャローム理解を持っている者は戸惑いを覚えるだろう。このテクストは王国時代のシャローム理解が、強く反映されているが、後に詳しく触れることにする。

旧約学者のペリー・B・ヨーダー[4]は、その著書 *Shalom: The Bible's Word for Salvation, Justice, and Peace*（シャローム──救い・正義・平和を表す聖書の用語）で、旧約聖書において核となる救済観は、出エジプトにおける解放（Liberation）であるとし、豊かな広がりをもつ「救済」としてのシャロームと解釈している[5]。ペリー・ヨーダーは、以下のようにシャロームの概念を三つの側面で理解する[6]。

---

①「実質的な良さ」や「繁栄」としてのシャローム。
②「正義／公義」としてのシャローム
③「実直さ（straightforwardness）」という道徳性としてのシャローム

ペリー・ヨーダーの鋭い指摘として、「平和対平和」ということを語っている[7]。シャロームの意味が多面的であるがゆえに、旧約聖書の中である平和理解と、別の平和理解とが対峙する場面がある。例として、王国時代の国の繁栄はある種のシャロームの状態だが、預言者たちが訴えたのは特

---

3 King James Version (1611), Young's Literal Translation (1862), American Standard Version (1901), ジュネーブ聖書も「prosper」の訳語が用いられる。

4 Perry B. Yoder はメノナイトを代表する旧約学者で、長年、インディアナ州にある合同メノナイト聖書神学校で教鞭をとっていた。

5 Perry. B. Yoder, *Shalom*: *The Bible's Word for Salvation, Justice, and Peace*, (Nappanee, Ind.: Evangel Publishing House,1987) 現在、この書の邦訳出版に向けた準備が進められている。.

6 Perry B. Yoder, *Shalom*, pp. 10-15.

7 Perry. B. Yoder, *Shalom*, pp. 107-108.

権階級の者たちが民を搾取して、特にやもめや孤児、そして貧者が虐げられている不正義に対して、真の正義が行われるようにと訴えた。裕福な者たちは搾取の上にあって安寧を求め、社会変革を願わず、現状維持を求める。それに対して、不義と戦う預言者たちは、正義としてのシャロームを求めるのである。すなわち、上記の三側面で捉え直すならば、第一定義の国家の「繁栄」と、第二定義の「正義」というシャロームの二つの側面が対立しているのである。

　正義が崩れている繁栄という痛ましい状況に、預言者エレミヤは嘆く。「小さな者から大きな者に至るまで皆、暴利を貪り／預言者から祭司に至るまで皆／虚偽をなすからである。彼らは、娘であるわが民の傷を手軽に癒やして／『平和、平和』と言うが、平和などはない」（エレミヤ 8:10b-11）。不正義に対して、真剣な悔い改めに届かない浅い癒しを行おうと、本当の平和（シャローム）がないのに、偽りの預言者が「シャローム」と言っていると指摘している。ここに国家の安全と権力者の富をシャロームと呼ぶ王国時代の平和と、貧しき者や搾取されている者のために社会変革を伴う義が行なわれることを求める預言者的シャロームが、ぶつかっている。この構図でみるときに、先に挙げたダビデ王の「将軍と兵士たちと戦争はシャロームか」という表現は明らかに、王国型のシャローム理解に立っている表現だといえる。

（2）シャロームの概念形成（T・Y・ニューフェルド）

　トーマス・ヨーダー・ニューフェルド[8]が旧約史の枠組みでシャロームの概念を表しているチャートは非常に有益である(67頁表を参照)。シャロームの核となる意味は、神の救済における解放と正義と平和であるが、その多面性ゆえにシャロームの概念が対立する場面がある。

　ニューフェルドは、時代を四つに区分して、それぞれの時代の特徴的なシャロームの理解が重なるように展開されていると見ている。第一の区分

8　Thomas Yoder Neufeld は、ハーバード大学で学位授与を受けた新約学者（1989年）。Conrad Grebel College で新約学と平和学を教えている。

（シャローム A）は、王国時代以前の部族ごとに連帯して生きる時代である。その時代から、第二の区分（シャローム B）の王国時代への転換点は、サムエル記上の 8 章に記されている、民が異邦の国々のような王を求める場面である。預言者であり最後のさばき司であるサムエルに向かって、民は願う。「……『今、他のすべての国々のように、我々を裁く王を立ててください。』裁きを行う王を自分たちに与えよとの彼らの言い分は、サムエルの目に悪と映った」（サム上 8:5b-6）。

　イスラエルに人間の王がいないのは、真のイスラエルの王は主なる神ご自身だからである（サム上 8:7）。それゆえに、神は王を立てるときに、真の王である神のしもべとして、民の牧者の役割を王に託していき、サウルが立てられ、次にダビデが王として立てられていく。その過程で、真剣な忠告がなされる。御心から離れる王たちは、異邦の国の王のように息子たちを徴兵し、武器作りの労役を強要し、作物の最良のものを取り上げ、重い税を課すのが王であると予見する（8:10-18）。このように、王政のイデオロギーが入り込んでいき、そこでのシャロームは国家の安全と繁栄を意味するようになる。

　この王政イデオロギーというシャローム B の特徴は調和（harmony）であって、貧者や搾取されている者が社会の底辺で抑圧されていても、権力者や特権身分の者たちは抑圧的社会構造を変えようとは思わず、不義の社会の現状維持を求める傾向にある。それに対して、シャローム B では、王政のシャローム理解と対立するようにして、預言者による社会正義を求めるシャローム理解が聖書に明確にあらわれていく。この点を、先述のペリー・ヨーダーはエレミヤ書をはじめイザヤ書（1:17; 5:7）、アモス書（8:4-6）などの旧約の預言書たちが、正義と公義を呼び求める声を上げていることを指摘し、それが預言者的な義を求めるシャローム理解として描写している[9]。

　バビロン帝国によって王国が滅び（BC587 年）、王国時代以後の捕囚期と第二神殿時代の区分にあたるシャローム理解が、シャローム C となる。

9　Perry. B. Yoder, *Shalom*, p. 104.

ニューフェルドは、この時代のシャロームの特色は、シャローム A（連帯）とシャローム B（調和、社会正義）の混合であると共に、「終末の希望としてのシャローム」と主張している。ここまでの理解を図にしたのが、下記のチャートである。

〈旧新約聖書におけるシャロームの概念形成〉[10]

BC1020	BC587	AD 0- 33	
シャローム A（連帯 / 公正、正義）	シャローム B（秩序 / 調和）	シャローム C（A と B の混合）	シャローム D（A, B, C の混合）
・契約的関係 ・社会正義と関連するシャローム	・古代近東の肥沃宗教と王制イデオロギーの影響 ・シャローム A とシャローム B の間の緊張関係。 王　対　預言者。	将来の希望としてのシャローム	・シャロームとイエス ・預言者としてのイエス（シャローム A） ・王としてのイエス（シャローム B） ・敵を愛せ ・平和を作るメシヤの体としての教会

　この表にあらわれているように、四つの時代（民族連帯時代、王国時代、補囚、新約時代）における特徴的なシャロームのタイプを分類し、なおかつ累積的に、そして緊張的共存関係に位置づけるのが、ニューフェルドの論考の丁寧さである。

（3）新約におけるシャローム（エイレーネー）概観

　第四区分の新約の時代（シャローム D）では、これまでの旧約の三つの区分の特徴を継承しつつ、メシヤとして到来したイエスにおけるシャロームが特徴となる。新約聖書はギリシア語で記されているので、アラム語が

10　T・Y・ニューフェルド、講義「平和と正義の聖書的基礎」での配布資料（東部メノナイト神学校、2002 年夏）

用いられた出来事でも、記述は全てコイネー（共通）・ギリシア語で記されている。ヘブライ語の「シャローム」の訳語は、LXX にならい「エイレーネー」（ギリシア語での「平和」）が新約聖書で多用されている。

　新約聖書における平和と和解に関する聖書テクストを簡略に概観する。エフェソの信徒への手紙 2 章 14 節には、「キリストは、私たちの平和であり、二つのものを一つにし、ご自分の肉によって敵意という隔ての壁を取り壊し」と、後期パウロ書簡における初代教会の信仰告白として、イエス・キリストこそがわたしたち教会の平和であると語られている。救済の面で考えるならば、使徒パウロにとって、キリストの平和と和解の第一義的な対象は、聖なる神と罪人との和解の福音のメッセージである（2 コリ 5:18-20）。

しかし、垂直軸における神と人との平和と和解というメッセージは、水平軸における人間同士の和解をないがしろにしない。むしろ、イエスにおいては、その二つは不可分である。イエスにとって、「隣人を愛すること」は、「神を愛すること」と同様（ὅμοιος「同質」）に律法の中核である（マタイ 22:36-40）。弟子の道を説く山上の説教では、祭壇で供え物を神に捧げて礼拝しているときに、それを中断してでも兄弟との和解を優先するようにと、イエスは教える[(12)]（マタイ 5:23-24）。さらに、旧約の律法の中心とされる、神への愛と隣人への愛は、イエスにおいて「敵への愛」（愛敵）に

11　律法の中心メッセージとして神を愛し隣人を愛することに言及している並行記事のルカ 10 章 27 節では、神を愛することと、隣人を愛することというように、「愛する」を二回訳出するのが通例であるが（マタイ 22:36-40）、文頭に一度「あなたがたは愛する」と動詞が記されて、「神を」と「隣人を」（「自身を」も含む）の両方にかかっている（ἀγαπήσεις κύριον τὸν θεόν σου ἐξ ὅλης [τῆς] καρδίας σου καὶ ἐν ὅλῃ τῇ ψυχῇ σου καὶ ἐν ὅλῃ τῇ ἰσχύϊ σου καὶ ἐν ὅλῃ τῇ διανοίᾳ σου, καὶ τὸν πλησίον σου ὡς σεαυτόν.）。ルカの記述によると、神への愛と隣人への愛、そして健全な自己愛は一つ繋がりといえる。

12　心理学者のデビッド・アウグスバーガーは、個人的な側面と社会的な側面の両方を視野に入れた赦しと和解に関して研究している。彼の視点は個人の内面と向き合いつつ、共同体形成を目指し、メノナイト派をはじめ、紛争地などで平和構築に取り組む者たちに良き手引きとなっている。その土台となっ

まで視野が広げられている（マタイ 5:38-48）。

　愛敵の教えや非暴力主義の教えは、しばしば実行困難なイエスの教えと理解されるが、ジョン・ヨーダーは *Peace without Eschatology?* という書物を記し、現実性や有効性によって倫理的判断をするのではなく、終末の希望に支えられて平和構築に生きることを語る。「究極のゴールという見方から人生を見るのでなければ、人間の努力には、意味がない……"平和"という言葉が表現するのは、平和主義者の希望であり……　行動の特性であり、そして究極的な、神による確信である(13)」。その視点では、キリストに従う信仰者は古いアイオーン（時代）ではなく、新しいアイオーンに属している(14)。この終末論的平和主義の視点が、「中間倫理」やニーバーのキリスト教リアリズムが示す倫理との決定的な違いとして際立っている。

　ジョン・ヨーダーは黙示録の終末のヴィジョンに着眼し、最後の勝利者としてキリストが「ほふられた小羊」として描かれていることを指摘して（黙示録 5 章）、以下のように語っている。

　　小羊の死による勝利は、教会の勝利の確証である。教会の苦難は、主のそれと同じく、自らを与えたもう神の愛に対してどのくらい従順であるかを示す基準である。無抵抗の生き方は、最も深い意味において

ている聖書テクストは、山上の説教の兄弟との和解を扱うマタイ 5:23-24 と、教会の戒規を扱うマタイ 18:15-20 である。「言うことを聞き入れたら、きょうだいを得たことになる」（マタイ 18:25）。 David Augsburger, *New Freedom of Forgiveness*(Chicago: Moody, 1970)。 邦訳は、『赦し──新しい人間関係を生み出す』、棚瀬多喜雄訳（東京ミッション研究所、2003）、6 頁。

　マタイ福音書の兄弟との和解を扱うテクストは、平和神学において重要なテクストであり、ジョン・ヨーダーの信仰共同体形成を扱う *Body Politics* (Nashville, T.N.: Discipleship Resources, 1992) でも、第 1 章の「つなぐこと・解くこと（Binding and Loosing）」として、丁寧に取り扱っている（pp. 1-13）。邦訳は、『社会を動かす礼拝共同体』（21-39 頁）。

13　ジョン・H・ヨーダー『終末論と平和』、棚瀬多喜雄・市川好裕訳（日本メノナイト教会協議会、1968）、3 頁。

14　ヨーダー『終末論と平和』、4-5 頁。

正しい。それが効果を持つからではなくて、ほふられたまいし小羊の
勝利を見越しているからである。[(15)]

　ジョン・H・ヨーダーにとって、キリストの十字架の出来事はアガペー
の最上のあらわれである。[(16)] そして、聖書的平和主義を自認するメノナイト
派の非暴力の倫理は、徹底的にキリスト論的であり、それは「キリストに
従う弟子の道」として真実な平和作りの歩みへと導くのである。

（4）シャロームのコンセプトチャート（W・スワートリー）

　ここまで、旧新約聖書におけるシャロームの展開の概観をみてきた。前
半部分の締め括りとして、ウィラード・スワートリーによる、シャローム
の概念図を紹介する。[(17)]

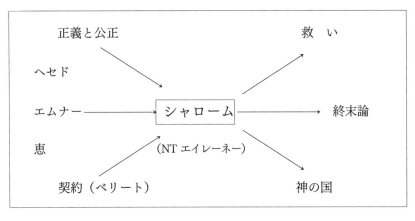

　この表は、旧約聖書のシャローム理解を新約聖書のシャローム（エイ
レーネー）理解への展開として表現したものである。先述したニューフェ
ルドのシャローム理解は、イスラエル史の時代区分において、シャローム

15　ヨーダー『終末論と平和』、8 頁。
16　ヨーダー『終末論と平和』、5 頁。
17　Swartley, *Covenant of Peace*, p.30. 邦訳には、この概念表を含む原書第 2 章
　　（pp.27-52）は含まれない。

がどのような特徴を持って展開していったかを示しているが、それを補足するように、スワートリーの概念図は救済論の枠組みで記されている。広義の救済概念がシャロームに吸収されるように方向付けられており、イエス・キリストによって、救い、神の国、終末の希望として、展開されていく。

2　テクスト解釈：エルサレム入城と平和の嘆き（ルカ19章）

これまでの議論をふまえて、実際の聖書テクストの解釈に取り組んでいく。旧約聖書において、国家の安定を求める王国的シャロームと、正義と公正を求める預言者的シャロームが対立することがあることをみてきた。旧約の預言者が訴えていることは、「本当の平和を知らない」神の民の姿であった（エレミヤ8:10-11）。同じように福音書にもイエスが、平和への無知を嘆く箇所がある。

> エルサレムに近づき、都が見えたとき、イエスはその都のために泣いて、言われた。「もしこの日に、お前も平和への道をわきまえていたなら……。しかし、それは今、お前の目には隠されている。やがて時が来て、お前の敵が周りに策を築き、お前を取り巻いて四方から攻め寄せ、お前とそこにいるお前の子らを地に叩きつけ、お前の中の石を残らず崩してしまうだろう。それは、お前が神の訪れの時を知らなかったからである。」（ルカ19:41-44）

ルカ福音書における平和理解において、特徴的なことは、第一に平和の福音と神の国の福音との密接さである。第二に、「パックス・ロマーナ」（ローマの平和）と「パックス・クリスティ」（キリストの平和）の対比である。

（1）ルカ19章の字義的訳と本文批評

ルカ19章36-44節のテクストを解釈する。二つの小セクションがあり、

36-40 節はエルサレム入城のナラティヴ、41-44 節はイエスがエルサレムを見て語った嘆きの言葉である。これらのテクストの区分の印として、「ἐγγίζω」(近づく)が用いられ、37 節ではオリーブ山の坂道への接近、さらに進み 41 節のエルサレムが見える展望場所への接近というように、地理的進展による場面設定から区分は明確である。

〈字義的訳：ルカ 19 章 36-40 節〉

36 πορευομένου δὲ αὐτοῦ ὑπεστρώννυον τὰ ἱμάτια αὐτῶν ἐν τῇ ὁδῷ.

　　彼(イエス)が進むと、人々は道の上に着物を敷いた。

37 Ἐγγίζοντος δὲ αὐτοῦ ἤδη πρὸς τῇ καταβάσει τοῦ ὄρους τῶν ἐλαιῶν

　　彼(イエス)がまさにオリーブ山の降り道に近づいたとき

ἤρξαντο ἅπαν τὸ πλῆθος τῶν μαθητῶν χαίροντες αἰνεῖν τὸν θεὸν φωνῇ μεγάλῃ περὶ πασῶν ὧν εἶδον δυνάμεων,

　　大勢の弟子たち全体が、喜びつつ神を賛美し始め、目撃した力ある業のすべてについて大声で

38 λέγοντες· εὐλογημένος ὁ ἐρχόμενος, ὁ βασιλεὺς ἐν ὀνόματι κυρίου·

　　言った。主の御名によって来られる者、王に祝福があるように。

ἐν οὐρανῷ εἰρήνη καὶ δόξα ἐν ὑψίστοις.[18]

　　天には平和、いと高きところには栄光〔あれ〕。

39 καί τινες τῶν Φαρισαίων ἀπὸ τοῦ ὄχλου εἶπαν πρὸς αὐτόν·

　　すると、群衆の中より、あるパリサイ人たちが、彼(イエス)に言った。

διδάσκαλε, ἐπιτίμησον τοῖς μαθηταῖς σου.

　　先生よ、このあなたの弟子たちをしかってください。

18　本文批評　多くの写本で「平和」を「εἰρήνη」(主、女、単)と表記する(A、B、D、他)が、א(シナイ写本)では「ιρηνη」と記されている。これは、長母音や二重母音のいくつかの発音が短母音のイオタに集約されていく「イタシズム」の典型例であり、写本筆記時の「イ」の発音を筆記するときに生じるスペル上の課題である。

40 καὶ ἀποκριθεὶς εἶπεν· λέγω ὑμῖν, ἐὰν οὗτοι σιωπήσουσιν, οἱ λίθοι κράξουσιν.[(19)]

　彼は答えて言った。私はあなたがたに言う。もしこれらが黙る（未来）ならば、石（複数）が叫ぶようになる（未来）。

〈字義的訳・ルカ 19 章 41-44 節〉

41 Καὶ ὡς ἤγγισεν ἰδὼν τὴν πόλιν ἔκλαυσεν ἐπ᾽ αὐτὴν

　そして、〔エルサレムの〕街に近づいてそれを見たとき、彼はそれのために涙して

42 λέγων ὅτι εἰ ἔγνως ἐν τῇ ἡμέρᾳ ταύτῃ καὶ σὺ τὰ πρὸς εἰρήνην·[(20)]

　彼は言った。もしお前[(21)]がこの日を認識し、平和へ導くことを知っていたならば

νῦν δὲ ἐκρύβη ἀπὸ ὀφθαλμῶν σου.

　しかし、今はお前の目から隠されていた。

43 ὅτι ἥξουσιν ἡμέραι ἐπὶ σὲ καὶ παρεμβαλοῦσιν οἱ ἐχθροί σου χάρακά σοι

καὶ περικυκλώσουσίν σε καὶ συνέξουσίν σε πάντοθεν,

　お前にその日が来て（未来）、お前の敵が陣を敷き、塁を築き、お前を囲み、四方から包囲する[(22)]

44 καὶ ἐδαφιοῦσίν σε καὶ τὰ τέκνα σου ἐν σοί,

　そして、彼ら（敵）は、お前とお前に（エルサレムの街）にいるお前の子どもたちを地に叩きつける（未来）。

καὶ οὐκ ἀφήσουσιν λίθον ἐπὶ λίθον ἐν σοί,[(23)]

　そして、彼ら（敵）は、お前（エルサレムの街）の中の石（単数）を石（単数）の上に残さない（未来）。

ἀνθ᾽ ὧν οὐκ ἔγνως τὸν καιρὸν τῆς ἐπισκοπῆς σου.

19　本文批評　動詞「κράζω」（叫ぶ）が、大多数の写本では三人称複数の能動未来形「κράξουσιν」と記されている。A（アレクサンドリア写本）では、中動態の未来形「κεκράξονται」となっている。A写本は「自ら」という意味合いを強調するために修正した表現と見るのが妥当だろう。

お前は、お前への訪れ[24]の時を知らなかったからだ。

　字義的な私訳では、あえてオリジナル言語であるギリシア語のニュアンスを受領言語である日本語に直訳的に置き換えている。意図的に、翻訳として自然な日本語に成りきっていないかたちとなっている。

〈本文批評〉

　このテクストには釈義において解釈上、大きな課題となる本文批評上の課題はないといえる。本文批評はあくまでもテクスト確定の基礎的作業なので、詳細は脚注部分に収めることとする。ここでは参考資料として 38 節のテクストの写本情報のみ紹介する。

20　本文批評　A 写本では「ἐν τῇ ἡμέρᾳ ταύτῃ」の前に「καὶ γε」(「そしてまことに」の意)が入っている。ルカ福音書にこの二語のセットは珍しく、「γε」はルカ福音書では八回用いられるが、「μή γε」、もしくは「διά γε」という表現がほとんどで、「καὶ γε」はルカ文書では使徒言行録 2:18 にのみ登場する、使用度の低い表現である。メッガーによると UBS の委員会は「καὶ γε」を二次的追加と判断している。Bruce M. Metzger, *A Textual Commentary on the Greek New Testament*, 2nd ed. (Stuttgart: United Bible Societies, 2002.) p. 145.

21　通常の 2 人称単数の人称代名詞だが、イエス・キリストのエルサレムの都を擬人化して嘆いている文脈の中で「お前」と訳す。

22　43 節の直説法の動詞は全て未来形。

23　本文批評　このテクストでは「λίθος」(石)が二回登場し、有力な N (シナイ写本)や B (バチカン写本)では「λίθον ἐπὶ λίθον」と二つとも対格で記されている。A 写本では「λίθον ἐπὶ λίθῳ」というように、二つ目の石が与格になっている。意味の上では前置詞「ἐπὶ」は「上に」という意味で翻訳上ほとんど差がでないが、与格をとると置かれた場所のポジションが強調され「石の上に」となり、対格をとると方向性が強調され「(他の)石の上へ」というニュアンスの違いを含むこととなる。それぞれ有力な写本を含み多くの写本がサポートしているので判断は簡単ではないが、暫定的に NA28 同様「λίθον ἐπὶ λίθον」とする。

24　新改訳 2017 では、「神の」を補足し、「神の訪れ」と解釈する。しかし、イエスの入城なので平和の君としてのイエスの訪れではないだろうか。

38節　「ὁ ἐρχόμενος ὁ βασιλεύς」と、「来られる者」と「王」の両方に冠詞をつけている主な写本はB写本（バチカン写本）。異読として「ὁ ἐρχόμενος βασιλεύς」と「王」の冠詞を含まない主な写本はA（アレクサンドリア写本）とℵ²（シナイ写本の修正、7世紀頃）をはじめ、L、Δ、Θ、Ψ、K、ƒ1、ƒ13、他。「ὁ βασιλεύς」を含まず「ὁ ἐρχόμενος」のみの写本はW。「ὁ ἐρχόμενος」を含まず「ὁ βασιλεύς」のみの写本はℵ（シナイ写本、4世紀）。写本上いくつものヴァリエーションがあるが、有力な写本の指示を得ているものの中で、より複雑な描写が古いと評価されることから、「ὁ ἐρχόμενος ὁ βασιλεύς」が、オリジナルに近いと判断できる。ブルース・メッガーも同様の判断をしている。[25]

〈資料　バチカン写本　ルカ 19:38〉[26]

画像1段目の後ろから三文字目より「ΟΕΡΧΟΜΕΝΟΣΟΒΑΣΙΛΕΥΣ」と記され、小文字表記に置きかえると「ὁ ἐρχόμενος ὁ βασιλεύς」となる。この時代のシグマは「C」と記し、単語の間にスペースが入らない。

〈資料　アレクサンドリア写本　ルカ 19:38〉[27]

「ΒΑΣΙΛΕΥΣ」の冠詞「Ο」が含まれていない。

〈資料　シナイ写本の画像　ルカ 19:38〉[28]

25　Metzger, *Textual Commentary*, pp. 144-145.

26　*BibleWorks10*, BibleWorks LLC, 2015.

27　*BibleWorks10*, BibleWorks LLC, 2015.

28　*BibleWorks10*, BibleWorks LLC, 2015.

上述のように、2段目の本文に「OBACIΛEYC」と記されている。本文部分はシナイ写本がはじめに筆記された四世紀頃のものである。欄外に小さめの文字で修正が加えられて「ερχομενος（来られる者）」（当時の表記「EPXOMENOC」）と追記されている。これは7世紀頃の筆記者による修正である。

（2）平和の福音と神の国

　ここでは通常の釈義作業ではなく、すでに概観してきた旧新約聖書における「シャローム」（エイレーネー）の理解と対話しつつ、ルカ19章のエルサレム入城のテクストにあらわれている平和理解を見ていくことにする。

イエスにとって国の都であるエルサレムに入城することは、単に巡礼の祭りに参加すること以上の意味を持った。ルカ19章の記述を見る限りでは、これは明らかに王なるメシアの都への入城として、福音書記者は記述している。入城にはいくつかの作法とも言える象徴行為がある。まず、通常の入城では馬に乗って城壁のある都に入っていく。パレードのように人々の歓声に包まれることもしばしばである。城門が開かれて、町の政治的指導者が城門の外で出迎えて、共に門から中心の道を通っていく。もし、門の外に出迎えることを怠るならば、それは受け入れていないことを意味し、戦争の口実にすらなることがある。[29]そして、街の中心の道を進んだ先に、どの街にも必ずある街を象徴する建物、すなわち王宮殿か神殿に入城した者をエスコートする。これら一連の行為が入城の作法とされていた。[30]

　古代の歴史家ヨセフスが記した『ユダヤ古代誌』に、アレクサンドロス

29　例として、ユダ・マカバイが街道にある堅固な町エフロンの通過を求めたときに、城壁の門を閉ざされたことがあった。マカバイは、町を攻撃して攻略し、戦利品を奪い、町を焼いてしまった（マカバイ記一 5:46-51）。

30　Charles E. Talbert, *Matthew,* Paideia Commentary on the New Testament(Grand Rapids: Baker Academic, 2010), Kindle 位置 No.6293.

大王がエルサレムに入城した記述があり、イエスの入城との対比として参考になる。[31]並行記事のマタイ福音書ではゼカリヤ書9章9節を引用し、ろばに乗って王なるメシアがシオンに、すなわちエルサレムの街に来るという預言が、イエスの入城によって成就していると記している（マタイ21:4-5）。イエスのエルサレム訪問は、まさしく王なるメシアの入城を意図して行われた。

　この王の到来としての入城を、群衆も歓喜した。しかし、おそらくこの場面の群衆はエルサレムの住民ではなく、過越の祭りに集まった巡礼者たちが大多数だろう。ルカ福音書は特に弟子たちの言葉に焦点をあてている。「主の御名によって来られる者、王に祝福があるように。天には平和、いと高きところには栄光」（38 節）。本文批評でも扱った表現だが、「ὁ ἐρχόμενος ὁ βασιλεύς」という表現は、「来つつある者」（英語に直訳すると "the one coming"）と「その王」（the king）が並列され、ネストレ・アーラント 28 版では、この二つの間にコンマを置き、独立した表現が補い合うか

31　ヨセフスの記述によると、アレクサンドロス大王がエルサレムに近づいた時に、大祭司ヤドアは恐怖するが、眠りの中で大王をエルサレムに迎えよという御告げを受けて、城外で大王を迎えた。大王は大祭司の衣を見て、かつてマケドニアで夢の中で受けた預言を思い起し、大祭司を立てている神に跪拝した。この後、大王は大祭司にエスコートされて、神殿まで進み、犠牲を捧げている。このアレクサンドロス大王の入城の様子は、ルカ福音書の描写の対比例として、イエスのエルサレム入城を歓迎しない指導者の態度が浮き彫りになる。Flavius Josephus, *Antiquities of the Jews,* XI:325–39. ヨセフス『ユダヤ古代誌 3』秦剛平訳（ちくま学芸文庫、1999 年）395-98 頁。

　別の例として、マルクス・アグリッパが、城壁の外でヘロデ王に迎えられ街に入った出来事をヨセフスは記している。*Antiquities,* XVI:12-15. 秦剛平訳『ユダヤ古代誌 5』（ちくま学芸文庫、2000 年）136-37 頁。

　キケロもローマ帝国の使者として旅して、入城の礼儀を受けたことを報告している。Marcus Tullius Cicero, *Epistulae ad Atticum,* 5.13, 5.15; キケロはエフェソスや、ラーオディケイアで歓待を受けたことを記している。キケロ「アッティクス宛書簡集」5. 13、5. 15、『書簡 I 』、キケロー選集 13、根本和子訳（岩波書店、2000 年）284, 288 頁；Cf. Talbert, *Matthew* Kindle 位置 No.6293.

たちをとっている。「来たりつつある者」はメシア預言を意図し、主の御名にある真の王の到来を指し示している。約束の王なるメシアの到来に、群衆が歓喜したとき、王なるイエスということにおいては正しいが、その内容はイエスのメシア観とずれたものだったろう。ローマ帝国の圧政からの解放により回復していく民族的自尊心のために、イエスはメシアとして到来したのではなく、平和の君として来られた。軍馬ではなく、ろばの子に乗られて入城されたことにも、労働の動物、すなわち仕える奉仕の象徴の動物であるので、イエスは「王なるメシア」であるとともに「しもべなるメシア」[32]（イザヤ 42:1 参照）として、到来されたのである。

　19 章の入城のテクストにおける特徴的な福音理解として、「神の国の福音」が、「平和の福音」と呼応関係で描かれていることである。共観福音書において、イエスの宣べ伝えたケリュグマは神の国の到来という福音であった（マルコ 1:15）。日本語で「神の国」と訳される表現は「βασιλεία τοῦ θεοῦ」で、「王国」（kingdom）の意味である。領土や軍隊は持たないが、神の恵みの支配として拡大していく神の王国である。19 章のエルサレムの都に入城される「王なるメシア」の訪問によってもたらされる福音は、まさしく神の王国の福音である。このイエスによる「神の国」の到来と共に、19 章では「平和の訪れ」が、少なくても三つの際立った平和のイメージをもって表現されている。

　第一に、ろばの子で入城するメシアの姿である。アレクサンドロス大王がエルサレムに入城した際、彼は勇猛な軍馬にまたがっていた（ブーケファロスと名づけられた黒馬を、遠征で愛用していた）。それとは対照的に、馬ではなく労働のろば、しかも子どものろばを用いたことをルカは記述している。ろばに乗る柔和な王についてゼカリヤはこう預言している。

32　共観福音書に繰り返される天よりの声「あなたは私の愛する子、私の心に適う者」（ルカ 3:22、参照マルコ 1:11）は、前半部分は詩篇 2:7 の王の詩から、後半部分はイザヤ 42:1 のしもべなるメシアの詩からの引用となっている。このイエスの洗礼時の天よりの声は、変貌山でも響いている（ルカ 9:35）。イエスこそ、王なるメシアであり、しもべなるメシアなのである。

娘シオンよ、大いに喜べ。／娘エルサレムよ、喜び叫べ。／あなたの王があなたのところに来る。／彼は正しき者であって、勝利を得る者。／へりくだって、ろばに乗って来る／雌ろばの子、子ろばに乗って。／私はエフライムから戦車を／エルサレムから軍馬を絶つ。／戦いの弓は絶たれ／この方は諸国民に平和を告げる。／その支配は海から海へ／大河から地の果てにまで至る。（ゼカリヤ 9:9-10）

エルサレムに入城する王は、諸国の民に平和を告げる。そして、軍馬を断ち、弓を断つ。武力抑制、あるいは戦争の必要のない世界へと導くという終末論的希望を語っているとも言える。

第二の平和のシンボルは、弟子たちの祝福の歌である。入城されるイエスの周りで、大勢の弟子たちが声高らかに賛美した。「主の名によって来られる王に／祝福があるように。／天には平和／いと高き所には栄光があるように」（ルカ 19:38）。マタイ福音書では群衆が「ホサナ」と歌ったとあるが（マタイ 21:9）、大勢の群衆は様々な反応をしていたのだろう。その中で、ルカは「平和」を歌う弟子たちを描いている。

第三の平和のメッセージは、イエスの平和の嘆きである。ついにエルサレムが目前に迫る場面で、イエスは涙を流して嘆く。「もしこの日に、お前も平和への道をわきまえていたなら……」（42 節）。「道」は補足で、「τὰ πρὸς εἰρήνην」（平和へのことごと）とあるだけである。[33] 新改訳第三版は「平和のことを知っていたのなら」と補足を入れずに訳している。おそらく Common English Bible の「平和に導くこと」（the things that lead to peace）が最もテクストに近い訳し方だろう。真の平和に向かい無知な人々のために、イエスは涙を流された。

---

33 口語訳、新共同訳は、「道」を補足して「平和への道」と訳している。新改訳第三版は、「道」を補足しなかったが、新改訳 2017 では「平和に向かう道」と、新共同訳に近づいた。英訳では New Jerusalem Bible が「the way to peace!」と訳している。

エルサレムの街は、結局、イエスを拒絶する。入城の際に歓喜したのは、エルサレムの指導者たちではなく、主に巡礼者たちと弟子たちだった。この平和の福音の拒絶について、さらに大きな枠組みでルカ福音書の構造として見ていくことにする。多くの翻訳では、41節で「都」と訳すが、「πόλις」[34]なので、首都という意味での「都」という表現ではない。当然、旅のゴールとしてのエルサレムという場所は非常に重要だが、他の町々での福音の反応と、エルサレムの出来事は連続性の中にある。

（3）旅セクションと平和の福音

ルカ福音書はその主要部分に旅セクションを設けている[35]。降誕物語や洗礼を含む公生涯の準備のセクション（1:5-4:13）の後に、ガリラヤ地方宣教セクション（4:14-9:50）がある。ガリラヤ宣教のクライマックスは9章のペテロの信仰告白（9:20）と変貌（9:28-36）である。この9章後半からエルサレムへの旅が始まるが、51節にイエスの決意が記されている。「天に上げられる日が満ちたので、イエスはエルサレムに向かうことを決意された」（9:51）。そのエルサレムでは十字架の受難があることを知りつつも（9:22, 44）、イエスはエルサレムへ向かって進んでいく（53節）。今回、考察の対象となっているエルサレム入城のテクスト（19:26-44）は、その旅セクションの締め括りである。

34　日本語訳では、この41節の「πόλις」を「都」と訳すのが慣例となっているようである。口語訳、新共同訳、新改訳第三版、新改訳2017、協会共同訳、全て「都」と訳す。

35　エルサレムへの旅は、マルコ福音書にもあるが（マルコ10:32-34）、ルカ文書で際立っている。ルカ福音書の中心部分がエルサレムへの旅となっており、また同じルカ文書の使徒言行録もまたパウロの伝道旅行が記録され、ついにはローマの街にまで福音が辿り着く旅として構成されている。この旅モティーフの背景として、申命記の約束の地へ目指す荒野の旅が下敷きとなっていると考える研究がある。（Willard M. Swartley, "Luke's Transformation of Tradition: Eirēnē and Love of Enemy," in Willard M. Swartley [ed.], *The Love of Enemy and Nonretaliation in the New Testament* [Louisville, Ky.: Westminster/John Knox, 1992], pp. 157-76）。

旅の終わりと始まりには、興味深い共通の主題がある。それが上述した「神の国の福音」と「平和の福音」との関係性である。10章1節以下の箇所で、イエスは72人の弟子たちを「ご自分が行こうとするすべての町や村に二人ずつ先にお遣わしになった」（1節）。イエスがこれから向かう町への福音宣教の備えを始めた。弟子たちに対して、家に入る時には「この家に平和（シャローム／エイレーネー）があるように」（5節）と宣言させて、町には「神の国はあなたがたに近づいた」（9節）と言うようにと指示される。明らかに「神の国」の接近を告げる福音と、「平和の福音」が呼応関係になっている。そして、それぞれの家の反応と町の反応として、受容と拒絶が予想されている。さらに、12-16節には福音を受容せず、拒否する町々への勧告が語られる。これらを表にまとめると以下のようになり、19章のエルサレムの街へのイエスの言葉は、10章の町々への言葉の延長にあることが分かる。

〈ルカ福音書 10:1-16〉

テクスト	福音	受容者	反応	将来
5-6節	平和あれ	家	受容と歓迎	
7節	平和あれ	家	拒絶	
8-9節	神の国	町	受容と歓迎	
10-11節	神の国	町	拒絶	神の国は近づいた
12節		ソドム	拒絶	「かの日」の裁き
13-15節	奇跡	コラジン、ベトサイダ、カファルナウム	拒絶：イエスのガリラヤにおける働き（4-9章）	
13-14節	奇跡が……行われていれば	ティルス、シドン（異邦人の町）	これらの町は……悔い改めたことだろう	裁きの時には……まだ軽い罰で済む

〈ルカ福音書 19 章〉

テクスト	福音	受容者	反応	将来
19:41-44	平和の訪れ 平和の王なるメシア	エルサレム	平和の訪れの不認知	後のエルサレム破壊の予告

　ルカ 19 章が、10 章の弟子の宣教派遣のテクストと平和の福音で響き合い、ルカ福音書の旅セクションのブックエンドのように、旅の開始と旅の終わりを「平和の福音」で囲い込んでいることを確認した[36]。それに加えて入城に関わる平和テクストで、他の箇所と結ばれている事柄を指摘したい。エルサレム入城の際に、子ろばに乗るイエスを囲んで、弟子たちが賛美を歌った。「天には平和／いと高き所には栄光があるように」(19:38)。この平和の賛美は、ルカ 2 章 14 節にある天使たちの聖歌隊の賛美とこだましている。

〈こだまする平和の賛美〉

	ルカ 2:14	ルカ 19:38
いと高き所	栄光	栄光
天	賛美者：天使たち	平和　シャローム
地	平和　シャローム	賛美者：弟子たち

　2 章の降誕物語では天から「地に平和あれ」と賛美が歌われ、19 章では地から「天に平和あれ」と賛美している。ルカ福音書全体に位置付けるならば、平和の福音が天から天使たちが、地から弟子たちが世界を包みこむように響かせ合っているのである[37]。しかもその賛美は、律法学者が静止するようイエスに注文をつけたにもかかわらず止まらないものであり、もし止めるならば石が叫びだすとイエスは語る。このように、平和の王の訪れを待ち望む者たちは、平和の賛美と祈りで世界を満たすというヴィジョ

36　スワートリー『平和の契約』、134-35 頁。

37　スワートリー『平和の契約』、137, 163 頁。

ンをルカは描き出している。

　旅セクションを巡る考察の最後に、スワートリーが示したルカ福音書の旅セクションの構造を図示する。前述したように、平和の福音を神の国の福音と置き換え可能なものとして、ルカは下記のような構造をもって福音書を構成した。そして、天と地から平和の賛美が響きあっているというヴィジョンを書き記している。[39]

（4）パックス・ロマーナ（Pax Romana）とパックス・クリスティ（Pax Christi）

　入城のテクストにある平和のメッセージとして、もう一つ重要なことに触れたい。聖書が語るシャロームの理解が、旧約聖書と福音書でどのような意味で用いられ、展開してきたかを概観してきたのだが、別の側面として、初代の教会は、ローマ帝国の支配圏内にあることから、「平和」の概念にもうひとつ「帝国主義的な繁栄と安全」という意味でのパックス・ロマーナ（ラテン語の「ローマの平和」）と対峙せざるを得ない状況にあった。ルカ文書とパウロ書簡、そしてヨハネ黙示録には、[40]このパックス・ロマーナを背景としたテクストが多くある。スワートリーはパックス・ロマーナ

38　Swartley, "Luke's Transformation of Tradition," p. 162.

39　スワートリー『平和の契約』、166 頁。

40　パウロ書簡からパックス・ロマーナに通じる例として、第一テサロニケ 5:3 を挙げる。再臨の突然性を語る文脈で、人々が「平和。安全だ」と言っているとパウロは指摘している。「εἰρήνη καὶ ἀσφάλεια」という表現だが、英訳すると「peace and security」（平和と安全）となり、これは現代の米軍のスローガンにも用いられているような、武力で国防する力による安定を表す表現でもある。

を「ギリシア・ローマ文化圏における繁栄と秩序をあらわす理想像」と解説する[41]。それは「ローマ帝国の黄金期おいて、征服された人々が抑圧され苦悩する状況[42]」を意味する。

　ルカ文書で、直接的にローマの平和に触れているテクストは、使徒言行録24章で大祭司アナニアと弁護人テルティロが語る場面がある。「フェリクス閣下、閣下のお陰で、私どもは十分に平和を享受しております。……私どもは……心から感謝する次第です」（使徒24:2-3）。このようにローマ総督のご機嫌取りをしている姿が描かれている。ローマの権力の庇護の元にある支配者層は、パックス・ロマーナを享受していたのである。エルサレム神殿の祭司は政治的に大きな影響力を持ち、実際、最高法院の中心的役割を果たしていた。彼らは征服されている側でありながらも、征服者の庇護の元、権力を保持していた。それゆえに民族主義が燃え上がり暴動に繋がり、その結果としてローマ軍による破壊が起こることを常に恐れていた。「このままにしておけば、皆が彼（イエス）を信じるようになる。そして、ローマ人が来て、我々の土地も国民も奪ってしまうだろう」（ヨハネ11:48）という言葉は、ヨハネ文書特有の表現ではなく、支配する帝国の庇護の元で、統治する被支配国側の為政者が抱える緊張関係をよく表している。

　19章のエルサレム入城の場面には、非常に印象的なイエスの平和の嘆きがあり、「もしこの日に、お前も平和への道をわきまえていたなら……。しかし、それは今、お前の目には隠されている」（42節）と涙ながらに語っている。エルサレムと神の民は、本当の平和への道を知らないと嘆いている。ルカが記述をするときに、本物ではない平和を求める人々があったことを知っていただろう[43]。その一つはパックス・ロマーナと言われる帝国主

41　Swartley, "Shalom and Eirene: Hebrew Scripture, Greco-Roman World, New Testament," Covenant of Peace, chap. 2 (pp. 27-52), quotation from p.37.

42　Swartley, Covenant of Peace, pp. 37f.

43　平和という表現を用いながらも、全く別の意味を持つ現代の事例を紹介する。安倍晋三首相が終戦70周年の談話（2015年8月14日）で「積極的平和主義」

義的な力による安定と繁栄の支配、もう一つは熱心党による独立運動家が求めた王なるメシアによる解放である。これらはどちらも武力による平和秩序構築を求める。

　イエスの平和の嘆きは、パックス・ロマーナの圧政に対する苦難が記されている。

> やがて時が来て〔未来〕、お前の敵が周りに柵を築き、お前を取り巻いて四方から攻め寄せ、お前とそこ〔エルサレムの町〕にいるお前の子らを地に叩きつけ、お前の〔エルサレムの町〕中の石〔単数〕を残らず崩してしまうだろう。それは、お前が神の訪れの時を知らなかったからである。(19:43-44)

　これはユダヤ戦争という独立戦争が起きて、紀元70年にエルサレムが、将軍ティトゥスに率いられたローマ軍によって壊滅され、城壁は崩され、神殿が壊された出来事を、予見しているイエスの言葉である。しかし、これは武力による独立運動が引き寄せる悲劇でもある。民衆はローマの圧政の中で、独立戦争を率いる王なるメシアを切望していた。

　この武力による平和というテーマは、この聖書箇所の解釈として、イエスはどのような意味で王であるのかというイエス論につながる。ノーマン・クラウスは、『しもべとなった王』の中で、イエス論を丁寧に展開し、当時の人々のメシアへの期待を「戦士 - 殉教者としてのメシア」として紹介する。その明瞭なイメージは、マカバイ記にある解放者のイメージで、異邦の暴君アンティオコス・エピファネスによる残虐行為、神殿冒瀆などに対抗して、独立を勝ち取ったときの英雄像である。マカバイ的なメシア

という概念を用いた。安倍首相の表現の公式な英訳は「Proactive Contribution to Peace」であり、武力増強し積極的に配備して、抑止効果を挙げる軍備拡張を意味していた。しかしながら、本来「積極的平和」とは、ヨハン・ガルトゥング（ノルウェーの平和学者）が1958年に提唱した「Positive Peace」を指し、武力によるのではなく、自発的な平和構築の取り組みを意図している。

が再び到来して、ローマの圧政から解放されることを民衆は待望してい
た。[44] そのような英雄的王を熱望する中で、イエスは子ろばに乗ってエルサ
レムに入城した。そして、パックス・ロマーナの力の支配の中で苦しめら
れた人々が、パックス・ロマーナを鏡に映したような民族主義の独立運動
を求めている姿に、イエスは平和の嘆きを投げかけている。真の平和を知
らないから、とイエスは涙し、自身は数日後に十字架に架かるのである。
しかし、そこに「ローマの平和」（パックス・ロマーナ）とは対極にある「キ
リストの平和」（パックス・クリスティ）が、開かれていくのである。[45]

　メノナイト派の平和神学の取り組みにとって、このパックス・クリス
ティは重要な研究主題の一つであるひとつの例として、スワートリーはル
イーゼ・ショットロフによる「平和の二重の意味」（Dual Meaning of Peace）[46]
における「パックス・クリスティ」に関する議論を以下のように要約する。

　　彼女（ショットロフ）は、パックス・ロマーナとパックス・クリス
　　ティの対照を際立たせている。このパックス・クリスティは、イエス
　　自身の敵への愛と平和の教えに直接的に関わり根差している。ショッ
　　トロフは、初代のキリスト者信仰共同体は、残忍性を持つ巨大な社会
　　システムのただ中にあって生きる小さな少数派であったと描写する。
　　そのようにして、非暴力抵抗運動を実践する状況にはなかったが、彼
　　らは貧しき者と抑圧されている者たちを支援し、そのようにして希望
　　と、アイデンティティを与え、そして抑圧されている者たちを力強め
　　る新しい共同体としての連帯を提供したのである。エイレーネーの概
　　念は単に争いがない状況、あるいは祝福された状況ということだけで
　　はなく、イエスが私たちにされたように、人々への愛の具体的な実践

44　C・ノーマン・クラウス『しもべとなった王──弟子たちのキリスト論』（日
　　本メノナイト兄弟団文書協会、1987 年）、144-46 頁。

45　スワートリー『平和の契約』、165-66 頁。

46　Louise Schottrlff, "Dual Concept of Peace," in *The Meaning of Peace: Biblical Studies,*
　　ed. by Perry B. Yoder and Willard M. Swartley (Louisville, Ky.: Westminster/John Knox,
　　1992), pp. 156-63.

への決意を意味している。⁽⁴⁷⁾

　人間の世界では暴力的な方法を用いた平和秩序形成に向きやすい傾向がある。ギリシア神話の中に「エイレーネー（イレーネ）」（平和）という名で呼ばれている女神がいた。地方（主にギリシア語を話す東方）の守護神のひとりとして祭られていた平和の女神であったが、ローマ帝国の影響（アウグストゥスの時代）によって、エイレーネーが帝国の力による統治の象徴として、位置付けが変貌していった。⁽⁴⁸⁾このように、時代と共にエイレーネーもローマの平和の表現の一部に組み入れられていく。⁽⁴⁹⁾

　このような、軍事力による支配と繁栄を意味するパックス・ロマーナと類似する状況は、神の民イスラエルの歴史上にもあった。ソロモンの栄華（列王記上 10:14-11:8）の繁栄と太平を、時代錯誤的ではあるがこの表現を当てはめて「パックス・ソロモニカ」と表現することも可能である。⁽⁵⁰⁾「実

47　W. Swartley, "Introducing the New Testament Essays on Eirēnē," *The Meaning of Peace*, p17.

48　日本にも、後の時代の人々によって軍神化して祭り上げられた例がある。1904 年（明治 37 年）に、天皇家の皇后・美子（昭憲皇太后）の夢に男性が現れて、こう語った。「臣は維新前国事の為に身を致したる坂本龍馬と申す者にて候。海軍の事は、当時より熱心に心掛けたる所に候へば……魂魄は御国の海軍に宿り、忠勇義烈なる我が軍人を保護仕まつらん覚悟にて候」。松浦光修『龍馬の「八策」』（株式会社 PHP 研究所、2017 年）、414 頁；千頭清臣『坂本龍馬』（博文館、1914 年）。この昭憲皇太后の夢は新聞に報じられる（『時事新報』明治 37 年［1904 年］4 月 13 日：鏡川伊一郎『〝龍馬〟が勝たせた日露戦争』［日本文芸社、2010 年］、22 頁）。この夢をきっかけに、京都霊山護国神社にある坂本龍馬の墓の横に「贈正四位坂本龍馬君忠魂碑」が建立され、また、「瑞夢」という詩で「死して護国の鬼となる」と詠われて、坂本龍馬は「護国の鬼」、「大日本帝国海軍の守護神」として祭り上げられるようになった。補足として、昭憲皇太后の夢について、薩摩閥、長州閥に対して出遅れた、土佐閥の思惑によるという仮説がある（加来耕三『坂本龍馬の正体』［講談社、2017 年］、30-33 頁）。

49　Swartley, *Covenant of Peace,* pp. 35-37.

50　Swartley, *Covenant of Peace,* p. 32; Shemaryahu Talmon, "The Significance of שלום in the

に、ティフサからガザに至るユーフラテス川西方の全域と、ユーフラテス川西方の王侯をすべて支配下に置いたのは彼〔ソロモン〕であり、周囲のどの地域も平和であった」(列王上 5:4)。たしかに、ダビデ王朝の黄金時代であるソロモンの時代は、パックス・ソロモニカと呼べる時代であっただろう。王国が最も栄えた時であると共に、民衆は重税と使役にあえいだ時代でもあった。

また、近代の世界史における帝国主義的秩序と繁栄の例として、第二次大戦後の世界を歴史家たちは「パックス・アメリカーナ」と呼ぶ。同じ用法で、太平洋戦争の時代の「大東亜共栄圏」(Greater East Asia Co-Prosperity Sphere) を、パックス・ジャポニカと呼ぶこともできるだろう。[51]

聖書学の範疇を越える領域になるが、聖書はキリストの平和(パックス・クリスティ)を伝えているのにもかかわらず、後のキリスト教会は皇帝コンスタンティヌス帝の回心以後、ローマの権力に絡めとられていくことになる。ローマ帝国に容認され、後に国教化されていく教会にとって、迫害の時代が終わりを告げたことは喜ばしいことだった。しかし、支配権を持つローマ帝国と信仰共同体としての教会には緊張関係があり、後にコンスタンティヌス体制 (Constantianism)、あるいはキリスト教国家主義 (Christendom) と呼ばれる教会の性質を大きく変えていく変化は、教会がパックス・ロマーナに飲み込まれていく出来事であった。功罪の両面を抱える正戦論 (just-war theory) は、まさにこの象徴的な事柄と言える。

スワートリーは、アヴィエゼル・ラヴィツキーの研究を要約して、ユダヤ教の態度と比較しつつ、どのようにキリスト教会が帝国の武力による拡張を正当化していったかについて、以下のように語っている。

Hebrew Bible," in *The Quest for Context and Meaning: Studies in Biblial Intertextuality in Honor of James A. Sanders,* ed. Craig A. Evans and Shemaryahu Talmon (Leiden: Brill, 1997).

51 　同様に植民地政策を拡大したイギリスのことを「パックス・ブリタニカ」、ドイツの帝国主義を「パックス・チュートニカ」と呼ぶ。デイヴィッド・J・ボッシュ『宣教のパラダイム転換下』(東京ミッション研究所、2001 年)、94 頁。

中世初期において、ユダヤ教の考察は、聖書の戦争のイメージを精神化したが、その一方でキリスト教神学者たち、とりわけアウグスティヌスは、新約聖書の平和主義の教えを精神化ないし内面化した。キリスト教思想は旧約の戦争のイメージを字義的にとることによって、正戦論の教義を発展させ、帝国の拡張を正当化し、結果的には十字軍を神学的に正当化する段階へと辿り着いていった。それゆえキリスト教信仰者にとって、新約聖書が平和について実際に何を教えているかを回復することが、急務である。[52]

そして、今日においても、パックス・ロマーナとパックス・クリスティの緊張関係は、教会の倫理的課題として継続している。信仰者は、イエスに従う者として召されていることを自覚する必要がある。論文の末尾に、ナポレオン・ボナパルトの晩年の有名な言葉を引用して、閉じることとする。

アレキサンダー、シーザー、シャルマーニュ、そして私は偉大な帝国を建設した。しかし、何に依存したのか。彼らは武力に依存したのだ。しかし、何世紀も前に、イエスは愛の上に建てられた帝国を創設した。そして今日にいたっても、おびただしい数の人々が、彼のために死ぬのである。[53]

52　Swartley, *Covenant of Peace*, p. 34; Aviezer Ravitsky, "Peace," in *Contemporary Jewish Religious Tought: Original Essays on Critical Concepts, Movements, and Beliefs,* ed. Arthur A. Cohen and Paul Mendes-Flohr (New York: Macmillan, 1987), pp. 685-702, here 692-93.（筆者による私訳）

53　キング牧師（Martin Luther King Jr.）は、「汝の敵を愛せよ」という説教でこの言葉を引用し、キリストの平和を説教している。（M・L・キング『汝の敵を愛せよ』、蓮見博昭訳［新教出版社、1965 年］、80 頁）。

第3章
修復的贖罪論の可能性を探る
―― パウロ神学の「新しい視点」から ――

河野克也

はじめに

　本稿は、2018 年 2 月 26 日に行われた東京ミッション研究所（TMRI）冬季フォーラムで語った内容を、後日、所報のために原稿化したものを元に、さらに大幅に手を加えて書き直したものである。講演自体の主題は、『福音と世界』に掲載された「報復から赦しへ：『修復的正義』と聖書の平和のヴィジョン」（2016 年 3 月号：31-36 頁）および「贖罪論の修復的転回」（2016 年 10 月号：36-41 頁）を踏まえて、パウロの贖罪論を新たに構築する可能性を提示することであった。本稿では、特に講演の後半部分をさらに詳細に展開し、聖書神学的な視点から刑罰代償説に代表される応報的贖罪論を批判し、それに代わる修復的贖罪論を目指す方向性を示唆できればと思う[1]。

1　修復的正義については、メノナイト派は長年にわたり、ハワード・ゼアを筆頭にその理論化と実践を牽引してきた（『修復的司法とは何か――応報から関係修復へ』西村晴夫他訳［新泉社、2003 年]）。またその視点からの贖罪論の見直しも精力的になされている：J. Denny Weaver, *The Nonviolent Atonement*, 2nd ed. (Grand Rapids and Cambridge, UK: Eerdmans, 2011; 1st ed. 2001); Chrsitopher D. Marshall, *Beyond Retribution: A New Testament Vision for Justice, Crime, and Punishment* (Grand Rapids and Cambridge, U.K.: Eerdmans, 2001); idem, *All Things Reconciled: Essays on Restorative Justice, Religious Violence, and the Interpretation of Scripture* (Eugene, Oregon: Cascade, 2018).

1 贖罪論を問う意義

福音派は、宗教改革以来伝統的に、贖罪論を応報的正義の理解に基づく
刑罰代償説として定義してきた[2]。そのことの是非について考えさせられた
一つのエピソードを紹介したい。1993年6月28日から7月2日にかけて、
メノナイト派の初代教会研究者のアラン&エレノア・クライダー夫妻を講
師に迎えて東京聖書学院を会場に開かれた日本ホーリネス教団牧師研修
会／東京ミッション研究所夏季学校において、ある参加者が質疑応答の時
に「メノナイト派には贖罪論がないのではないか」という問いかけをした。
その質問者は明らかに刑罰代償説を念頭に置いていて、メノナイト派がそ
の伝統的な贖罪論を共有していないことについて感じていた不満を表明
したのであろう。しかしながら、この発言は極めて一方的な見方であると
言わざるを得ない[3]。というのも、贖罪論は聖書においては奴隷解放、身請
け、祭儀的清め、追放儀礼など、多様な複数の表象を多層的に用いて表現
されており、その一つ一つが必ずしも相互の関係性を厳密に定義づけられ
ることなく使用されており、さらに歴史的にも複数のモデルが、必ずしも
相互に排他的でない仕方で提案されてきたからである[4]。したがって、一つ

2　J.I. Packer, "What Did the Cross Achieve? The Logic of the Penal Substitution," *Tyndale Bulletin* 25 (1974): 3-45 (The Tyndale Biblical Theological Lecture, 1973)〔J.I. パッカー『十字架は何を実現したのか：懲罰的代理の論理』長島勝訳（いのちのことば社、2017年）〕; cf. Franklin Johnson, "The Atonement" (64-77), and Dyson Hague, "At-One-Ment, By Propitiation" (78-97) in *The Fundamentals: A Testimony to the Truth*, vol. 3 (reprint.; Grand Rapids: Baker, 2003; originally from the Bible Institute of Los Angeles, 1917).

3　視点によって評価が180度変わりうることは、アルミニウス及びドルト会議
をめぐるワインクープとベルコフの評価を比較すれば一目瞭然である（M.B.
ワインクープ『ウェスレアン＝アルミニアン神学の基礎』〔福音文書刊行会、
1985年〕第三部；ルイス・ベルコフ『キリスト教教理史』〔日本基督教団出版
局、1989年〕165-69頁）。

4　聖書中の多様なメタファーについては、Stephen Finlan, *Problems with Atonement:*

のモデルの有無だけでは、決して贖罪論そのものの有無を判断することはできない。そもそも刑罰代償説は著しくカルヴァン主義的な理解であり、この視点から他の伝統を切り捨てるならば、それは視野狭窄であろう。[5]

　1980 年代末の東京ミッション研究所設立当時、福音のコンテクスト化[6]（contectualization）が宣教学の重要なトピックとして論じられていた。それは当初福音派の一部において意識されていたように、単に私たちが「正しく」理解している福音を別の文化的コンテクストに「翻訳する」という一方向的な動きを意味しているのではない。むしろ私たちの福音理解そのものが、私たち自身の文化や歴史によって規定され制約を受けているという自らの本質的なコンテクスト性を自覚し、そのすでにコンテクスト化された自らの福音理解を、他のコンテクストにおける福音理解と照合することにより、多面的・多次元的な福音の全体像に迫るという文化横断的、歴史縦断的な共同作業を意味すると考えるべきである。それはまた、他のコンテクストからの視点による相対化に自己を委ねることでもある。この徹底的コンテクスト性の視点に立つならば、伝統的な教理さえも特定のコンテクスト性を帯びたものとして、絶えざる批評の対象とならざるを得ない。[7]

The Origins of, And Controversy About, The Atonement Doctrine (Collegeville, Minn.: Michael Glazier, 2005)；河野克也「贖い」『聖書神学事典』鍋谷堯爾他監修（いのちのことば社、2010 年）127-36 頁を参照。贖罪論の複数のモデルについては、アリスター・E・マクグラス編『キリスト教神学資料集 上』（キリスト新聞社、2007 年）、第 5 章「キリストにある救い」771-888 頁を参照。

5　近藤勝彦『贖罪論とその周辺』（教文館、2014 年）125 頁；quoting Robert A. Peterson Sr., *Calvin and the Atonement* (New Jersey: Mentor, 1999) p. 61. もちろん、カルヴァンの贖罪論が刑罰代償説のみに集約される訳ではない。

6　この用語の日本語訳としては、「文脈化」の他に「文化脈化」という造語が充てられたが、日本語としてぎこちないので、ここではあえてコンテクスト化とする（共立基督教研究所編『宣教ハンドブック：Q&A 130』［共立基督教研究所、1991 年］「コンテクスチュアリゼーション」30-31 頁を参照）

7　この点については、ロバート・リー『日本と西洋キリスト教 –– 文明の衝突を超えて』（東京ミッション研究所、2005 年）、デイヴィッド・ボッシュ『宣教のパラダイム転換（上）——聖書の時代から宗教改革まで』東京ミッション

東京ミッション研究所の記念出版において、特に日本の宣教学研究を牽引した故ロバート・リー先生の追悼論文集において、贖罪論を俎上に載せる意義は、そこにある。

2. 応報的贖罪論の問題点

2.1. 宗教改革の贖罪論：法廷的義認論と応報的贖罪論

応報的贖罪論、特に刑罰代償説をパウロ研究の視点から俎上に載せるにあたって、まずはその理論上の問題点を整理する必要がある。第一に、キリストの義の転嫁による罪人への義の宣告という、伝統的な法廷的信仰義認論を取り上げ、第二に、より具体的に応報的贖罪論として刑罰代償説を取り上げたい。その際に、アンセルムスによって構築された充足説の展開また転換として刑罰代償説を位置付け、その独自性を検討する。ここで応報的贖罪論という場合、それはキリストの出来事（十字架・死・復活）を、「応報的正義」（retributive justice）の視点において理解された正義の要求を満たすものとして説明する贖罪論を指す。この応報的正義は現代の刑事司法の根底にある考えであり、「加害者によってなされた損害は、加害者に対してなされる損害によって均衡されねばならない」と考える(8)。これに対して「修復的正義」は、なされた損害（harm）に焦点を合わせ、「被害者

研究所訳（新教出版社、1999 年）、同『宣教のパラダイム転換（下）――啓蒙主義から 21 世紀に向けて』東京ミッション研究所訳（新教出版社、2001 年）を参照。

8 ハワード・ゼアは、応報的正義に「人権の奨励と法の支配の促進」といった「極めて重要な …… 強み」を認めつつも、それが「懲罰的、非人格的、かつ権威主義的」傾向を持ち、「罪責と非難（guilt and blame）に焦点を合わせることで、加害者たちの側では責任と感情移入を阻害する」という欠陥を持つと指摘する（Howard Zehr, "Restoring Justice," in Lisa Barnes Lampman [ed.], *God and the Victim: Theological Reflections on Evil, Victimization, Justice, and Forgiveness* [Grand Rapids and Cambridge, U.K.: Eerdmans, 1999], 131-59, esp. 132）。応報的正義と修復的正義のコンパクトな比較については、同書 134 頁（Figures 1&2）を参照。

のニーズと権利」を中心に据えて、「加害者が自分の与えた損害を理解し、その責任を引き受けることを奨励する」ことにより、被害者と加害者とともにコミュニティーをも含む、「個人と社会の双方の癒しを促進する」ことを目指す。[9]以下において、宗教改革の信仰義認論と刑罰代償説が応報的なパラダイムによって構築された贖罪論であることを明らかにし、パウロ書簡の描く神の救いが、応報的ではなくむしろ修復的なものであることを示したいと思う。

2.1.1. 法廷的義認論：ルター／メランヒトン

宗教改革者たちはパウロ神学の中心に信仰義認論を据えたが、それは罪人に対する神の無罪宣告をその内容とする法廷的義認論である。すなわち、「義人にして同時に罪人」（simul iustus et peccator）のスローガンが示す如く、人間の内側には神に義と認められる根拠が一切ないにもかかわらず、「我らの外」（extra nos）なるキリストの義が転嫁されることにより、罪人が義と「見なされる」という「法的虚構」（legal fiction）に他ならない。[10]人間の行いを一切排除し、この法廷的義の宣告を神の恵みとして信仰をもって受け取ることが、宗教改革型の信仰義認論の特徴であり、そこでは人間の信仰すらも積極的行為ではなく、純粋に受動的なものとされる。[11]メラン

---

9 Zehr, "Restoring Justice," 132.

10 「法的虚構」は、ローマ・カトリック教会が宗教改革の「転嫁された（imputed）義」の概念に向けた非難に由来する。これに対してカトリック側は、アウグスティヌス以来の理解である、人間の本性の再生と刷新の出来事および過程の両方を含む「義化」として、「分与／注入された（imparted/infused）義」を強調した（アリスター・マクグラス編『キリスト教神学資料集 下』［キリスト新聞社、2007 年］6.32-39 [116-38 頁] 参照）。一般的な法律用語としては「法的擬制」と訳すこともできるが、ここではあえて「虚構」とした。

11 この視点の簡潔な表現としては、コーネリス・P・ベネマ『「パウロ研究の新しい視点」再考』安黒務訳（いのちのことば社、2018 年）を参照。なお同書は、「パウロ研究の新しい視点」（NPP）を、主として E.P. サンダースの「契約遵法主義」を「半ペラギウス主義」と同定することによって論駁することを

ヒトンはルターの思想を体系化する中で、救済論的根拠を専ら法的虚構としての義の宣告に置き、信仰者の内に義が形成されることについては、倫理のこと（聖化）として救済論から峻別した。⁽¹²⁾もちろんルター自身に関して言えば、彼は信仰のうちにキリストのリアルな実在を見ていたのであり、その信仰義認論を単なる法的虚構に還元することは一方的であろう。⁽¹³⁾その意味では、この「法的虚構」型の法廷的義認論は、いわば理念型のようなものである。いずれにせよ、こうしてプロテスタントの「救済の秩序」（ordo salutis）においては、義認と聖化が異なる相に振り分けられ、聖化は救済論意義を剥奪されることとなった。

　またこの法的虚構としての義の宣告は、罪人を無罪と見なして義を宣告

目的に書かれたものであるが（66-71 頁）、主要な議論は、サンダースの契約遵法主義には功績神学の要素が内包されているという、D.A. カーソンのサンダース評価に依拠する（D.A. Carson, "Summaries and Conclusions," in D.A. Carson et al [eds.], *Justification and Variegated Nomism, Volume 1: The Complexities of Second Temple Judaism* [Tübingen: Mohr Siebeck and Grand Rapids: Baker Academic, 2001], 505-48, esp. 544f.）。しかし、カーソンのこの評価は、サンダースが契約共同体の成員資格の受領（入ること：getting in）と、律法遵守による成員資格の維持（留まること：staying in）とを峻別し、救済論的意義（来るべき世における場の確保）は律法遵守ではなく神の恵みによる契約にあるとした点を理解しないまま、律法遵守に救済論的価値を置いて評価したものであり、著しい誤読である。この誤読を根拠にサンダースの契約遵法主義を「半ペラギウス主義」と切り捨てることは誠実さを欠くと言わざるを得ない。サンダースの貢献については、河野克也「パウロの『契約遵法主義』再考——そのユダヤ教的性格をめぐる最近の論争史によせて」日本聖書学研究所編『聖書的宗教とその周辺——佐藤研・月本昭男・守屋彰夫教授献呈論文集』（聖書学論集 46：リトン、2014 年）501-29 頁；「聖化の再定義：パウロ神学の新しい視点から」『日本ウェスレー・メソジスト研究』第 16 号（2014 年）、5-37 頁、特に 5-11、18-21 頁を参照。

12　Alister E. McGrath, "Sanctification," in Hans J. Hillerbrand (ed.), *The Oxford Encyclopedia of Reformation*, 4 vols. (Oxford: Oxford University Press, 1996), III: 480-82.

13　Tuomo Mannermaa, *Christ Present in Faith: Luther's View of Justification* (Minneapolis: Fortress, 2005).

する以上、少なくとも理論上は、その罪に相当する刑罰は執行されないことになる。なぜなら、刑罰が執行されてしまうと、それは無罪と見なしていないことになるからである。しかしながら、実際にはルター自身も、イエスの十字架上の死を神による罪人の刑罰としての死の代償として理解していた。その意味では、ルターの信仰義認論は、キリストと罪人の間の立場の交換を強調することで、確かに後段の刑罰代償説の側面を持っていたが、その一方で、グスターフ・アウレンやティモシー・ゴリンジが指摘するように、いわゆる古典型の側面を色濃く示しており、全体としては西方教会の法的贖罪論では説明し尽くせない。[14] いずれにせよ、キリストの義の転嫁による罪人に対する義の宣告という、法的虚構を中核とする法廷的義認論において、少なくとも理論上、刑の執行は要求されないはずである。したがって、別の人物への付け替えとはいえ、刑の執行を前提とする刑罰代償説は、この理解の法廷的義認論とは矛盾するように思われる。

2.1.2. 応報的贖罪論：アンセルムス／カルヴァン

キリストの十字架上の死を「刑罰の代償」（substitution of penalty）とする理解は、ジャン・カルヴァンがアンセルムスの充足説を先鋭化したものである。[15] どちらも法的な概念によって贖罪論を構築しているのだが、カルヴァンの理論化は単純にアンセルムスの充足説の延長上にあるわけではない。したがって、ここではゴリンジの研究に依拠しつつ、まずアンセルムスの充足説を検討し、その後にカルヴァンによる先鋭化を扱うことにしたい。

2.1.2.1. 充足説：アンセルムス

14　アウレン『勝利者キリスト：贖罪思想の主要な三類型の歴史的研究』（教文館、1982 年）119-43 頁 ; Timothy Gorringe, *God's Just Vengeance: Crime, Violence and the Rhetoric of Salvation* (Cambridge: Cambridge University Press, 1996), 131-36; cf. 鈴木浩「ルターの贖罪論」『福音と世界』（2016 年 10 月号）22-28 頁。

15　Gorringe, *God's Just Vengeance*, 136-47.

ゴリンジは、アンセルムスの充足説またその神学全体が、根本的に支配者の正当性を保証する「体制側の神学」であったことを指摘する。アンセルムスが法的な概念を導入して以降、贖罪論は刑法の影響を受けて変遷し、また同時にその贖罪論が刑法の応報主義を補強するという、相補的な関係で発展していった[16]。

　アンセルムスの生きた11世紀は、名誉を重んじる身分社会であった。人を殴るという同じ行為も、どの身分の者がどの身分の者を殴るかによって、その行為の深刻さが区別され、それに応じて異なる罰が課せられた。また、当時は基本的に農耕社会であり、土地の所有が権力の基盤であったため、土地所有者の権利が守られることが優先された。したがって、王侯の狩猟地の鹿の方が農奴よりも価値あるものと見なされ、その鹿に手を出した農奴は躊躇なく処刑された。そのような価値観の中で、アンセルムスは罪を神への名誉毀損として定義したのである。永遠者なる神への名誉毀損は、有限者にすぎない王侯への名誉毀損とは比較にならないほど重大な罪であり、有限者にして罪人である人間には、その命をもってしても償いきれない。そもそも人間は、その命を含む一切を神から恵みとして受けているため、賠償のために神に差し出せるものを何一つ持ち合わせていない。そこで神は、独り子を人間として受肉させ、神である御子が人間として神に損害賠償を行った。アンセルムスが構築した充足説は、このように神が人となる「受肉」の必然性を理路整然と説明したのである[17]。

　アンセルムスの充足説は、その当時ボローニャにおいて発見され、熱狂的に受け入れられるようになった古代ローマ法を自覚的に取り入れたものである。そもそも「充足」（satisfactio）は、ローマ法において「償い」を意味する重要な概念であり、「罪には罰が伴う」が、「償いは罰の代わりになる」とされた[18]。アンセルムスは、神の子が人となって償いをしたことで、

16　Gorringe, *God's Just Vengeance*, 5-7.
17　Gorringe, *God's Just Vengeance*, 89-103; 聖アンセルムス『クール・デウス・ホモ：神は何故に人間となりたまひしか』長澤信尋訳（岩波文庫：岩波書店、1948 年）。
18　Gorringe, *God's Just Vengeance*, 89, 94f.

罪人が罰を免れたと考えたのである。「充足＝償い」という考え自体は優れた説明であるかもしれないが、誰が誰に対してどのような償いを要求するかという詳細を、その社会的コンテクストにおいて検討すると、深刻な問題点が浮かび上がる。人間の罪によって自らの創造した宇宙の秩序を損なわれ、創造主としての名誉を毀損された神が、人間に途方もない損害賠償を請求し、その償いとして御子の死を受け取ったとするアンセルムスの神は、身分と名誉の社会において罪に対する正義の応報を叫ぶ神であり、どこか自分の狩猟地の鹿を盗んだ農奴の処刑を要求する王侯の姿と重なり合う。贖罪をこのように神への名誉毀損に対する神の独り子による代理的償いとする理解が、はたしてどれほど聖書的な根拠を持つかについては、慎重な検討を要するであろう。

2.1.2.2. 刑罰代償説：カルヴァン

刑罰代償説とは、「キリストの死は人間の罪に対する刑罰の完全な償いであり、その償いは神によって受け取られ、神の怒りと裁きとは、罪人の身代わりであるキリストのこのわざによって完全に償われるとする贖罪論」である。[19] これは、アンセルムスが神に対する名誉毀損の充足として民事訴訟のモデルで説明した贖罪を、カルヴァンが刑事司法の概念に置き換えたものである。この民事から刑事への法的モデルの転換の背景には、ハワード・ゼアが「法的革命」（a legal revolution）と呼んだ変化があると、ゴリンジは指摘する。[20] すなわち、家族を基礎とする法が制定法に取って代わられ、国家がそれ自体としての法的人格をもって台頭し、犯罪への対応の責任を獲得し、ついには独占するようになる過程を指す。この展開の中で、

19　ドナルド・K・マッキム『キリスト教神学用語辞典』（日本キリスト教団出版局、2002 年）122 頁。英語の見出し語は "penal-substitutionary theory of the atonement" であるが、日本語の見出し語は「キリストの人間に対する完全な贖いの理論」と訳す。内実を取ったということであろうが、極めて不正確である。素直に「贖罪の刑罰代償的理論」とすべきであろう。

20　Gorringe, *God's Just Vengeance*, 123f.; quoting Howard Zehr, in *Respect in Prison*, Proceedings of a Conference held in July 1991 at Bishop Grosseteste College, Lincoln.

神の永遠の法に基づいてキリストが充足を行ったとする理解は、その永遠の法を反映するとされた実定法に基づいて、国家が法と秩序の維持のために行う刑罰を、形而上学的に正当化することとなった[21]。それは、犯罪・加害行為と刑罰・充足との間に量的均衡を要求する応報的正義の理解に基づくものである。

　ここで重要な問題点が複数浮かび上がる。第一に、この応報的贖罪論が、罪に相当する刑罰の執行を要求するということであり、罪人を罪なしと見なす法的虚構ではないということである。つまりこの「罪人」はあくまでも有罪であり刑が確定しているにもかかわらず、神の子イエスがその刑罰を肩代わりしたことにより、その刑罰を免れたという想定である。したがってこの想定のもとでは、イエスの十字架の死は罪人の刑罰としての死であり、処刑された人物こそイエスに入れ替わっているものの、その罪に相当する刑罰は確かに執行されたと考えられているゆえに、刑罰代償説は法的虚構ではありえない。

　第二に、カルヴァンの刑罰代償説においては、キリストの死は神の怒りを宥める犠牲として強調される[22]（『キリスト教綱要』II.16.2,6）。すなわち、罪人である人間は永遠の刑罰を免れず、また裁判官である神は人間に敵対するため（ロマ5:10）、神の怒りを宥める必要がある。この状況において、祭司なるキリストは犠牲となって父の怒りを宥め、罪人の代わりにその刑罰を担ったことにより、人間は刑罰を免れた。カルヴァンは旧約聖書と新約聖書を一体的に扱うため、旧約における祭儀的犠牲の血を、刑法における処刑の血と結びつけて解釈したのである[23]。カルヴァンはキリストの死を「アーシャム」すなわち「罪のための犠牲また償いの供え物」として解釈

21　ゴリンジは、「カルヴァン主義が広まった地域ではどこでも残酷な判決が伴った」と指摘する（140）。

22　Gorringe, *God's Just Vengeance*, 138f.；カルヴァン『キリスト教綱要 改訂版：第1篇・第2篇』渡辺信夫訳（新教出版社、2007年）549-50, 555-56頁；近藤勝彦『贖罪論とその周辺』126-28頁。

23　Gorringe, *God's Just Vengeance*, 139.

するが（『キリスト教綱要』II.16.6.）、旧約の祭儀を近代の刑法における刑罰に直結させるその解釈は再検討を要するであろう。

　刑罰代償説にはさらに問題となる点がある。第三の点として、カルヴァンのモデルでは、地上においてイエスに有罪判決を下した裁判官に相当する神殿指導者（ユダヤ側）および総督（ローマ側）と、天上において罪人の有罪判決をイエスの上に下した神とが、その役割において重なりあい順接する[24]（『キリスト教綱要』II.16.5）。しかしその場合、神殿指導者と総督とが、天における神の裁きを地上において正しく執行したとの想定になるが、はたして彼らの裁判官としての役割および死刑という判決は、聖書の記述において正当なものとして評価されているのだろうか[25]。パウロにおいては、イエスの死刑判決を下した神殿指導者や総督の責任を追及する発言は見られないが、それでもパウロがイエスの死刑判決を正しい判決と考えていたことにはならない[26]。いずれにせよ、神が人間の罪の罰をイエスの上に転嫁して執行したとする刑罰代償説のシナリオは、一般的な刑法の概念では「冤罪」を想起させる。冤罪の場合、他者が刑罰の死を死んだことによって罪を犯した人物の罪が消えることはない。もちろん刑罰代償説の場合は、意図的な処刑対象の交換がなされるのであり、間違えて処刑したと主張しているわけではないため、両者を単純に比較することには無理がある。しかし、民事裁判における損害賠償の場合には、他者がその賠償責任を肩代わりすることはできても、刑事裁判における死刑については、他者がその肩代わりをすることはない。刑罰代償説において、刑罰対象の交換

24　『キリスト教綱要 改訂版：第1篇・第2篇』553-54頁；近藤勝彦『贖罪論とその周辺』122-25頁。

25　この点についていえば、ルカ文書では明らかにこの死刑判決と死刑執行の不当性が繰り返し強調される（ルカ23:40-41, 47; 使徒2:22-24, 36; 3:13-15; 4:24-28; 5:27-30）。

26　パウロがローマ13章で「上に立つ権威に従う」ように勧める際に、それはネロ帝の比較的落ち着いていた前期の発言であり、後半の劣化し暴力性と理不尽性を増した時期や、ましてイエスに死刑判決を下したローマ総督を念頭に置いていたとは考え難い。

が「冤罪」という不正義ではなく、むしろ神の正義の実現とされる根拠は、果たして聖書的と言えるのであろうか。

　刑罰代償説の問題は、最終的には「赦し」の問題に集約される。刑罰の厳格な執行を要求し、怒りを宥める犠牲として命を要求するこのモデルにおいて、はたして「赦し」の要素はどこにあるのだろうか。他者を代わりに罰したその「処刑」が、なぜ「赦し」になるのだろうか。刑罰代償説がなぜ「赦し」として、また「福音」として語り得るのか、そう簡単に納得すべきではないのではないか。むしろ、聖書では罪を断罪せず赦す、神のラディカルな愛が福音として提示されているのではないだろうか。

3　応報的贖罪論の克服：「新しい視点」からの聖書神学的検討

　前段において指摘した法廷的信仰義認論の問題点、また充足説および刑罰代償説として構築された応報的贖罪論の主要な問題点に対して、パウロ研究の「新しい視点」から反論を試みたい。その過程において、神による贖罪が、罪人を断罪することなく赦す神のラディカルな愛により、壊れた関係の修復を実現する修復的なものであることを示したいと思う。

3.1.　「転嫁」の法的虚構性・「移行」の黙示的出来事性
　法廷的信仰義認論の中心的概念である「転嫁」は、厳密には「キリストの充足（義）の転嫁」（*imputatio satisfactionis Christi*）であり、「恵みのみによる、信仰を通しての義認の客観的な基礎」とされる。この転嫁の概念が、実際には義人ではない罪人を義人と見なすということであるゆえに、虚構であると批判されてきたのである。その批判に対する反論としては、ル

27　この点については、山口希生「パウロの『贖罪論』をめぐる欧米新約学界の動向」『福音と世界』（2016年10月号）16-21頁が、重要な議論をコンパクトに紹介している。

28　Richard A. Muller, *Dictionary of Latin and Greek Theological Terms* (Grand Rapids: Baker, 1985), p.149.「義認」、ドナルド・マッキム編『リフォームド神学事典』（いのちのことば社、2009年）78-82頁。

ター自身も用いた結婚の例が繰り返されるが、それは、元々はエフェソ書5章のメタファーに由来するものであり、マクグラスによればルターの時代の「結婚においては夫の爵位が自動的に妻に授与されることを当然のこととする点で16世紀〔の状況〕を反映している」[29]。16世紀カトリック宗教改革のトレント公会議は、プロテスタント側の「転嫁」に対抗して、あらためて「出来事と過程の両方から、すなわちキリスト者としての生が始まる神のわざと、神が信者を新しく生まれ変わらせる過程の両方を含んだかたちで義化〔を〕定義」[30]した。この転嫁の概念については、カトリック側とは別の角度からではあるが、「新しい視点」論者たちも異口同音に反論する。16世紀の論争の枠組みはあくまでも個人の救済であり、罪人（個人）が神の法廷において義と宣告される「法廷的」（forensic）なものだけか（プロテスタント）、それともその罪人の内に実際に義が形成される「道徳的／倫理的」（moral/ethical）な側面を含むものか（カトリック）が争点であった。これに対し「新しい視点」は、パウロの議論の枠組みは個人の救済ではなく神の契約の民におけるユダヤ人と異邦人の関係であるとし、パウロが語る「義」とは「神の契約に対する信実」（covenant-faithfulness）であり、パウロが語る「義認」とは、神が恵みによって、イエス・キリストの信実という同一基準において、異邦人とユダヤ人とを契約の民に迎え入れることを指すものであり、それこそが旧約聖書に預言された契約の民（イスラエル）の回復であると主張する[31]。ここで「回復／復権」（restoration/vindication）が強調されるのは、パウロにおいてイエスの死と復活が不可分

29　マクグラス、前掲書、121頁；cf. R.C. Sproul, "The Very Heart of the Reformation," Article on *Ligonier Ministries: The Teaching Fellowship of R.C. Sproul* (https://www.ligonier.org/blog/very-heart-reformation/), Oct. 18, 2018 (accessed on Sep. 18, 2019). スプロールは、結婚によって妻の負債が夫の負債とみなされることを例として挙げる。

30　マクグラス、前掲書、137-38頁（引用は137頁）。

31　Richard B. Hays, "Justification," in *Anchor Bible Dictionary* (New York: Doubleday, 1992), III:1129-33, 1130-32 on Paul; cf. N.T. ライト『使徒パウロは何を語ったのか』岩上敬人訳（いのちのことば社、2017年）216-60頁。

なものとして語られているからである。ジェイムズ・ダンは、「キリスト
の死を通して罪に対する神の判決が下るという〔パウロの〕理解を根拠に、
「法的虚構（擬制）」のメタファーの「崩壊」を宣言する。[32]

　贖いに関するパウロの教えが代理という概念（キリストが死んで罪
　人が放免される）に則っていれば、犠牲におけるみなしが当てはまる。
　しかし……パウロの贖罪論においてキリストの死は代表的死であり、
　すべての肉なる者の死を意味する。パウロの福音によると、信じる罪
　人は死を免れるのでなくキリストの死を共有する。

ここには、キリストの死が「代理」（substitution）か「代表」（representation）
かという重要な争点があるが、ダンはパウロにおいて信仰者のキリストの
生と死への結合が強調されているゆえに、明確に前者を退ける。[33]

32　J.D.G. ダン『使徒パウロの神学』浅野淳博訳（教文館、2019 年）503 頁。浅野は、
　　legal fiction に「法的擬制」の訳語を充てる。

33　ダン、前掲書、313-14 頁。この「代表」理解を、キリストの死を犠牲とす
　　る理解における「交換」の概念や、あるいはルターが義認論において用いた
　　「喜ばしい交換」といった表現とどのように関連づけるべきかについては、慎
　　重な検討を要するであろう。サイモン・ギャザコールは、パウロの贖罪論が
　　「代表」でなく「代理」であると主張するが、その釈義的議論は説得的ではな
　　い（Simon Gathercole, *Defending Substitution: An Essay on Atonement in Paul* [Grand
　　Raipds: Baker, 2015]）。ギャザコールは刑罰代償説への批判としてチュービンゲ
　　ン学派の贖罪論（刑罰代表説）、モルナ・フッカーの「交流」（interchange）説、
　　J. ルイス・マーティンに代表される黙示的解放説の 3 つを取り上げるが、どの
　　モデルも単数形の「罪」に集中して罪人の窮状としての死（罪＝死）に焦点
　　を合わせており、1 コリント 15:3 の伝承に明言される複数形の「罪々」の問
　　題に答えていないと批判する（29-54 頁）。しかし積極的に「代理」を主張す
　　る段になると、結局はイザヤ 53 章の僕の歌が代理贖罪を語っていて、それが
　　パウロの贖罪論の根底にある、との主張に終始する。これに対しデイヴィッ
　　ド・サップは、パウロの引用する LXX では、テクストの変更により代理的贖
　　罪が語られないどころか、この僕は死を経験してさえいないと指摘する（David
　　A. Sapp, "The LXX, 1QIsa, and MT Versions of Isaiah 53 and the Christian Doctrine

3.1.1. 黙示的世界観と契約の民

「新しい視点」の大きな貢献の一つは、パウロの議論を、16世紀宗教改革の時代に想定されていた個人の救済をめぐるコンテクストから、1世紀の初期ユダヤ教の契約の民をめぐるコンテクストへと正しく連れ戻したことであるが、それとともに、パウロを初期ユダヤ教黙示思想の世界観において捉え直すこともまた、重要な貢献である。16世紀の「義」をめぐる議論において、争点は、「我らの外なる（extra nos）」キリストの義が信仰者に「転嫁」されるのか、それとも信仰者の内に実際に「分与／注入」され、信仰者自身の義へと内在化されるのかというものであった。これに対し、「新しい視点」の嚆矢となるパラダイム転換をもたらしたE.P.サンダースの研究によれば、パウロにおける「義」の用法は黙示的世界観を背景としており、「移行の用語」（transfer terminology）である。すなわち「義とされる」とは、信仰者がキリストの生と死とに参与することによって、罪と死の支配する領域から神と聖霊の支配する命の領域へと移されることであり、パウロは「義とする」（ディカイオオー）という動詞の受動態を特徴的に用いる。これに対し、同時代のパレスチナ・ユダヤ教文献における用法は圧倒的に形容詞が多く、契約の恵みに対する応答として、律法を守って契約共同体に留まる人を指して「義人」と呼ぶ、実詞的用法が特徴的である。この黙示的世界観においては、罪は個人の内面の腐敗や具体

of Atonement," in William H. Bellinger, Jr. and William A. Farmer [eds.], *Jesus and the Suffering Servant: Isaiah 53 and Christian Origins* [Harrisburg, Penn.: Trinity Press International, 1988], 170-92）。J・ロス・ワグナーも、パウロはイザヤ53章を宣教論的に、自らの使徒としての異邦人宣教についての預言として読み、キリスト論的な議論は展開しなかったと主張する（J. Ross Wagner, "The Heralds of Isaiah and the Mission of Paul: An Investigation of Pau's Use of Isaiah 51-55 in Romans, in *Jesus and the Suffering Servant*, 193-222）。

34　J・ルイス・マーティン「ガラテヤの信徒への手紙における黙示的福音」『インタープリテイション日本版』第59号（2001年）28-69頁、マルティヌス・C・デボーア「パウロ：神の黙示の神学者」『インタープリテイション日本版』第65号（2002年）34-60頁を参照。

35　E.P. Sanders, *Paul and Palestinian Judaism: A Comparison of Patterns of Religion*

的な罪の行為以上に、神に敵対する霊的勢力として、人格を持って人間を隷属し支配する存在であるため、罪に対する根本的解決は、キリストの義の転嫁や分与である以上に、何よりもその隷属からの解放／贖いでなければならない。[36] パウロにおいて、奴隷の買い取りや身代金による解放が贖いの中心的用語および概念を構成しているのは、この世界観を反映する。[37] キリストへの参与による命の領域への移行は、同時に、異邦人とユダヤ人とによって構成される契約の民、すなわち「全イスラエル」（ロマ 11:26）また「神のイスラエル」（ガラ 6:16）への参与でもある。[38]

3.1.2. キリストへの参与

アンセルムスの充足説でもカルヴァンの刑罰代償説でも、キリストの十字架の刑死が罪人の身代わりであるとして、その死の「代理性」が強調される。人間に過ぎない信仰者は、神からの賜物である命をもって神への賠償をすることはできないのであり、罪人である信仰者は、自らが死刑判決を受けたものである以上、他者の刑罰を肩代わりする資格を持たないからである。「まことに神、まことに人」であるキリスト、罪なき神の子だけがその資格を持つ、という考えである。これに対して、パウロはアダムをキリストの予型とし、キリストを全人類の代表として提示することによって、代表的キリスト論を展開する（1コリ 15:20-22, 45-49; ロマ 5:12-21）。も

(Philadelphia: Fortress, 1977), 544-46, 463-72.

36　ギャザコールは、ことさらに複数形の「罪々」を強調して黙示的解放型の贖罪論を牽制するが、個々の罪は神に敵対する霊的勢力である「罪」の支配の具体的な現れ（症状）として、この黙示的隷属の下位に位置付けられるものであり、複数形の使用自体が刑罰代償説を黙示的贖罪論よりも上位に置く根拠になるわけではなく、刑罰代償説そのものを論証するものでもない（Gethercole, ibid.）。

37　河野「贖い」『聖書神学事典』132-33 頁。

38　パウロはローマ 9:1-8 において、「イスラエル」を民族共同体（肉の同胞、9:3）ではなく約束に基づく契約共同体として再定義する（9:6-8）。ダン、前掲書、19.2（642-47 頁）参照。

ちろん、全人類の代表者であるキリストと、キリストに参与する信仰者とは、あくまでも非対称である。それはアダムの場合も同様であり、一信仰者は、アダムやキリストのように全人類に死をもたらすことも、命をもたらすこともない。この非対称という点は「代理」にも「代表」にも共通して見られるが、「新しい視点」における代表者キリスト論の場合、キリストと信仰者の「参与」における連続性が強調される。

　この点で重要になるのが、近年話題の「ピスティス論争」である。それは、パウロ書簡に複数回出てくる「ピスティス＋イエス／キリスト（属格形）」の表現が、名詞ピスティスの内包する「信じる」という動作について、それに続く名詞イエス／キリストをその対象として「イエスを信じる信仰」（目的語的属格）を指すのか、それともその主体として「イエスが信じる信仰」（主語的属格）を指すのか、あるいはまた、ピスティスを動作を表す名詞というよりも「信頼性／誠実さ」といった資質を指すものとして「イエス自身の信頼性／信実」であるのかという、一見すると属格表現の種類をめぐる単純な釈義的問いに見える。しかしこの問題は、実際には広範にわたる神学的な問いである。⁽³⁹⁾宗教改革の法廷的義認論では「神の恵みのみによる、信仰を通しての義認」が強調されたが、その「信仰」は、キリストの十字架による贖罪という神の恵みを受動的に受け取る信仰、つまりこの表現に関して言えば、信仰者がイエスを対象として信じる信仰（目的語的属格）である。⁽⁴⁰⁾これに対し、浅野淳博は『ガラテヤ書簡』注解書において、テレサ・モーガンの研究に依拠しつつ、ギリシア語ピスティスと

39　この表現の用例は以下の通りである：ロマ 3:22; ガラ 3:22（イエス・キリスト）、ロマ 3:26（イエス）、ガラ 2:16（キリスト・イエス）、ガラ 2:16; フィリ 3:9（キリスト）、ガラ 2:20（神の子）。この論争の詳細は、リチャード・B・ヘイズ『イエス・キリストの信仰 –– ガラテヤ 3 章 1 節 –4 章 11 節の物語下部構造』、河野克也訳（新教出版社、2015 年）。この論争の概要については、同書の「訳者解説」（493-501 頁）、および浅野淳博『ガラテヤ書簡』NTJ 新約聖書注解（日本キリスト教団出版局、2017 年）、「トピック #7 *ΠΙΣΤΙΣ/FIDES*：信頼性／信仰とキリスト」（232-37 頁）を参照。

40　興味深いことに、ダンは一方ではキリストへの参与を強調しつつ、この属格

ラテン語フィデスについて次のように述べる。⁽⁴¹⁾

> これらの語に共通する基本概念は、関係性……を構築する際の主要
> 素となる「信頼性」である。またこれは、関係性構築と維持のための
> 手段であるとともに徳として理解された。したがってこの「信頼性」
> は、信頼をよせるという能動的動作も、受動的に信頼されて信頼に値
> するという品性も含み、同時に信頼に値する者の姿勢としての「誠実
> ／忠実」をも含意する。

ピスティス論争は単なる翻訳上の文法的選択肢のことではなく、キリス
トと信仰者の関係性の問題である。宗教改革の法廷的義認論および刑罰代
償説は（この点ではアンセルムスの充足説も同じであるが）、信仰対象とし
てのキリストと信仰者とを峻別するが、「新しい視点」では、パウロが繰り
返しキリストに倣うように（また、キリストに倣うパウロに倣うように）勧
告している点に注目し（1 コリ 11:1; フィリ 2:5-11; 1 テサ 1:6; cf. 1 コリ 4:16;
フィリ 3:17）、キリストの従順の生涯と信仰者の従順とを重ね合わせる。⁽⁴²⁾パ
ウロにおけるピスティスは、第一義的に、契約の民に対する神自身の信実
を基礎とし、父なる神に対するキリストの徹底的従順としての信頼を意味

表現については一貫して宗教改革型の目的語的属格を主張し、主語的属格を
主張するヘイズを批判して止まない。ダンとヘイズの論争については、ヘイ
ズ『イエス・キリストの信仰』巻末の補遺 1 ＆ 2（420-92 頁）を参照。なお
ダンは、サンダースがパウロを「契約遵法主義」で説明しないで「参与論的
終末論」という別の「宗教の型」を持ち出したことについて、「自らが提供し
た鋳型を壊す仕事に失敗した」と容赦なく批判する（「パウロ研究の新しい視
点」『新約学の新しい視点』山田耕太訳 [すぐ書房、1986 年] 54 頁）。

41　浅野、前掲書、232-33 頁；Teresa Morgan, *Roman Faith and Christian Faith: Pistis
and Fides in the Early Roman Empire and Early Churches* (Oxford: Oxford University
Press, 2015), 19, 29, 75-76. その結果、浅野は注解書内に提示したガラテヤ書テクス
トの翻訳において、逐語訳として「信頼性」を、自然訳として「誠実な業
／信頼関係」を採用する。

42　ヘイズ、前掲書、468-72 頁。ダンは「キリスト・イエスを着る」（ロマ

する。このキリストの信実に参与することにより、信仰者は神に対する信実を獲得するのである。[43] したがって、ピスティス成句の主語的属格理解が指し示しているのは、父なる神と御子イエスと、（今や異邦人とユダヤ人によって構成される）契約の民イスラエルとの参与的関係性に他ならない。パウロにおいては、イエスと信仰者は宗教改革者たちが考えた以上に（あるいは、対照的に？）、直線的に繋がっていると考えるべきである。[44]

3.2. 身分社会の体制神学と神の子の受肉

アンセルムスの充足説が、当時の身分社会を色濃く反映した「体制側の神学」であったことはすでに見た。「持てる者」と「持たざる者」の命の重みを明確に分け、「持てる者」の財産と名誉の回復のために「持たざる者」の命を要求する、このいわば「構造的暴力」の体制において想定される神は、はたして聖書の描く神を正しく反映しているだろうか。[45] 皮肉なことに、アンセルムスがその必然性を贖罪論の観点から説明した受肉の理解が、まさに彼の神理解に対する反証となる。鍵となるテクストは、フィリピ 2:5-11（キリスト賛歌）である。この箇所からパウロのうちにどの程度発達した受肉の教理を読み取れるかはともかく、ここでは神の姿（モル

13:14）も「キリスト・イエスにしたがって」（ロマ 15:1-5）も「教えの規範」（ロマ 6:17）も、「キリストの模範（imitatio Christi）」の主題との関連で取り上げる（ダン、前掲書、276-78）。

43　それはまた、キリストによる「義なる業」に参与することにより、信仰者が「律法の要求」を成就することをも指している（ロマ 5:18; 8:4、どちらも「ディカイオーマ」）。

44　ヘイズ、前掲書、36-43, 46-53 頁。パウロの理解がイスラエルのストーリーとの連続性において、イスラエルのメシアなるキリストがイスラエルの不従順の失敗を完成させた「踏み直し」として理解できる点については、ヘイズはエイレナイオスの「反復説」を高く評価する（前掲書、37 頁）。

45　「構造的暴力」はヨハン・ガルトゥングが 1969 年の論文「暴力、平和、平和研究」で提唱した概念。ヨハン・ガルトゥング『構造的暴力と平和』、高柳先男・塩屋保・酒井由美子訳（中央大学出版部、1991 年）、および、同『ガルトゥング平和学の基礎』、藤田明史訳（法律文化社、2019 年）に収録。

フェー）であった「先在者」が、人間となり奴隷の姿となって、十字架の死にまで従順を貫いたことにより、神がこの「先在者」を高く挙げたという、下降と上昇が描かれる。[46]パウロは、「神と等しい」身分を「掠奪すべきもの／掠奪品」（ハルパグモス）とは考えず、むしろ躊躇なく放棄したこのキリストを、倣うべき模範としてフィリピの信仰者に提示するが、その姿はアンセルムスが想定する、自らの名誉回復のために命を要求する神とは真っ向から対立する。

3.3. 「血」の意味をめぐる攻防：償い・浄化・処刑

　刑罰代償説においては、キリストの十字架の死が罪人の受けるべき刑罰の死として描かれ、その血もまた処刑による血とされる。カルヴァンがこの処刑の血を旧約聖書の動物犠牲の血と重ね合わせて解釈したことはすでに見たが、その同一視には大きな問題がある。キリストを罪の償い／贖いの犠牲と見なす理解は、伝統的にローマ 3:25 の「ヒラステーリオン」をその根拠とするが、この語は贖いの犠牲一般ではなく、具体的に至聖所の契約の箱の蓋を指す。[48]その背景は、大祭司が年に一度、至聖所の中に犠牲獣の血を携えて行き、契約の箱の蓋（ヒラステーリオン）の上と正面にそ

46　佐竹明『ピリピ人への手紙』（現代聖書注解全書；新教出版社、1969 年）106-37 頁；John Reumann, *Philippians: A New Translation with Introduction and Commentary,* (Anchor Yale Bible; New Haven: Yale University Press, 2008), 333-83. この賛歌の主要な関心は、先在のキリスト論や受肉論というよりも、むしろ「キリストの救いの出来事」である（佐竹、106-107 頁注 6）。

47　佐竹、前掲書、114-16 頁。

48　この点について、冠詞の不在を根拠に、このヒラステーリオンは特定の「契約の箱の蓋」ではなく一般的な贖い／償い／宥めを指すとの反論がなされるが（Leon Morris, "The Meaning of ΙΡΑΣΤΗΛΙΟΝ in Romans iii,25," NTS 2 [1955-56] 40）、この部分が明らかにレビ記のヨーム・キップール（大贖罪日）の規定を背景にしていることからも、その反論は容易に退けられる（Robert Jewett, *Romans: A Commentary* [Hermeneia; Minneapolis: Fortress, 2007] 284f.; Christian A. Eberhart, *The Sacrifice of Jesus: Understanding Atonement Biblically* [Minneapolis: Fortress, 2011], 113-17）。

の血を振りかけるという、大贖罪日（ヨーム・キップール）の儀礼である（レビ 16:15-22）。この儀礼は、「清めのいけにえ」(49)（ハッタート）とともに、「血の塗布の儀礼」（the blood application rite）を特徴とするが、それは聖所とその付属物を対象とし、物理的接触を通して、その対象物に付着した罪の穢れを除去することを目的とする(50)。しかしながら、ハッタートはレビ記に規定される５種類のささげ物の一つに過ぎない（「焼き尽くすいけにえ」１章、「穀物の供え物」２章、「会食のいけにえ」３章、「清めのいけにえ」4:1-5:13、「償いのいけにえ」(51) 5:14-26）。クリスティアン・エバハルトによれば、旧約における犠牲の中心は血を流すことではなく、むしろ犠牲素材（動物であれ穀物、油、乳香であれ）を燃やして神に献げる「燃やす儀礼」（the burning rite）にあり、それは全種類に共通する「犠牲の構成要素」(52)である。犠牲獣の血が関与する種類の犠牲においても、犠牲獣の屠殺は血を採取するための準備としての位置づけであり、決して罰としての処刑ではない。カルヴァンはキリストを「アーシャム（償いのいけにえ）(53)」と同定したが（『キリスト教綱要』II.16.6）、この犠牲は唯一金銭的賠償を伴うもので、その血は祭壇に振りかけられて祭壇を清めるものの（レビ 7:2）、刑罰とも代理の死とも無縁であり、そこからキリストの刑死が神の怒りを宥めると主張する

49　聖書協会共同訳（NRSV "sin offering"：口語訳「罪祭」、新共同訳「贖罪の献げ物」、新改訳 2017「罪のきよめのささげ物」）。

50　Eberhart, ibid., 82-88; Jacob Milgrom, *Leviticus: A New Translation with Introduction and Commentary* (Anchor Bible; New York: Doubleday, 1991), 50-51, 253-92; 河野克也「贖い」『聖書神学事典』129-30 頁。

51　河野克也「犠牲」『聖書神学事典』277-78 頁；Eberhart, ibid., 60-89.

52　Eberhart, ibid., 98（10 の特徴的要素のうちの #8 と #9）。「燃やす儀礼」（口語訳では「火祭」）においては、神に取り分けられた犠牲素材は祭壇の火によって「新たなエーテル状の本質へと変容」され、「芳しい香り」（レーアハ・ニホーアハ）として天の神のもとへと上昇することで、神の食物となる。従来の贖罪論の議論において、血を伴わない犠牲／ささげ物が軽視されてきた点は重大な欠陥であろう（Eberhart, ibid.,75-79, 97[#5]; 132[#1]）。

53　聖書協会共同訳（NRSV "guilt offering"：口語訳「愆祭」、新共同訳「賠償の献げ物」、新改訳 2017「代償のささげ物」）。

ことは範疇錯誤であろう。[54]この点についてジェイムズ・ダンは、旧約聖書におけるヘブライ語動詞キッペールの用法について、「神が目的語となることは決してない」ことを指摘し、「イスラエルの宗教において、神が『宥め』や『贖し』の対象とならない」ことを強調する。[55]

3.4. 神のラディカルな赦し

カルヴァンは、神が罪人に向ける怒りを強調し、その怒りがキリストに向けられ、代わりにキリストがその刑罰を受けたことによって、罪人が罪の罰を免れたと説明するが、そこに想定される神は、怒りの神である。カルヴァンの想定によれば、「我々の思いは、神の怒りの恐ろしさと永遠の死の恐れによって先ず衝撃を受けて恐怖に陥るのでなければ、神の憐れみの内にある生命を十分な渇望をもって捉えることも、またそれを相応しい感謝をもって受け入れることもしない」（『キリスト教綱要』II.16.2）。[56]はたしてこの想定は聖書的だろうか。パウロ書簡に目を向けると、カルヴァンの想定とは逆の神理解が浮かび上がってくる。

3.4.1. 「律法の呪い」からの解放（ガラテヤ 3:10-13）

この箇所は、パウロが申命記 27:26（ガラテヤ 3:10）および 21:23（ガラテヤ 3:13）を引用して、律法（割礼）を受け入れようとしていたガラテヤ

---

54 Eberhart, ibid., 132. エバハルトは、キリストの血をシナイ山での契約締結の場面（出エジプト 24:1-11）と重ね合わせて、「契約の血」（出エジ 24:8; マコ 14:24// マタ 26:28// ルカ 22:20// 1 コリ 11:25）として理解する（ibid., 106-11）。

55 ダン『使徒パウロの神学』302-303 頁。この点に関して言えば、キッペールを一貫して「宥め」と訳す新改訳 2017 の選択は、批判的に検討される必要があろう（木内伸嘉「贖罪に関わる訳語の変更」『聖書翻訳を語る——「新改訳 2017」何を、どう変えたのか』[いのちのことば社、2019 年] 142-47 頁、特に 142-44 頁）。

56 『キリスト教綱要 改訂版：第 1 篇・第 2 篇』550 頁。しかし、親子の愛情に置き換えて考えたときに、親の怒りに対する恐怖に陥らなければ親の愛を理解できないと想定するとすれば、それはあまりに悲壮で歪な想定であろう。

の信徒たちに、その決断を思いとどまらせる説得を試みている箇所である。申命記 21:23 は「木にかけられた者は、神の呪われた者」であるとして、この「呪い」を神の呪いと特定していることから、この箇所はイエスの十字架の死を神の呪い、すなわち罪人に下される刑罰と理解する根拠とされてきた（『キリスト教綱要』II.16.6.）。しかしパウロは、ガラテヤ書の議論において、その主語を神から律法に変更することで、呪いを神から分離したのである。この律法の神からの分離は、パウロの黙示的世界観に由来するものであるが、それはパウロがガラテヤの信徒たちに対して、割礼を受けて律法を受け入れることは「世を支配する諸霊」（ガラテヤ 4:3「タ・ストイケイアー・トゥー・コスムー：この世の諸要素」、9 節も参照）、「もともと神でない神々」（ガラテヤ 4:8「トイス・フュセイ・メー・ウースィン・セオイス」）に逆戻りすることであるとして、律法を神に敵対する霊的諸力と同定していることから明らかである。したがって、少なくともパウロの黙示的世界観においては、キリストが引き受けた「律法の呪い」としての死は神による罪の刑罰の死ではない。むしろそれは、律法を含む「諸霊」が支配する「この悪の世」（ガラテヤ 1:4「エク・トゥー・アイオーノス・トゥー・エネストートス・ポネールー」）から私たちを解放するための死であった。この箇所から、神がその怒りを御子に向けたという理解を読み取ることは、パウロの議論の誤読であろう。

57　『キリスト教綱要 改訂版：第 1 篇・第 2 篇』556 頁。

58　青野太潮訳『パウロ書簡』新約聖書IV（岩波書店、1996 年）177 頁、注 13;『「十字架の神学」の成立』（ヨルダン社、1989 年）500-503 頁;『パウロ：十字架の使徒』岩波新書（岩波書店、2016 年）125-28 頁。

59　J. Louis Martyn, "Christ and the Elements of the Cosmos," in *Theological Issues in the Letters of Paul* [Nashville: Abingdon, 1997], 125-40; J・ルイス・マーティン「ガラテヤの信徒への手紙における黙示的福音」『インタープリテイション日本版』第 59 号［2001 年］28-69 頁）。

60　この箇所の背後には、レビ 16 章のアザゼルの山羊の追放儀礼が指摘されるが、アザゼルの山羊は、大祭司がその頭に両手を置いて民の罪を移した後に「生きている」状態で荒れ野に放たれるのであり（16:10, 20-22）、処刑されるわけ

3.4.2. 「敵への愛」の実践（ロマ 5:6-11）と罪そのものの断罪（ロマ 8:3）

　パウロはローマ書において、イエスの死を、罪人を愛し、敵さえも愛する神の愛として提示する（5:6-11）。愛敵の教えはイエスのラディカルな要求として山上の説教／平地の説教に記されているが（マタイ 5:44// ルカ 6:27）、パウロは明らかに、少なくともその元となる伝承を知っていたと考えられ、倫理的勧告において、この教えを誤解のないように念入りに説明している[61]（ローマ 12:9-21、特に 14 節）。「敵であったときでさえ、御子の死によって神と和解させていただいた」（ローマ 5:10）とのパウロの発言は、罪人と神の敵対関係の主体を人間の側に置き、和解のイニシアティヴを神の側に置くものである。さらにローマ書 8:31-39 では、御子の死を根拠に「神がわたしたちの味方である」（31 節「ホ・セオス・ヒュペル・ヘーモーン」：神は私たちのため／側に〔いる〕）として、敵対的な霊的諸力や人間からの神による守りを強調する。パウロでは、十字架は父なる神と御子イエスの一致した愛の行動であって、父による子の処刑ではない。この点について言えば、カルヴァンでは裁判官である神が敵対関係の主体、キリストはその怒りを宥めるために自らを犠牲として献げる祭司とされており、パウロとは対照的である[62]（『キリスト教綱要』II.15.6, 16.2.）。

　ローマ書 8:3 は刑罰代償説の根拠とされる重要な箇所であるが、この箇所もまた、実際には父なる神による御子の処刑／断罪を述べていない。パ

でも、また荒れ野で野の獣に噛み殺されることが想定されているわけでもない。ましてやこの追放儀礼自体、犠牲とは見なされていない（Eberhart, ibid., 90f., 124f.）。したがって、この追放儀礼を「代理的犠牲」とするギャザコールの主張は混乱していると言わざるを得ない（Gathercole, ibid, 37）。

61　ヴィクター・P・ファーニッシュ『パウロから見たイエス』（新教出版社、1997 年）83-87 頁。

62　『キリスト教綱要 改訂版：第 1 篇・第 2 篇』546, 49-50 頁；Gorringe, ibid., 138f. カルヴァンは『キリスト教綱要』II.16.2 でローマ 5:10 を敷衍（引用？）するが、パウロのテクストが「私たち」を主語としているところを、わざわざ「神」を主語に置き換えて、敵対の主体を神とする（549 頁）。これは意図的な改変（改竄？）と言うべきであろう。

ウロは次のように述べる。

　……律法が、肉のゆえに弱いため不可能であることを〔成し遂げようと〕、神は、御自身の御子を罪の肉と同じ姿において、また罪のための献げ物（ペリ・ハマルティアース）として派遣し、その肉において罪を断罪されたのです。（私訳）

　ギリシア語の構文が複雑であるため多少の補足が必要になるものの、この箇所の定動詞カタクリノー（断罪する）の目的語はハマルティアー（罪）であり、御子ではない。確かに、御子の肉（サルクス）が罪の断罪の場として明言されているが、しかし断罪されているのはあくまでも罪であって、御子ではない。律法の「呪い」の箇所と同様、ここでもパウロは、キリストを神の怒りや断罪の対象から注意深く切り離している。そしてこの罪の断罪が、罪と死の律法からの解放を実現したため、「今やキリスト・イエスにある者たちには、断罪はない」と宣言されるのである（8:1）。この御子の肉における罪の断罪は、信仰者の持つ「罪の肉」との同一性（あるいは類似性：ホモイオーマ）を強調することで、彼らの罪と死の律法からの解放を語るが、同様に6章5節では、信仰者のバプテスマとイエスの死の同一性（ホモイオーマ）を強調することで、キリストの復活への参与を希望として語る。パウロは、「神の子たちの出現／黙示」（8:19「テーン・アポカリュプシン・トーン・ヒュイオーン・トゥー・セウー」）を通して「被造物〔が〕滅びへの隷属から解放されること」（8:21）、また信仰者自身が「神の子とされること（ヒュイオセシアーン）、つまり、体の贖われること（テーン・アポリュトローシス）」（8:23）を救いの最終的な希望として語るが、それらはともに、「イエスを死者の中から復活させた方の霊」による御子の復活への参与、また新しい創造への参与として展開されている（8:9-11, 23［〝霊〟の初穂］、参照フィリピ3:10-11）。キリストへの参与を繰り返し強調するパウロは、同じ文脈においてキリストの苦しみへの参与も同じく強調するが、それは神の宣教に従事するゆえの迫害や患難の苦しみではあって

も、決して神による刑罰としての死の苦しみではない（ローマ 8:17; フィリ
ピ 1:29-30; 3:10）。

神がキリストを「罪のための献げ物」とした（ロマ 8:3）との発言は、前
段（2.2.3.）のクリスティアン・エバハルトおよびジェイコブ・ミルグロム
による旧約の犠牲祭儀の研究を踏まえるならば、罪に対する相応の刑罰と
してキリストの死に焦点を合わせたものではなく、罪により聖所に蓄積し
た穢れを浄化するための洗浄剤としてキリストの血に焦点を合わせたも
のとして、よりよく理解できる。

3.5.　父なる神と子なる神の一致

従来の刑罰代償説は、応報的正義の視点から、神を、罪人に対して怒り
を燃やし刑罰の死を要求する裁判官として描くことにより、神の本質的属
性の内に怒りと暴力性を持ち込んでしまうという大きな問題点を抱えて
いた。この神観の根底に、応報的正義を見定めることは極めて重要である。
もちろん、パウロ書簡において発達した三位一体論を語ることは時代錯誤
であるが、少なくとも、第 1 位格の父なる神が第 2 位格の御子イエスに対
して（直接的には罪人に対して向けられたものとは言え）憎しみと怒りとを
向けると想定することは、パウロ書簡からは不可能である。パウロにおい
ては、（ヨハネにおいてと同様に）父と子とは一つである。[63] 神に敵対する諸
力に隷属され、神に敵対するようになっていた人間を愛し、その滅びへの
隷属から救い出した神は、敵を愛するラディカルな愛を教えたイエスと見
事に重なり合う。パウロにおいては、むしろ罪人を断罪することなく赦し
て和解するラディカルな愛こそが、神の永遠の属性として想定されている
のである。ローマ 3:25 は、神が「過ぎ去った時代に犯された罪を放免す

63　ギャザコールは刑罰代償説への批判に対する反論として、高キリスト論と三
　　位一体論の枠内では御子の死は「神の自己代理」であり、父によるこの虐待
　　との批判は当たらないとするが、これは後代の教理に逃げ込んだ説明回避の
　　感が否めない（Gathercole, ibid., 24f.; quoting the title of chap. 6 of J.R.W. Stott, *The
　　Cross of Christ* [Leicester: InterVersity, 2006]。

ること（パレシン）」を語るが、それはジェイムズ・ダンによれば「『裁かずに釈放する、罰を免除する』という法廷用語としての厳密な意味を意識しており、これには『見逃す、無視する』と言うニュアンスはない。罰を差し控える行為（忍耐）は、契約における神の責任である」⁽⁶⁴⁾。2コリント5:18-20における和解をめぐる発言もまた、パウロが神を一貫してラディカルな愛において理解していたことを示す。「すなわち、ここに示されるイメージは、怒れる敵対者が宥めすかされて丸め込まれるのでなく、むしろ被害者でありながら和解に積極的な関与を示す神」⁽⁶⁵⁾である。パウロが描く神は、罪人に対して怒りをもって応報的に処刑を要求する神ではなく、愛をもって修復的に和解を生み出す神である。

4　おわりに

刑罰代償説は、宗教改革以来、長きにわたってパウロの贖罪論として強調されてきたが、近年では各方面から見直しを迫られている⁽⁶⁶⁾。本項では、ようやく日本でも本格的に紹介されるようになった「パウロ研究の新しい視点」を手掛かりに、パウロ書簡における贖罪理解の見直しを試みた。パウロにおいて救済論・贖罪論の議論の基本単位が個人ではなく契約の民で

64　ダン『使徒パウロの神学』304頁。

65　ダン『使徒パウロの神学』321頁。

66　J. デニー・ウィーヴァーは、従来の贖罪論を暴力的なものとして退け、「物語の『勝利者キリスト』」モデルを「非暴力的贖罪論」として提唱するが、その中で従来の暴力的贖罪論に見直しを迫る試みとして、黒人神学、フェミニスト神学、女性神学との対話を試みている（Weaver, *Nonviolent Atonement*, esp. 129-217）。日本では高橋哲哉が、キリストの死を称える贖罪論が殉教を称えることに繋がり、国のための死を美化し殉国を強いる「犠牲のシステム」を内包すると指摘する（高橋哲哉「基調講演＜殉教＞を問う」、高橋哲哉・菱木政晴・森一弘『殉教と殉国と信仰と――死者をたたえるのは誰のためか』[白澤社、2010年] 11-26頁）。もちろん、高橋の批判には誤解や行き過ぎもある。高橋の批判に対する反論としては、廣石望「〈贖罪の犠牲〉というメタファー：イエスの死の救済論的解釈によせて」『無教会研究』15号（2012年）1-25頁を参照。

あること、また罪の本質が神に敵対する霊的勢力による死への隷属であることを確認した。特に「ピスティス論争」を参照しつつ、パウロにとっては法廷的宣言としての信仰義認論よりも、信仰者がキリストの死と復活に参与することによって罪と死から解放される、参与論的・解放型の贖罪論が中心であることを提示することを試みた。この参与論的・解放型の贖罪論は、近年注目を集めている修復的正義の視点とも重なり合う。充足説を唱えたアンセルムスにせよ刑罰代償説を構築したカルヴァンにせよ、応報的正義の視点で聖書を読み、その視点から神理解を形成したことが、聖書の証言する神とは異なる強調点を理論化する要因であった。今後のキリスト教神学が、聖書的な修復的正義の視点で再構築されることを願ってやま⁽⁶⁷⁾ない。

67　本項では、刑罰代償説に代表される応報的贖罪論の問題点を明らかにし、パウロ書簡からその問題点を克服することを中心に議論を進めたため、修復的正義の視点による贖罪論再構築の試みの紹介と対話については、十分に扱うことができなかった。それについては、別の機会に譲りたい。現在、修復的正義の基礎的文献であるペリー・ヨーダーの古典的書（Perry B. Yoder, *Shalom: The Bible's Word for Salvation, Justice, and Peace* [Newton, Kansas: Faith and Life, 1987]とクリストファー・マーシャルの小書（Chris Marshall, *The Little Book of Biblical Justice: A Fresh Approach to the Bible's Teaching on Justice* [Intercourse, Penn.: Good Books, 2005]）の翻訳出版の準備が進められており、日本でも広く読まれることを期待したい。より専門的であるが、マーシャルが新約聖書の修復的視点から刑事司法制度を論じた書も（Christopher D. Marshall, *Beyond Retribution: A New Testament Vision for Justice, Crime, and Punishment* [Grand Rapids and Cambridge, U.K.: Eerdmans, 2001]、また旧約新約の一貫した神学的読みから死刑制度を批判したミラード・リンドの研究も（Millard Lind, *The Sound Of Sheer Silence And The Killing State: The Death Penalty And The Bible* [Telford, PA: Cascadia, 2004]）、共に邦訳されるべき良書である。

第4章
グレン・スタッセンの「受肉的弟子の道」の位置と展望

中島光成

はじめに

　私は、ロバート・リー先生門下の末弟として、もっとも晩年のリー先生ご夫妻と接しつつ5年間ハリソンバーグの東部メノナイト大学にいたことになる。私が、東部メノナイト大学で学び始めたころ、リー先生は、彼の友人である教授たちに私を次のように紹介した。「この人は、日本で法律を勉強し、神学を勉強した。きっと Restorative Justice（修復的司法／正義）を学ぶといいと思うんだ。」当時、Restorative という単語の意味すら分からなかった私は、もっと英語も法律もしっかり勉強しておくのだったと思いつつも、なんとなく嬉しかったことを思い出す。リー先生のアドバイスを受けつつ学びを進める中、フラー神学校でグレン・スタッセン先生の下で学ぶよう導かれた。よってこの論集に、グレン・スタッセンの仕事について書くことは、リー先生も喜んでくださると信じる。

I　グレン・スタッセンの「受肉的弟子の道」

1　「受肉的弟子の道」とは
　「受肉的弟子の道[(1)]」は、グレン・スタッセンが生前出版したいくつかの著書のうち、最後のものとなった *A Thicker Jesus* で扱われる主なテーマで

1　スタッセンが使用した Incarnational Discipleship の訳語（本論文筆者による）。
Glen Stassen, *A Thicker Jesus: Incarnational Discipleship in a Secular Age* (Louisville, Ky.: Westminster John Knox, 2012).

あり、副題にも用いられた概念である。その書を執筆している時、彼は既に自らの体が進行性の癌に侵されていることを知っていた。原稿を仕上げる最後の数か月は、彼が書き進む速度と癌が進行していく速度の競争のようでもあった。すなわち、彼にとってその書は、彼の生涯における研究と実践の集大成であり、のちに続くキリストの弟子たちへの遺言となった。[2]
A Thicker Jesus を遡ること9年前に、デービッド・ガッシーとの共著として出版された Kingdom Ethics [3]を彼のキリスト教倫理における理論的な集大成とするならば、「受肉的弟子の道」は、その理論の現実世界への適用と言って良い。あるいは、Kingdom Ethics で彼が提示した「全人的性格形成の倫理」[4]という仮説が実社会に投げ込まれた時、それが実際に力あるものとして働くのかどうかを検証した結果のことを「受肉的弟子の道」と表現したとも言える。

　Kingdom Ethics でもそうであったが、「受肉的弟子の道」を記す際も、スタッセンの論の進め方は、自論を単純に定義づけて分かりやすくしたり、整理しやすい形で抽象的概念を用いたりすることをできる限り避ける傾向がある。これは、後述するが、彼の仮想論敵となる啓蒙主義的・二元論的・観念論的・理性中心主義的発想の悪影響を極力排除したいがためであった可能性が高い。それ故、「受肉的弟子の道」も、一言で表すことができる定義としては、提示されていない。しかし、困難な時代にキリストの弟子として神の正義を生きた人の実例として分析したキリスト者の偉

2　実際スタッセンは、その書の中で、読者たちに「受肉的弟子の道」を追求していく働きに是非とも参加し、それを続けて欲しいと呼びかけている。
3　本書の部分訳（原書1, 2. 6, 7, 17, 23, 24章）が、東京ミッション研究所より『イエスの平和を生きる──激動の時代に読む山上の説教』として、棚瀬多喜雄訳で出版されている（2004年）。原書は、Glen H. Stassen and David P. Gushee, *Kingdom Ethics: Following Jesus in Contemporary Context* (Downers Grove, Ill.: InterVersity, 2003).
4　スタッセンが使用した Holistic Character Ethics の訳語（本論文筆者による）。Character Ethics の部分は、東方敬信『物語の神学とキリスト教倫理』（教文館、1995年）、200頁を参考にした。

人たちの著作から、「受肉的弟子の道」の三つの要素を挙げている⁽⁶⁾。①イエス・キリストを神の性質の顕れとして、重厚に、歴史に根差し、現実的に理解する。故に、イエス・キリストは、そのまま私たちの生き方を導く規範となる。イエスを理解する際に、実際の歴史から離してしまい、浅薄な原則や高邁な理想や単なる教義の証拠にするようなことは決してしない。②キリストが主であり、神にこそ主権があることを、あらゆる分野において、人生のあらゆる場面において、そして被造物のあらゆる側面において認める。すなわち、単純な二王国論、霊肉二元論、現世と来世の二元論には組しない。それら二元論的思考によって、キリストにある神の導きが、通常の社会生活の現場に意味ある事として起きるという事実に覆いがかかるから。③ある特定のイデオロギーに捕らえられることに対して悔い改め続ける。すなわち、あらゆる国家主義、人種差別、また経済中心主義に巻き込まれている危険性を常に意識する。そして、神学的倫理的理解と、実際の行動や実践を一致させる。これら三つの要素をもって、「受肉的弟子の道」の特徴が語られている。

　スタッセンは、「受肉的弟子の道」の三つの要素を、聖書が語る神の三位一体的理解と組み合わせ、一つの図表としてあらわす⁽⁷⁾。三角形を描き、それぞれの頂点に、父なる神、子なる神、聖霊なる神との関りで先の三つの要素を略述したものを配置する。その三つの頂点によってできる三角形の内側が「受肉的弟子の道」なのだという。父なる神との関りの記述は、「全ての領域における神の主権と人生のあらゆる場面におけるキリストの支配」となる。子なる神の部分は、「重厚なイエス：神ご自身が、ナザレ⁽⁸⁾

5　スタッセンは、ディートリヒ・ボンヘッファー、カール・バルト、アンドレ・トロクメ、マーティン・ルーサー・キング Jr.、クラレンス・ジョーダン、ドロシー・デイ、ムリエル・レスターの生涯と著作を分析した (A Thicker Jesus, ch. 2, pp. 16-41)。

6　Stassen, A Thicker Jesus, pp. 16f.

7　Stassen, A Thicker Jesus, p. 17.

8　スタッセンが A Thicker Jesus で用いた thick および thicker を、本論文においては「重厚」と訳した。この「重厚なイエス」という概念が示しているのは、「私

のイエスにおいて、受肉的に、歴史的事実として具現化され、現実に顕れたということが、重厚に解釈されたもの」となり、聖霊なる神の部分は、「全ての権力と権威から独立し、イデオロギーに絡めとられている私たちを悔い改めに導く聖霊」となる。興味深いのは、この三つの記述も様式として整理されていない点である。これが、先ほど述べた理性中心主義への抵抗なのか、自らの死を意識し急いで出版した故のものなのかは定かではないが、後に続く議論に対して開かれた態度を持ち続けた彼の性格が表れているように感じる。いずれにしても、スタッセンの「受肉的弟子の道」は、歴史的に困難な現実の中でキリストの弟子として正義を生きた人たちを分析した結果明らかになったものであり、聖書が語る「歴史的ドラマ」に描かれている、イスラエルの神が、具体的な時と場所において受肉してナザレのイエスとして歩んだ、その具体的な歩みに学びつつ、その足跡を踏みゆく道である。⁽⁹⁾

2 「受肉的弟子の道」の試金石

スタッセンは、「受肉的弟子の道」を世に問うにあたり、二種類の試金石を用いる。一つは、仮想論敵としての啓蒙主義的二元論であり、もう一つは、実験室としての現代世俗社会である。

まず彼は、啓蒙主義に対する反作用として、権威主義に傾きがちな均質的な共同体へと回帰すべきという動きに警告を発する。⁽¹⁰⁾それは、これから展開していく「受肉的弟子の道」も、その方向に逸れていく可能性を有することを自覚した故の自戒として読むことができる。確かに、啓蒙主義により、真理は普遍的な原則とされるものに引き下げられ、特定の共同体が

たちが、受肉したイエスが行いまた語ったことに注意を払うことを要求する。すなわち、イエスがいかに他者への共感をもって責任を引き受け、解放の具体的な行為を遂行し、信実さの具体的なあり方について語り、そして、イスラエルの預言者的伝統の成就として、エルサレムの政治的権威者たちの不正義に立ち向かったか、ということである」(p. 45)。

9 Stassen, *A Thicker Jesus,* pp. 10-13.

10 Stassen, *A Thicker Jesus,* p. 5.

育んできた知恵や特定の信仰は価値の低いものとして脇へ追いやられてしまう。同時に、啓蒙主義は、教会や公共の倫理を誰しもが受け入れやすい一般的な格言集へと薄めてしまい、聖書物語固有の独自性やそこから発する周囲の社会への預言者的対立力を失わせていく。だからと言って、均質的な共同体への回帰をもって啓蒙主義の害悪を弱めようとすることは、第二次大戦中におけるドイツ全体主義へと道を開いた流れにつながる、とドイツ系アメリカ人である彼は自らの物語から教訓を汲み出す。

　続けて、スタッセンは、啓蒙主義やその延長線上にある功利主義が、特に倫理の分野においてそれほどの意味を持たないことを論じ、別の視点を提供する。すなわち、浅薄な原則に基づく理性的思考によって人が行動を決するとは限らないことが明白になってきており、歴史的な影響下で育まれた忠誠心や基本的ものの見方、あるいは信念といった要素を加えて初めて実際の行動を決める内的決断に至る過程を扱うことができるという主張である。浅薄な原則は、各々が生きる意味を見出している源ともいえる基本的信条や信仰を成り立たせている物語によって、いかようにも意味が変わってくるということを彼は重視した。ここで彼が挙げている「忠誠心」、「基本的ものの見方」、「信念」の三つに「理性的思考」を加えたものこそ、*Kingdom Ethics* で詳述されている「全人的性格形成の倫理」で網羅すべき四つの領域である。

　加えて彼は、観念論的二元論がいかに根深くキリスト教信仰に入り込んでおり、いかに信仰と実践に断層を生じさせているかを指摘する。イエスは高い理想を教えた、そして私たちの実際はそれに到底及びようもないというタイプの断層である。その断層に対する彼のアプローチは次のようになる。イエス・キリストは、私たちが何とかして歴史的現実に適用させようと努力すべき高い理想としてではなく、より現実に根ざした存在として

11　Stassen, *A Thicker Jesus*, p. 5.

12　Stassen, *A Thicker Jesus*, pp. 7f.

13　Stassen and Gushee, *Kingdom Ethics*, pp. 59-68.

14　Stassen, *A Thicker Jesus*, pp.42-44.

理解されるべきである。すなわち、イエス・キリストは、歴史における現実に深く取り組んだのであり、その歴史的現実の困難の只中に神ご自身が取り組んでいることの顕れこそがイエス・キリストである、という理解である。それ故、「受肉的弟子の道」が取り組む大切なことの一つは、より重厚でユダヤの歴史に根差し、かつ預言者の系譜に連なるイエス理解⁽¹⁶⁾が、どのようにして観念論によってゆがめられたイエス理解を克服できるかということになる。観念論的イエス理解によって生じる理想主義と現実主義の対立の克服について、彼は以下のように論じる。

観念論的イエス理解と、十字架を自己、生命、および権力の放棄とする解釈では、多元的な文化に対して語り得る公共倫理を発達させることは困難である。イエスは実際に人生における現実の諸問題に導きを与える、ということを私たちが理解できた時、はじめて私たちは、いかにして権力闘争の中においてイエスに従い、またヒトラーのような不正義に対抗して自己を提示するかを理解できるようになる。私たちがイエスを19世紀に由来する観念論から解放する時、はじめて私たちは、イエス・キリストにおける神の啓示を真剣に受け止めつつ、いかにして生の全領域を通して神の主権を主張するかを理解できるようになる。私たちに必要なのは、現実的イエスなのであって、観念論的イエスではない。歴史にしっかりと根差した現実的イエスのみが、この多元的な世界において、私たちのキリスト者としてのアイデンティティを世俗主義に喪失することなしに、私たちが必要とする公共倫理に対する導きを提供することができる。⁽¹⁷⁾

スタッセンは、啓蒙主義によって先鋭化された理性中心主義が、19世

15　Stassen, *A Thicker Jesus*, p. 46.

16　この点においてスタッセンは、Ｎ・Ｔ・ライト（新約学）やクリストファー・ライト（旧約学）、ジェームス・マクレンドン（組織神学）らの方向性とも重なる。

17　Stassen, *Jesus*, p. 47.（本論文筆者の私訳）

紀の観念論的二元論によってキリスト教信仰に浸透し、結果イエス・キリストの福音の持つ現実世界への無限の力が骨抜きにされたと見ているのである。そして、現代における現実世界が世俗化したものであるということを考える時、ますます骨抜きにされたキリスト教では存在意義がなく、より重厚でユダヤの歴史に根差し、かつ預言者の系譜に連なるイエス理解に基づく「受肉的弟子の道」が求められているというのが、彼の主張である。

　倫理学者としての彼の視点によって光をあてられた「受肉的弟子の道」は、実社会でそれがいかに意味を持つかということに論が向かうのは自明の理である。そして、現代社会、ことに西洋においての現代社会の特徴は、世俗化ということになる。しかも、キリスト教倫理を問いかける場としての西洋現代社会を論じる時、そこが既に世俗化した社会であるということを視野に入れるのは必須である。加えて、その西洋世俗社会においてキリスト教倫理が今なお意味を持つとすれば、二元論によって骨抜きにされた福音の力を取り戻すことにもつながる。そこで、彼は「受肉的弟子の道」の実験室として現代世俗社会を用いるにあたり、チャールズ・テイラーの *A Secular Age*（『世俗の時代』）を対話相手として選ぶ。[18]

　テイラーは、「西洋社会において、例えば1500年の時点では神を信じないことは実際に不可能だったのに、2000年には多くの人にとって、信仰を持たないことが容易であるだけでなく不可避なことにすら思えるようになったのは、いったいなぜなのか」[19]という一つの質問を念頭に置きながら西洋社会の世俗化を物語っていく。彼はまず、世俗性を以下の3つに類型化する。[20]①公共空間が神不在の領域となり、政治や経済などの各領域が独自の「合理性」で営まれるようになったこと、②「宗教的信条と実践の衰退」、③神を信じることが「当たり前」だった社会から、単に一つの選

18　Charles Taylor, *A Secular Age* (Cambridge, Mass.: Harvard University Press, 2007).〔『世俗の時代　上・下』、千葉眞監訳（名古屋大学出版会、2020年）〕

19　Taylor, *A Secular Age,* p. 25.〔邦訳、上：30頁〕

20　Taylor, *A Secular Age,* pp.〔邦訳、上：1-4頁〕

択肢となったこと、である。テイラーは、この第 3 の意味で社会の世俗化を検討するのだが、スタッセンの主張する「受肉的弟子の道」は、テイラーの言う「私たちの道徳的かつ霊＝精神的ないし宗教的な経験および探求が生起する理解の文脈全体に係わる問題」に対する批判的応答[21]」となる。

スタッセンは、「仮想論敵としての啓蒙主義的二元論」と「実験室としての現代世俗社会」という二種類の試金石を用いることによって、「受肉的弟子の道」を辿っていくためには、重厚なイエス理解と重厚な社会分析が必要であると主張する。

3 「受肉的弟子の道」の現代社会における意義

前節で確認したように、スタッセンは、テイラーの西洋世俗社会の分析と対話しつつ、7 つの領域において「受肉的弟子の道」の現代的意義を試していく[22]。これら 7 つの領域は、テイラーがその著書で明示しているのではない。スタッセンが、テイラーの語る複雑な物語から、世俗主義に向かっていく主要な原因でもあり、また世俗化の結果とも捉えられることとして抽出したものである。世俗主義に向かっていく原因あるいは結果、すなわち西洋社会においてキリスト教の力がそがれていく領域において、「受肉的弟子の道」がいかに意味を持っていくのかというのが、スタッセンの問題意識となる。

（1）民主主義（5 章：59-82 頁）

最初の領域は、社会の在り方を決めていく過程において神やその権威を借りた宗教家が力を持っていた中世社会から、世俗の公権力をもった社会へと移行することを促した「民主主義」である。テイラーは、民主主義の発達過程において果たした教会の役割を重視する。会衆制的な教会の出現とその拡大に伴い、その集団としての意志決定方式が教会外の事柄へと応

21　Taylor, *A Secular Age,* p. 3.〔邦訳、上：4 頁〕

22　Stassen, *A Thicker Jesus,* pp. 53-56, and "Part 2: Meeting a Seven Challenges of A Secular Age" (pp. 59-214). 以下、各項目に同書の章および頁情報を提示する。

用されていったのである。スタッセンは、民主主義の世俗化について、テイラーの語る詳細な物語を以下のように要約する。「ピューリタンの秩序強調への反発、また階級制度および国教会支配層を伴う王政復古への反発の双方が、啓蒙主義における世俗主義もたらすこととなった。その世俗主義において、民主主義は、人民が主体的に社会的規範を構築することに基づくものであり、神に基づく必要はないと見なされたのである。」スタッセンは、民主主義が神の領域を狭めた世俗主義だからと言って敵視することも、あるいは教会が起源だからと言って手放しに味方に取り込むことも否定する。スタッセンは、民主主義の源流として、ピューリタニズムの中に、契約に自発的に参加し契約のもとに人格形成がなされる自由教会の伝統を掘り起こし、さらに、ジョン・ヨーダーの文化に対する多元的な理解やエルンスト・トレルチのキリスト教世界と周辺社会の関わりに関する理解を援用しながら、世俗社会における「受肉的弟子の道」の有用性を主張する。すなわち、重厚なイエス理解による「受肉的弟子の道」は、アブラハム・リンカーンやマーティン・ルーサー Jr.〔キング牧師〕がそうであったように、民主主義を「戦術的同盟」（tactical alliances）において利用し、少数者や弱者の声を拡大するというイエスに従う可能性を見出すのである。

（2）科学（6章：83-100頁）

第二の領域は、その様々な発見を通し、中世において神が占めていた場所を次々に別のものに置き換えていった「科学」である。テイラーは、科学の発達の結果生じた理神論が、世界観の世俗化を促したと見る。理神論では、世界は閉じられた機械的なものとして理解され、そこに神は介入しないとされる。それに対し、スタッセンは、科学の発展こそが神の介入の

23　Stassen, pp. 53f.; Taylor, p. 196.〔上：238 頁〕

24　Stassen, p. 54.（筆者私訳）

25　Stassen, pp. 64-70. スタッセンは、人権思想の源流として、17 世紀英国のバプテスト派指導者リチャード・オーヴァートンを挙げる（pp. 67-70）。

26　「戦術的同盟」はヨーダーの用語（Stassen, p. 70; Yoder, *Priestly Kingdom,* pp. 56, 59-62）。

可能性を物語り始めていると主張する。彼は、核科学者としての素養を生かしながら以下のように論じる。素粒子レベルの発見の数々が明らかにしているのは、決して世界が閉じられてもおらず、機械的なものでもないことであり、むしろ神の介入の余地がいくらでもあるということである。そういう点で、科学の発展している現代社会こそ、全ての領域における神の主権を認めるという「受肉的弟子の道」が生きてくるのであるし、また科学における新しい発見を受け入れていく過程では、継続した悔い改めをその生き方とする「受肉的弟子の道」が求められている。

（3）個人主義（7章：101-22頁）

　社会の世俗化の過程で、自己の理解は、「深く社会に埋め込まれていた」（deeply embedded in society）自己という理解から、他者との緊密な関係から切り離された「緩衝材に覆われた自己」（buffered self）へと変化し、それが極端な利己的個人主義を生み出したと、テイラーは説明する。民主主義や科学と同様に、個人主義の誕生にもキリスト教が重要な役割を果たした。一部のプロテスタント教会において、自覚的に決断できる成人が、個人的な召しに答えて洗礼を受けることにより入会を認められていたことが、自由な個人の契約に基礎づけられた社会への先駆けとなったのである。スタッセンは、個人主義がもたらす弊害に対しても、「受肉的弟子の道」が解決の糸口を提供すると見ている。なぜなら、重厚なイエス理解は、イエスが引用する預言者イザヤの告げた「解放、正義、平和づくり、癒し、参与の喜び、神の臨在の感覚」を、神の現在の行為として自覚させ、相互関係的自己を回復させる。そうした感覚の回復が、医学的（神経学）、心理学的、社会学的、そして経済学的に決して個人では存在しえない私たち

27　Stassen, pp. 54, 86; Taylor, pp. 98, 221.〔邦訳、上：120-21, 266頁〕

28　Stassen, pp. 87f.

29　Stassen, p. 54; Taylor, pp. 27, 37-42, 134-42,〔邦訳、上：33, 46-52, 164-74頁他〕

30　Taylor, p. 155.〔邦訳、上：190頁〕

31　Stassen, pp.119-21.

であるという事実に基づいた社会形成へと道を開き、その社会に対して契約的責務を果たすように促す。こうして「受肉的弟子の道」は、個人主義によって分断された世俗社会につながりを回復するということになる。

（4）罪（8章：123-45頁）
テイラーは、個人主義の誕生に加え、人の自己認識の仕方について社会の世俗化の過程で変化してきた領域として、キリスト教の内に見られる「人間の生に対してあまりにも子どもじみた穏和な捉え方」をする傾向を指摘し、「不快なものを排除する傾向にある（sanitized）リベラルなキリスト教」と呼ぶ。[32]魔術的な領域を含んだ伝統的な社会が、理神論を経て、人間中心主義の社会に変化していくにつれ、全ては良い方向への成長であり、いずれは理想的な社会になるという過剰な楽観主義が生じた。キリスト教がこの「生の闇の側面」に対してあまりにも無邪気であるならば、反発を招き、世俗主義の要因となる。また、キリスト教自体も、自らの伝統内の闇と真摯に向き合わなければならない。スタッセンは、この問題を罪理解の問題として捉え、ここでも「受肉的弟子の道」が意味を持ってくると主張する。キリスト者であれ、世俗の人であれ、各人が思っている以上に自分たちが罪と関わりながら生きていることを認める必要があり、そうすることでより現実に対し正しく向かい合うことができるようになる。彼は、ボンヘッファーの罪理解を紹介しつつ、重厚なイエス理解が、個人の罪にも社会の罪にも正しく対峙する力をもたらすと示す。

（5）十字架（9章：146-74頁）
罪理解の変化が、十字架理解の変化をもたらすことは自然の事である。テイラーは、十字架理解が、カルヴァンによって、神聖な神秘ではなく、法的な論理としての贖罪論に単純化されたことが、後になって人々を信仰から遠ざけ、理神論の方向へ人々を追いやることになる大きな原因であっ

32　Taylor, p. 318.〔邦訳、上：382 頁〕

たと説明する。スタッセンは、主要な贖罪論が不適切なものになったことの理由として、N・T・ライトが主張している「聖書的な枠組みでなく文化的な枠組みで説明しようとしたから」ということと、「それらの贖罪論の中心的問題が、イエスの十字架をその教えや働きから切り離すところにある」という分析を紹介し、それを正しいとする。そして、「受肉的弟子の道」においては、1世紀のイスラエルでナザレのイエスがしたことと十字架を一つのこととして受け止め、イスラエルの歴史の文脈の中で理解する故に、より包括的な贖罪理解になるというのがスタッセンの主張である。彼によると、こうした十字架理解は、各贖罪論の限界性を踏まえつつ、それらの各時代における意味深さを汲み出せるのみならず、イエスの十字架を、苦しむ者のための共感的苦しみと、不正義との対決の両面において理解することにより、世俗化し孤立化している現代人に関係性を回復し、力を与えることになる。

（6）愛（10章：175-95頁）

キリスト教は、「十字架に至るまでも神に従い……あらゆるものを喜んで捨てようとする」ほどに「神を愛するという要請と日常の人間生活や開花繁栄を肯定する要請との間に横たわる緊張」を常に内包している。この点において、テイラーは、観念論的二元論がキリスト教に強く影響を与えたが故に、あらゆる性的喜びを排除するだとか、救われるためには必要最小限にとどめるべきだとか言った極端な思想が支配的になったことを指摘し、さらにスタッセンは、それが近代となり、通常の人としての営みが肯定されていくにつれ、特に世俗化した人たちは、そうした観念論的二元論と絡み合ったキリスト教に反対の立場をとるようになったと指摘する。

33　Stassen, pp. 54f., 147; Taylor, pp. 78f.〔邦訳、上：95-97 頁〕

34　Stassen, p. 148; N.T. Wright, "The Cross and the Calicatures" (https://www.fulcrum-anglican.org.uk/articles/the-cross-and-the-caricatures/).

35　Stassen, pp. 171-73.

36　Stassen, p. 55; Taylor, p. 80.〔邦訳、上：99 頁〕

こうした現状に対して、スタッセンは、山上の説教の解釈を用いながら、「受肉的弟子の道」が、そうした世俗主義からのキリスト教への挑戦に対して生産的な答えを提供できると主張する。すなわち、重厚なイエス理解を通して山上の説教を聞く時、それは決して観念論的二元論の枠組みで理解されることにはならず、「預言者的現実主義」のメッセージとして受け止められることになるという。その時、山上の説教は、単なる旧約律法の否定ではなく、現実世界の諸問題に対して律法が創造的に用いられ変革をもたらす柔軟な発想を提供することになり、結果、欲望の制御を含む人間性に対する否定と肯定の間の緊張関係に生産的な方向性を与えることになる。⁽³⁸⁾

（7）戦争（11章：196-214頁）

宗教、殊にキリスト教が発端と見える暴力や戦争の存在も社会の世俗化に大きな役割を果たしたのは明白である。テイラーも、宗教の持つ犠牲に特別な価値を置く性質が、人間の暴力を肯定し、拡大してきたことを指摘する。⁽³⁹⁾ スタッセンは、「受肉的弟子の道」において、「全ての権力と権威から独立し、イデオロギーに絡めとられている私たちを悔い改めに導く聖霊」の働きが強調されるので、対立する価値の違いに柔軟に対応できると述べる。⁽⁴⁰⁾ そうしたタイプの信仰による実践は、より確かな平和への道を見出す可能性があり、宗教に否定的な世俗化された社会にあっても意義深い事として認められるはずである。

西洋社会において、中世のキリスト教世界から現代の脱キリスト教世界への変化は、その原因も過程も複雑に様々な要素が絡み合っているという

37　Taylor, p. 81〔邦訳、上：100頁〕

38　ボンヘッファーの山上の説教の解釈については『キリストに従う』、森平太訳（新教出版社、1966年／1997年）を参照。

39　Stassen, pp. 55, 198f.; Taylor, p. 647.〔邦訳、下：768-69頁〕

40　Stassen, p. 214.（引用は17頁）

のは、論を待たない。そういう中、テイラーは、キリスト教内における動き、それに対する社会の反応、またその逆の社会生活の変化や学問的発見によるキリスト教理解への影響などを巧みに物語り、いかにしてその変化が起きたか、その結果現在どのような特徴の社会になり、どのような特徴の人間が出現しているかを説明する。

その変化は、表面的には、キリスト教の後退に見える、あるいは領域によっては敗北という表現すら可能であろう出来事になっている。実際、西洋において、かつてキリスト教会の礼拝の場であった建物が、レストランになっていたり、イスラム教のモスクになっていたりする。

けれども、テイラーの仕事は、必ずしもキリスト教敗北の物語を書き記したということではない。中世のキリスト教世界から現代の脱キリスト教世界への変化により、中世のキリスト教世界が自明のこととして内包していた欠点があぶりだされ、イエスを主と信じる信仰とはいったい何なのかを追求しやすい社会になったという側面があることも、彼の物語は指し示している。実際、スタッセンの「受肉的弟子の道」をテイラーの読み解く世俗社会に当てはめた時、意義深い生き方へと人を導くことが見えてくる。それは、キリスト教会内において意義深いということのみならず、周辺社会において、福音とは何なのかということを、上記のように様々な領域で、言葉による説得を超え明確に証できるという点においても意義深いこととなる。

Ⅱ　グレン・スタッセンの学的位置

前節において、スタッセンの「受肉的弟子の道」の内容と確かさ、そして現代的意義について概説した。ここでは、彼自身の学的姿勢や位置を見ることを通し、「受肉的弟子の道」そのものの位置とそこから展望される事々を論じることとする。

1 「キリスト」と「文化」への視点：スタッセンと東方の相違

　これまで述べてきているように、スタッセンの「受肉的弟子の道」は、教会におけるキリスト理解と一般社会におけるその実践をどのように捉えていくかという問いにもなる。それは、20世紀半ばにH・リチャード・ニーバーが世に問うた「キリストと文化」というテーマの延長線上にある。このテーマは、教会と国家、福音と世俗など、さまざまな角度から語りなおされているわけだが、このテーマを巡って、スタッセンと東方敬信の間に興味深い相違が見られる。

　『物語の神学とキリスト教倫理』の中で、東方敬信は、ジョン・H・ヨーダーとスタンリー・ハワーワスそれぞれについて、彼らの教会と国家、あるいはキリスト教倫理と文化に関する姿勢を評価している。まず、教会が国家に対してとる態度についてヨーダーの主張を要約し、それに対する評価を批判的に述べる。そして、それに対してハワーワスの主張を高く評価しつつ並べ彼自身の意見へとつなげている。

　東方は、ヨーダーの主張する教会が国家に対してとる態度二つを要約する。第一が、批判的側面として、「国家に対して別の選択を示す」という態度。具体的には、教会が、自ら無抵抗主義を貫くことで、捕虜の扱いや政治犯の扱いの緩和、死刑の廃止に向けた動きにつながるという部分である。第二は、積極的な側面として、国家に対し「モデル・ソサエティ」になるという態度。教会が、「イエス物語の真理に生きる」「創造的少数者」として、社会的効果を考慮することなく、文化に対して鋭角的に影響を与えるという側面である。それらに対し、東方は、「文化を先駆的共同体によって希望へ牽引する接点を配慮する側面が少な」く、「断絶の強い変革者キリストの立場」だと、批判する。そして、以下のようにまとめる。

41　H. Richard Niebhur, *Christ and Culture* (New York: Harper & Row, 1951).〔『キリストと文化』、赤城泰訳（日本基督教団出版局、1967年）〕

42　東方敬信『物語の神学とキリスト教倫理』（教文館、1995年）、220-22頁。

43　東方『物語の神学』、220頁。

キリスト教倫理におけるキリストの権威は、ハワーワスの主張のように、開かれた形であらゆる領域に証さるべきである。新約聖書を見ると、キリストの教えは、原則論によってすべての生活を他律的に支配するのではなく、かえってあらゆる場面でキリストへの忠誠を大切にしつつ、仕える態度によって新しい実験をすることを促している。その意味で、ハワーワスのように、証の共同体によってイエス物語による決議論も大胆になされるべきであろう。[44]

　以上のように、東方は、ヨーダーを教会と国家の断絶が強く、一般社会との接点への配慮が少ないと評し、ハワーワスをあらゆる領域に開かれた証の共同体として教会を捉えていると評している。
　一方スタッセンは、ハワーワスが啓蒙主義的個人主義に批判的であることに強く賛成し、教会は世界に対して引き下がってしまうというのでなく、教会のやり方で社会に仕えなければならいと主張していることに一定の賛意をしめす。けれども、彼は、「受肉的弟子の道」を世俗社会に適用していく中の民主主義に関する記述で、ハワーワスのアメリカ政治への切り口に異議を唱える。ハワーワスは、A Community of Character の中で、ニクソンの政治を例に挙げつつ、クリスチャンは一般社会の政治に参加することなく、教会という政治形態に関わりながら、市民社会の諸問題に取り組む倫理的技術を発達させなければいけないと述べている。それに対し、スタッセンは、ニクソンをアメリカ政治の代表のように扱うことに疑問を呈しつつ、次のように強い調子で反論する。

　私は、文化の支柱となる良き原則を発展させるために、私たちの多くが政治に参加する必要があると提案する。私自身の父も、教会と家族とに深く関わる中で、彼の倫理的一貫性を学んでいった。しかしそれはまた、多くの政治的闘争において〔学ばれたもの〕でもあり、彼は常にそれを道徳的かつ神学的闘争であると見なしていた。私もそうだ。

44　東方『物語の神学』、221-222 頁。

ただ、私は政治家ではなく、教会の刷新において、また社会において、倫理に取り組んできた教会人であるが。[(45)]

　同じく民主主義に関する記述においてスタッセンは、ヨーダーが政治に対して開かれた姿勢を持っていることを高く評価する。まず、ヨーダーが、私たちをイエスがそうであったように特定の文化において証人となるように招いていることを指摘する。そして、民主主義に関しても、宗教的自由との関りや、少数者の尊厳への尊重などを含みつつ秩序を保つ可能性を模索する点において、キリスト教の実践と矛盾しないと主張するヨーダーを支持する。そして、トレルチの自由教会と民主主義の関わりの研究を特徴づけてヨーダーが用いた「戦術的同盟」という用語を使いつつ、福音が証しされるにあたり民主主義を戦術的同盟として用いることができるというヨーダーの論旨をもって、自らの「受肉的弟子の道」の有用性を説く。[(46)]すなわち、スタッセンは、東方とは逆に、ハワーワスは教会と国家の断絶が強く、ヨーダーは、教会を一般社会に対して開かれた証の共同体として捉えていると評している。

　このスタッセンと東方の相違がどこから来ているのかは、この小論の枠を超えるため、また別の機会に論じたい。[(47)]ただここでは、この二人ともが、キリストの教会はイエスの物語の力を信じ、社会や文化のあらゆる領域に対する証のできる開かれた共同体になるべきだという共通のメッセージを提案していることを指摘するにとどめる。そして、スタッセンにとってはヨーダーが、東方にとってはハワーワスが、それぞれ理論的土台を提供

45　Stassen, *A Thicker Jesus,* p. 62.（筆者私訳）

46　Stassen, *A Thicker Jesus,* pp. 70-72.

47　スタッセンによれば、東方が依拠するハワーワスは、「民主主義を、一枚岩的に自由主義的民主主義（*liberal* democracy）と同一視して」、それを「伝統と対立する」ものとして批判しており、ピューリタニズムの自由教会の伝統を見ていないとする一方で、スタッセン自身はヨーダーに同意しつつ、このピューリタンの伝統に由来する「立憲民主主義」（*constitutuinal* democracy）を強調する（pp. 63, 72）。

している、ということである。

2 仲保者スタッセン

スタッセンは、一見対立しているように見える学者間の論点を掘り下げ、一段深いところにおいて両者を用いつつ新たな地平を切り開く手法を取ることがある。キリスト教倫理において、その手法の結果として導かれたのが「受肉的弟子の道」と見ることもできる。すなわち、彼は、『キリストと文化』におけるH・リチャード・ニーバーと、それを手厳しく批判するジョン・ヨーダーの間に立ち、両者の論の優れた部分を対話させ、「受肉的弟子の道」への道筋をつけていったのである。

ニーバーは、この世における神の顕れであり教会を設立したキリストとその教会に属する人とその営みを総合して「キリスト」と呼び、人間活動の全過程であり全結果である人間的業績と作り出された価値全体を指して「文化」と呼ぶ。そして、「キリスト」と「文化」の関係を、根拠となる聖書の言葉や歴史上の具体例を挙げつつ、5つの類型として提示した。[48]

第一は、キリストと文化の対立を強調し、神の意志の発露である啓示と人の意志の結晶である理性の間にある越えがたい溝に着目するタイプ、「文化に対立するキリスト」である。このタイプは、文化がキリストに対して忠誠を要求する時、もちろん拒否することになるが、キリスト教がその文化の中において功利的な手段となることを防ぐ一方で、、人間存在を豊かにする要素としての文化をも排除しようとする力学が働く問題点があるとする。(75-129頁)

第二は、キリストと文化の調和を強調し、神の恵みの世界と人間の努力の世界を一つとみるタイプ「文化のキリスト」である。このタイプの特徴は、先のタイプの逆であり、文化の中にキリストを見出し互いの豊かさを享受できるかのように見えるのだが、多くの場合キリストが文化に吸収されてしまう傾向が生じるという問題点があるとする。(131-79頁)

第三は、この世界と他の世界の両方に属する一人の主という理解のも

---

48 「キリスト」については27-53頁、「文化」については54-67頁を見よ。

と、キリストと文化の両方を承認する「文化の上なるキリスト」である。このタイプでは、文化の価値をそのまま認めることができる反面、文化に対して保守的な立場となりやすいという問題点がある。(181-231頁)

　第四は、文化から抜け出ることができない人間と文化において人間を支えている神、そしてその両者を逆説的に関係づけるキリストという緊張関係のなかで世界を見ていくタイプ「逆説におけるキリストと文化」である。このタイプは、キリスト教における知識と行為の両方に実存的に関わろうとするのであるが、現実にはキリスト教会のみに関心が向けられ、文化に関しては影響を与えにくく現状追認となりやすい問題点がある。(233-93頁)

　第五は、キリストと文化を緊張関係の中でとらえるという点では、第四のタイプと似ているが、文化に対して保守的に関わるのではなく、変革を促すように関わるというタイプ「文化の改革者キリスト」である。人間の文化は、キリストとの出会いによって回心させられ、罪の影響下から神の栄光の下へ変革されうると理解する。(295-354頁)

　ニーバーは、文章の中においては、「キリスト教徒がその永続的課題に対して与えてきた典型的解答についてのわれわれの検討は結論を与えられず、また決定的でもない」[49]と表現しているが、第五のタイプを最善とし、彼自身もそこに置こうとしているのは明白である。東方は、ニーバーの文化の扱いが第五タイプのみ異なっていることを指摘し、こう述べる。「興味深いことに、五番目の類型である『文化の変革者キリスト』の叙述では、変革者キリストが変革する文化は、つねに文化総体となっている。したがって、彼の立場によると、キリストは、文化に属しながら、常にその超越性によって文化を変革する権威であろう。」[50]そして、ヨーダーは、第五タイプのみ、批判的な論述や欠点への言及がないことを指摘する。[51]以上の

49　ニーバー『キリストと文化』、355頁。

50　東方『物語の神学』、210頁。

51　John Howard Yoder, "How H. Richard Niebuhr Reasoned: A Critique of *Christ and Culture*," in *Authentic Transformation: A New Vision of Christ and Culture*, ed. by. Glen

ような第五タイプにのみ見られる特徴は、ニーバー自身が、その立場を最善としていることを表している。

Authentic Transformation の中で、ヨーダーは、根本的なところでニーバー批判を展開する。まず、ヨーダーは、第五タイプに、批判的な論述がないのみならず、具体的な変革の例すらもないと指摘する。⁽⁵²⁾仮に、「キリスト」が「文化」を変革させたなら、彼が第五タイプの実例として挙げたアウグスティヌスやモーリスの前と後で、どのような変化が生じたのか、示すべきではないのかとニーバーの姿勢に疑問を投げかける。

更にヨーダーは、ニーバーの論の進め方にも問題を発見する。ヨーダーは、ニーバーがキリスト教内における多様性を、その未熟さと説明するのではなく、例え互いに排除しあっているように見えても本当の一致があるということの証拠なのだとしている姿勢を評価してはいる。けれども、ヨーダーは、ニーバーの論の進め方は、謙遜で客観的に書いているように見せかけて、実は第五タイプこそが最善であり、それ以前のものは未熟であると注意深い読者ならすぐに分かるようになっていると指摘する。⁽⁵³⁾加えて、ニーバーが、全てのタイプに一定の価値を認めているようにふるまいつつ、しかし、第一タイプである「文化に対立するキリスト」のみに対して、真剣な否定的議論を展開していることをヨーダーは問題にする。⁽⁵⁴⁾しかも、その第一タイプの記述においてのみイエスの教えと本性について語っていることを明らかにし、ニーバーが本書全体で語っていることを次のように皮肉たっぷりに要約する。

　　イエスはわれわれがすべての文化に背を向けることを望んでいるのだが、われわれは、自然と歴史の価値に対するわれわれ自身のよりバラ

　　Stassen, D. M. Yeager and John Howard Yoder (Nashville, Tenn.: Abingdon, 1996), pp. 31-89, here 40.

52　Yoder, "How H. Richard Niebuhr Reasoned," p. 40.

53　Yoder, "How H. Richard Niebuhr Reasonde," p. 41.

54　Yoder, "How H. Richard Niebuhr Reasoned," p. 42.

ンスの取れた見解のゆえに、そうすることを好まない。しかしながら、文化に対するわれわれの肯定的態度においては、文化に対するキリストの批判的態度に由来する批判（ないし「変革」）に対して、一定の敬意は表し続けたいと願っている。⁽⁵⁵⁾

　キリストは文化との関係において一つの「極」に過ぎず、キリストへの忠誠の度合いを判断する主体は「私たち」であることから、ヨーダーはニーバーにおいては、キリストは「主」ではないと批判し、それゆえ翻って、キリストは主であるのか、またいかなる意味でそうなのかを問い続ける上で、『キリストと文化』との対話を継続する意味がある、とする。そもそもニーバーの定義する「キリスト」はイエスを表すには単純すぎ、同じく「文化」の定義も偏りがありすぎる故に、問題設定自体がおかしいとヨーダーは指摘し、故に答えが合うはずがないと断ずる。⁽⁵⁷⁾ヨーダーは、新約聖書の使徒たちが、キリストを主とする信仰を、それぞれの文脈で主張したことは、それぞれに独立したものであり、文化一般との関係で整理できるような単純なものではないと主張し、文化については、以下のようにまとめる。「私たちが『文化』と呼ぶものは皆、同時に、ある仕方では創造されたものであり、創造的かつ肯定的なものであるが、別の仕方では反抗的かつ抑圧的なものである。」⁽⁵⁸⁾そして、ヨーダーは、ニーバーの支持する「変革」タイプは、邪悪な力を軽く見ていると結論付け、最後まで批判の手を緩めない。⁽⁵⁹⁾

　スタッセンは、このニーバーとヨーダーの間に立ち、両者の一致点を強引に見つけるのではなく、両者の違いを尊重しつつそれぞれの議論の中にある建設的な部分を用い、新しい方向性を見つけていく。スタッセンは、

55　Yoder, "How H. Richard Niebuhr Reasoned," pp. 42f.

56　Yoder, "How H. Richard Niebuhr Reasonde," p. 43.

57　Yoder, "How H. Richard Niebuhr Reasond," pp. 82f. ニーバーの文化の定義についての批判は pp. 54-58、キリストの定義についての批判は pp. 58-61 を参照。

58　Yoder, "How H. Richard Niebuhr Reasoned," p. 85.

59　Yoder, "How H. Richard Niebuhr Reasoned," pp. 88f.

ヨーダーを彼自身の指導者と仰ぎ、*A Thicker Jesus* 中でも「多大な恩を受けた」[60]とそのことを明記する。「ヨーダーの言うことには、すべて同意する」とクラスの中で発言したことさえある。当然彼は、ヨーダーがニーバーの「キリストと文化」を鋭く徹底的に批判したことを知っている。けれども、彼は、ヨーダーが批判した部分とは別の点でニーバーを高く評価し、ヨーダーの方向性と統合してゆく。

　スタッセンは、ニーバーの三位一体論的理解による神の主権の強調、キリストにある現実の歴史における神の自己啓示の重要性の喚起、そして「歴史的リアリズム」を読み解いていくことを通し、それらがヨーダー自身の主張と方向性が重なることを論じていく[61]。スタッセンによると、ヨーダーによるニーバー批判の多くは、三位一体論の扱いに依拠している。すなわち、ヨーダーは、ニーバーが、「キリストの教えや模範は自然と歴史とに訴えることによって『修正される』か、あるいはバランスのあるものとされる必要がある」と主張する「修辞的に最も強力な議論において、三位一体論を用いている」[62]ことを批判しているのである。それに対し、スタッセンは、ニーバーが三位一体論を用いるのはそうした修辞法に関することにとどまらず、むしろ中心は神の主権という彼の信仰の基礎を強調するために用いられていると論ずる。そして、スタッセンは、ヨーダーが、「キリストにおいて開示された神の一致の三一論的理解の重要性」を主張し、キリストにおいて開示された神の意志を離れて、創造や歴史のうちに神の意志を探ることに警告を発していることに同意し、それにはニーバーも同意するはずだと断言する[63]。加えて、スタッセンは、ニーバーがカント主義の自律的で普遍的な法則による倫理を批判し、主観主義に陥らずに歴史的限界のなかでものを考える「歴史的リアリズム」の方法論を取ったこ

60　Stassen, *A Thicker Jesus*, p. 70.

61　Stassen, "Concrete Christological Norms for Transformation," in *Authentic Transformation*, p. 129.

62　Stassen, "Concrete Christological Norms," p. 141.

63　Stassen, "Concrete Christological Norms," pp. 141f.

とを述べる[64]。そして、そうしたニーバーの方法論が、「イスラエルの歴史とイエス・キリストに顕れている神の性格をキリスト教倫理の規範として具体的にあらわにしていく[65]」ことへとつながると論じ、ヨーダーと方向性を一つにする重要な部分を、さりげなく指摘する。

　この方向性は、まさにヨーダーが、『イエスの政治』において、聖書的リアリズムによる洞察をキリスト教共同体の生活面に応用し、「イエスは現代社会倫理にとって……まさに規範的である[66]」とした方向性である。そして、この方向性は、まさにスタッセンが *Kingdom Ethics* において、山上の説教を変革のイニシアチブとして教会と社会の規範として扱い、*A Thicker Jesus* において、「受肉的弟子の道」が世俗社会にあってイスラエルの歴史に深く根差したイエスを意味深く表すとした方向性でもある。こうして見てくるときに、スタッセンの仕事は、ニーバーの歴史的リアリズムと三位一体としての神の主権の強調を踏まえつつ、ヨーダーの聖書的リアリズムとキリスト中心的三位一体理解とイエスの規範性を、現代アメリカの世俗社会に適用したとまとめることができる。そして、彼らの仕事が次に指し示す方向性は、各々の歴史と文化において、すなわち私たちならば、日本の歴史と文化において、イエスの規範性がどのように適用されうるのかを問うことになるであろう。それは、スタッセンが、重厚なアメリカ人として、重厚なイエス理解と重厚なアメリカ世俗社会分析を照らし合わせたように、重厚な日本人が、重厚なイエス理解と重厚な日本社会分析を照らし合わせる必要があるはずである。

おわりに

　スタッセンは、「受肉的弟子の道」を明らかにしていく過程において、実

64　Stassen, "Concrete Christological Norms," pp. 142-51.

65　Stassen, "Concrete Christological Norms," p. 151.

66　J・H・ヨーダー『イエスの政治——聖書的リアリズムと現代社会倫理』、佐伯晴郎・矢口洋生訳（新教出版社、1992年）、18頁。

際の歴史というドラマにおいて、具体的に誰が何をし、何をどう発言したのかということを大切にする。そこで、最後にもう一度、ロバート・リー先生、ご夫人のナンシー先生のことに触れて、この小論を閉じることを許していただきたい。

　リー先生は、私の宣教師観を覆した人だった。ある日、東京の電車の中で偶然にリー先生と会った。偶然にといっても、ある大きな集会に向かう時だったと思うので、同じ電車に乗ることはそれほど不思議なことではなかったのだが。とにかく、たまたまそこにいたリー先生は、電車の中で眠っているように見えた。しかし、何かのきっかけで先生が起きていることが分かった私は、こう質問した。「先生は、日本に何を伝えたいと思っていますか。」答えは、一言「平和」。そしてまた、目をつぶってしまった。東京聖書学院の修養生だった私にとって、印象的な対話であった。それまで私が持っていた宣教師のイメージは、次のような感じだった。電車に乗ったら、隣の人に積極的に話しかけて、相手の迷惑も顧みずイエス様を情熱的に伝える人・・・。けれども、リー先生はやすらかに寝ているような感じで、神学生の質問にもたった一言答えるだけで、また目を閉じてしまったのである。数年後に大変お世話になる先生であるとは、もちろん想像もしていなかった。ただ「こういう宣教師もいるのか」と驚いた。

　数年後、東部メノナイト大学に導かれた私は、空港から２時間かけてハリソンバーグに行くところからリー先生ご夫妻のお世話になった。その途中、リー先生は、まず最初に観光案内所に寄り、私に観光名所や様々なアトラクションのパンフレットをいくつか見繕って手渡してくれた。何とも言えない暖かな笑顔と共に。留学生としてしっかり学ばねばと、いささか緊張気味だった私に「そんなに、肩に力をいれなさんな」というかのごとく。その後、銀行によって口座を開ける手伝いをしてくださった。買い物にも連れていってくださり、当座の食べ物や食器類を買ってくださった。私は、自分で支払いをすると申し出たが、ナンシー先生の柔らかな押しの強さに、勝てるはずもなかった。

　そのように始まった私の留学生活だったが、妻と１歳の息子が来てから

も、リー先生ご夫妻は、何とも言えず絶妙なタイミングで、助けの手をさし伸べ続けてくださった。当時レストランなどには行けなかった私たちを思いやり、数か月に一度外食に連れ出してくださった。クリスマスの時期には、今は日本にも進出しているコストコに連れていってくださり、プレゼントだと言って、ショッピングカートがいっぱいになるほどフルーツなどを買ってくださった。その中に、自分たちではきっと買わなかったであろうチキンの丸焼きがあったことは言うまでもない。私たちは、そこでも日本人の良さなのか、悪さなのか、「チキンも買いましょう」というナンシー先生の申し出に対し、何度も遠慮をした。けれども、やはりナンシー先生の柔らかな押しの強さに対抗できるすべを私たちは持っていなかった。そこで息子の一言。「ナンシーちぇんちぇいは、どうっしても、チキンを買ってあげたいんだね。」が飛び出し、大笑いとなった。

　そんなことをしてくださる先生たちの事を、私は「お金持ちなのかもしれないな」と、どこかで思っていた。ところが、ある日ハンバーガー屋さんでリー先生ご夫妻がランチを食べているところにたまたま出くわした。じっと見たわけではないが、印象として、一番安いバーガーのみを、ポテトもジュースもなしに、水を飲みながら楽しそうに食べておられるようだった。私は、自分が恥ずかしかった。先生たちは、お金持ちだから助けてくれているわけではない。自分たちは倹約し、貧しい日本のキリスト教界から来た、この小さな家族に寄り添ってくれていたのだ。

　その後も、リー先生は、折に触れ、私の学びにアドバイスを下さったり、誰かと引き合わせて下さったりした。ナンシー先生は、英語の絵本を息子に何冊も下さった。英語の絵本など、どれを読んだらよいか分からなかった私たちだった。が、振り返ると、頂いた本の数々は、いわゆるクラシックと呼ばれるもので、気の利いたアメリカの家庭の子どもたちなら大体読んで育っていくようなものだった。それらが、息子の成長にどれほど役に立ったか分からない。その上、妻が学び始めた時、ナンシー先生は大学で英語クラスを教えはじめ、そこで得た給料全部を妻の奨学金として神学校に捧げてくださった。何という愛を、現してくださったかと、思い出すと

涙がにじんでくる。

　リー先生から聞いた話を正しく理解できたとするなら、先生たちはもともと、リー先生のルーツである中国に宣教師として行きたかったようだ。さまざまな外的要因でそれがかなわず、言ってみれば、心ならずも日本が彼らの宣教地となった。けれども、先生ご夫妻は、その日本を愛し、日本人以上に日本の歴史や宗教を学び、多くの若い日本人牧師たちに知的霊的人格的刺激を与えてくださった。その惜しみなく捧げる愛は、誰に対しても分け隔てのないものであった。そして、私のような、そう扱われる資格がない者にさえ、多くの若い日本人神学生たちにしたように、暖かく喜びをもって世話をしてくださった。それも、さりげなく、何の見返りも求めず、何の付帯条件もつけず。

　私は、声を大にして言いたい。が、リー先生は、そんなことはいいと、あのはにかんだ笑顔をしながら、少し迷惑そうに制されると思うので、小さな声で、けれどもはっきり言いたい。リー先生ご夫妻は、「受肉的弟子の道」を歩んだ方たちだったと。その後を続こうとする一人として、力の足りない自分であることを認めざるを得ない。けれども、ナザレのイエスを仰ぎみつつ、リー先生ご夫妻との思い出を心に、私自身も「受肉的弟子の道」を歩んでいきたいと願っている。今となってはもう誰も持っていないような、ナンシー先生から頂いた CD ラジカセから流れるメノナイトの聖歌隊がささげる賛美を聞きながら、こんな出会いを与えてくださった神様に感謝をささげつつ筆をおきたい。

第5章
スタンリー・ハワーワスの「近代的自己」批判[1]
—— カント道徳神学における聖化（Heiligkeit）との対比において ——[2]

中島真実

序説

宣教学者ロバート・リー博士は、宗教社会学的分析を駆使しつつ、しばしば「回心」の構造という課題に対して提言を行なっているが、そうした研究の中でも重要な論文の一つ、「日本の文化と社会における自己同定と回心」の結語においてスタンリー・ハワーワスの「物語の神学」に言及して、次のように述べている。

最後に注目しておきたいのは、スタンリー・ハワーワスが「物語の神学」として精神と身体、思想と行動、内的生活と外的生活とを統合する方向を提案していることである。その提案によれば、キリスト者生活は「物語を形成する物語」として受け止められる。キリスト者にとって回心は、堕落した人間が新しい人間につくり変えられる聖書的

1　周知の通り、I・カントの主著は『純粋理性批判』、『実践理性批判』、『判断力批判』であるので、本稿の表題として、そこを意識してみた。
2　Heiligkeit は holiness のことで、本稿では聖化と訳すことにして、sanctification との概念上の区別は深追いしないことにする。カントのテクストに見出されるのは Heiligkeit のみで、sanctification に当たる語は用いられておらず、ハワーワスは両者を用いるが、特に概念上、厳密な区別を施してはいない。但し、一般的には、sanctification は運動、holiness は状態のニュアンスが強いかもしれない。ならば、後述するように、ハワーワスの場合、sanctification が基礎概念と言えるであろう。

物語なのである。そして、キリスト者がその物語を自らの思想と実践において体現するとき、彼ら自身が刷新されるだけでなく、その物語を神の宣教の物語として描き続けることができるのである。[3]

　リー博士は、この指摘を論文の最後に示唆的に言及するに留めており、その先の展開について具体的なことは述べていないが、それは恰も、後進の者たちに進むべき道を指し示しているかの如くである。筆者はそれをチャレンジと受け止めて、本稿において、リー博士のこの指摘に関して、出来得る限りその意味を明らかにしたいと考えている。

　さて、上記論文においてリー博士が回心の構造について取り扱うテーマは、究極の超越者（聖なるもの）に触れられて自己認識と社会生活が変わる宗教的回心という出来事において、近代化という社会変動が如何に作用し、また、如何なる課題を提起するのかということである。その議論の中でリー博士は、ライナー・バウムの分析を紹介しつつ、近代化（産業化、都市化、官僚国家体制などによる社会生活の変革・伝統的共同体の衰退・価値の多様化）と言っても一様ではなく、そこに立ち現れる自己認識と社会生活には少なくとも2つの対極をなすパターンがあると指摘する。その一つはex parte と言われる。すなわち、常に個人が主導権を持ち、独立した個としての自己が社会集団に優先し、社会集団は個人の関心に基づく交渉の場にすぎないというもの。これは、もちろん、自分勝手がまかり通る個人主義ではなく、必要に応じて社会集団を形成する動きとなる。対してもう一つ、ex toto と言われるもの。すなわち、所属する社会集団が個人に内在化して、現実を捉える視野や価値が個人の中に形成されるというもの。も

3　Robert Lee, "Self-Identity and Conversion in Japanese Culture and Society," in *The Clash of Civilizations: An Intrusive Gospel in Japanese Civilization* (Harrisburg, Pa.: Trinity Press International, 1999), p. 66.〔ロバート・リー「日本の文化と社会におけるアイデンティティと回心」、『日本と西洋キリスト教——文明の衝突を超えて』（東京ミッション研究所、2005 年）、117-18 頁〕なお本稿中の引用はすべて、原文からの私訳である。

ちろん、これは、個性を潰す単純な集団主義ではない(4)。しかし、いずれの
パターンも、回心によって自己認識と社会生活に変革が起きるという時、
各々の形で、難題に直面するという。前者の場合、主導権を握る個人の選
択行動それ自体が価値を持つので、信じる事柄の内容以上に選び取る自己
に関心が向き、選択による自己改訂が自己目的化して、内容の希薄な変革
を繰り返すことになる。後者の場合、社会集団の価値が個人の感情や思想
に内在化するので、近代化によって多様化した社会価値が幾つかの所属集
団によって異なる形で個人に内在しようとするとき、個人は複雑に異なる
役割を担うことになり、一貫した生活価値に生きることが困難になり、場
合によっては、社会集団への忠誠表現が虚しい儀式に成り下がることもあ
る(5)。

　そこでリー博士は、この分析を受けて、こうした難題を超える健全な回
心の可能性として、「イエスが主」と告白して生きるキリスト者の回心の
あり方を提示する。すなわち、「イエスが主」であるなら、個人の選択権
ではなく、主であるイエスに従うことが自己形成の根幹であり、社会集団
の形成もそれに基づくものとなる。また、「主はイエス」であるから、他
の社会集団が個人に内在化する以上に、自己形成も社会生活も主イエスに
従うことで貫かれることになる。そして、リー博士は、こうした結論を導
き出す中で、上述引用の如く、スタンリー・ハワーワスの「物語の神学」、
あるいは、神学的倫理学に言及するのである(6)。

　本稿は、リー博士によるハワーワスについての言及を受けて、そこが実
際の議論の中で如何なるものであるか、検証を試みるものである。そこで、
ハワーワスによる近代的自己の取り扱いを浮き彫りにするために、理性の
分析総合によって近代的な自己認識の上に一つの道徳形式の体系を樹立
したカントの思想を対比させることにする。実際、ハワーワスの議論には、
カントの道徳神学の諸概念と対決を試みている部分がある(7)。そこからハ

4　Lee, "Self-Identity," pp. 56-57. 〔邦訳：103-105 頁〕

5　Lee, "Self-Identity," p. 65. 〔邦訳：116-18 頁〕

6　Lee, "Self-Identity," pp. 65-66. 〔邦訳：116-18 頁〕

ワーワス自身の提案にどのように展開するのか。特に本稿は、リー博士の研究から「回心」に注目するものであるので、カントとハワーワスの対比において、やはり、究極の超越者（聖なるもの）に触れられて起きる自己変革という意味で聖化の概念に注目する。後述のように、聖化の概念は、両者各々の思想において深い意義を持っている。両者において、近代的自己は聖なるものにより如何に変革されると主張されるか。そこにおいて、リー博士が示唆するハワーワス神学的倫理学の特徴はあぶり出されてくるであろうか。カントとハワーワスということであれば、どちらかと言えば、直接の議論は ex parte タイプの文化圏が射程となるが、ex toto タイプの文化圏においては、この対比から学び得るものがあるであろうか。最終的にはその辺りまで言及できれば幸甚に思う次第である。

カント道徳神学における Heiligkeit（聖化）

１．近代的自己の道徳性に基礎づけられた神学

　カント道徳神学における Heiligkeit（聖化）の概念を検討するには、まず、カントの道徳形而上学から道徳神学に至る展開を押さえておくのが賢明と思われる。というのは、それによって、カントが近代的自己と神学との

7　道徳神学と神学的倫理学は、概念上、区別されなければならない。前者は道徳によって神学を規定するのに対し、後者は神学によって倫理を規定する。従って、前者においては一般道徳に見合わない神学概念は除去される傾向にあり、逆に、後者においては倫理の方向性が常に神学の規制を受ける傾向にある。前者の例としては、カントの他に、A・リッチュル、W・ラウシェンブッシュを挙げることができる。後者の例としては、ハワーワスの他に、K・バルト、J・H・ヨーダー、J・ミルバンクを挙げることができる。また、両者間の調停を試みる調停神学の立場は、J・モルトマンなどに代表されよう。ちなみに、倫理と道徳の概念的区別について言えば、倫理は当為の無自覚的前提から決疑論的議論まで全体の構造把握、道徳はその具体的な表出把握とされるが、カントは「道徳形而上学」という語が示すように、後者に前者を含めて語る傾向がある。

関係を如何に理解したかを見る視点を得ることができるからである。その
ためには、『道徳形而上学原論』から『実践理性批判』に至る思想過程に
注目すると良い[8]。

　カントの実践哲学の出発点は、道徳直感の事実である。すなわち、各個
人には善悪を識別せしめ、義務を遂行せしめる道徳的価値への直感が備
わっている、という事実である。これは、何か特定の行為を直接指示する
道徳内容の話ではなく、行為における人間の内的能力の一般構造、すなわ
ち、道徳なるものを成立させる形式の話である。この形式によって、人間
理性は道徳的判断を下すための材料が与えられることになる。そして、そ
こに行為の選択肢を当てはめて判断するのが理性の実践的機能、あるい
は、実践理性というものである。この辺りは、丁度、時空直感が純粋理性
に認識対象の理解を構成する情報を供給する構造と並行している。従っ
て、実践理性としては、道徳直感により供給される情報を基に道徳的価値
を構成した上で、意識的な義務（道徳律）として把握するという過程を踏
んで、道徳的判断を下すということになる。そして、カントによれば、こ
の実践理性の働きは、理性である以上、人間に普遍的な機能であり、また、
具体的内容は別にして道徳律なるものの存在も普遍的事実なのである。

　このように、道徳が普遍的道徳律として把握される以上、それは体験に
由来する私的な傾向性に支配されてはならない。ところが、人間はそうし
た傾向性が立ち現れる経験世界（現象）に生きており、それゆえに、道徳
の要求は、現象における如何なる打算的仮説をも許さない定言命法によっ
て述べられることになる。道徳的であるためには、ただ義務のゆえをもっ
て自ら定言命法に従わなければならない（自律性）。そのときだけ、その人
の道徳性は純粋であると言える。そのためには、実践理性は現象における

8　以下の要約は、主に、T・M・Green の論文、"The Historical Context and Religious
　Significance of Kant's Religion," in *I. Kant's* Religion within the Limits of Reason Alone（New
　York: Harper & Row, 1973）に依拠している。この論文は、カントの *Die Religion* の
　解説論文であるが、そこに至るカントの実践哲学の思想構築をも説き明かす、
　簡にして要を得た好論文である。

傾向性から自由でなければならず、定言命法に基づいて行為を選択する能力を保持しなければならない。この選択能力を自由意志と言い換えることができる。しかし、このことは、人間が日常の現象世界において傾向性から自由であるということでなく、個人の内的世界で想定される"事物自体"（本質）の世界において純粋な実践理性が自由である、ということである。そして、そうでなければ純粋な道徳は成立しない、というのがカントの立場である。

　ここで一つ注意を喚起したいのは、こうしたカントのシステムにおいては人間の内的状況が外界の文脈や行為と切り離されて、形式において確保される自律性の純度が議論の主眼となる点である。そして、個人が行為を選択する選択の自由の極限こそ、目指されるべき意義ある出来事となるので、これはまさに、A・マッキンタイアが指摘するところの「近代的自己」の発露に他ならない。[(9)]

　さて、ここを踏まえて、カントの実践哲学から道徳神学への連結に注目する。上記のように、カントによれば、一方では人間は純粋な自律性において実践理性を働かせるべきところ、もう一方では現象の世界において傾向性の影響下にあり、両者の緊張関係の中に生きざるを得ない。それでも尚、自ら定言命法に従うことを選び取ることこそ推奨される自由というわけなのだが、果たして実際、そうした自由の純度を何がどこまで保証できるのか。この課題に直面したとき、カントの関心は宗教思想に向けられる。すなわち、この緊張関係において尚も完全な自律性、あるいは、自由意志

9　Alasdair MacIntyre, *After Virtue: A Study in Moral Theory* (Notre Dame, Ind.: University of Notre Dame Press, 1981), pp. 55-61. もちろん、カントの場合、選択の自由の極限と言っても、それは日常の傾向性から全く自由な自律性における行為選択の内的構造の話なので、内容からするならば、自由主義者の標榜する事態とは全く異なるものである。しかし、個人の選択する自己意識を中心に据える「近代的自己」であることに他ならず、道徳の形式的純度を徹底追及するカントでさえも「近代的自己」の構図の範囲内で思惟していたということになろう。A. マッキンタイアは、こうした思想潮流を the Enlightenment Project と呼んでいる。

に基づく道徳性を追求していく道があるとすれば、この追求が徒労に終わることのないために、人間には希望として報酬が措定されなければならない。そして、カントはこの報酬を「最高善」と呼び、道徳性と幸福の完全調和と見なす。しかし、これを具体的に経験の範囲において想定することはできない。そこで、カントが注目するのは、経験の世界を超える宗教的概念である。すなわち、霊魂の不滅と神の存在である。前者が要請されるのは、人間が最高善に到達するには無限の時間が必要とされるからであり、後者が要請されるのは、最高善の存在を保証するためには、完全に自由で道徳的であり（事物自体の世界）、同時に自然的存在（現象の世界）の基盤である存在者が必要とされるからである。

　このように、カントは、宗教思想を近代的自己における道徳性の分析の中に閉じ込めてしまう。換言すれば、カントにとって神学が重要になるのは、それが近代的自己における道徳性の追求・高揚に奉仕する場合のみにおいてである。従って、これを道徳神学と呼んで差し支えないであろう。

2．『たんなる理性の限界内の宗教』が語る聖化

　上述の如くカントは、近代的自己の分析に基づく宗教観を提示するのであるが、そのシステムの中で聖化という神学概念は如何に語られるのであろうか。そこで注目するのは、『たんなる理性の限界内の宗教』である。もっとも、カントにおける聖化の術語、Heiligkeit は『実践理性批判』[10]にも登場するのだが、本書の方がより組織的な記述となっており、道徳神学をキリスト教神学として教義学的に整理して説明しようとする中での用例として受け取ることができる。それゆえに、ここでは本書をテクストにして、カントが Heiligkeit を如何なる文脈でどんな意味で用いているかを検

10　Immanuel Kant, *Kritik der practischen Vernunft* (Berlin: Walter de Gruyter, 1990), pp. 32, 87, 122-123, 128, 131-132, 158-159, etc.〔『実践理性批判』、波多野精一・宮本和吉・篠田英雄訳（岩波文庫：岩波書店、1979 年）、76-77, 181, 246-47, 255-56, 263, 310 頁＝『実践理性批判』、坂部恵・伊古田理訳、カント全集 7（岩波書店、2000 年）、168-69, 250, 300-301, 307-308, 313, 349 頁、他〕

討する。それによって、回心、すなわち、究極の超越者（聖なるもの）に触れられて起きる自己変革がカントの体系の中では如何に描かれ、意味づけられるかを観察することができるであろう。

　さて、上述のように宗教と神学を道徳性に奉仕せしめるカントは、悪を次のように定義する。すなわち、悪とは、定言命法に密着した行為の選択肢として考えられ得る選択肢について、ただ純粋に義務として受け入れて自らの意志として選択することを拒むことである。換言すれば、悪とは、行為において道徳義務への自律した意志よりも行為の対象に刺激される傾向性が支配的になること、そして、意志の自由のみによって行為することが妨げられることである。従って、カントにとって、宗教はこうした悪からの救いを与え、普遍的な道徳性に基づく行為を可能ならしめるときにのみ意味を持つものであり、とりわけキリスト教教義学はその可能性のある思想として提示されるべきものなのである。[11]

　この文脈において、聖化の最も基本的な意味は「格律（当為として命じられる諸行為の選択肢）の純粋さ」（die Heiligkeit der Maximen）として規定される。[12] すなわち、カントにとって、聖化とは、独立した各個人をして自発的に己の行為を普遍的な道徳義務に従って選択せしめるところの、意志の完全に自律した状態のことなのである。換言すれば、聖化とは、道徳的であるために傾向性から全く解放された意志の自由を意味する。ここで、カントの聖化観は近代的自己と絡み合ってくるのである。

　ところが、上述のように、現象の世界の中で生きる人間がこうした聖化に達するのは至難の業である。そこで措定されるのが宗教的概念、最高善の基盤としての神の存在である。カントにとって、神は聖化に達しようと

11　Immanuel Kant, *Die Religion innerhalb der Grenzen der blossen Vernunft* (Hamburg: Felix Meiner Verlag, 1990), pp. 28-47.〔『たんなる理性の限界内の宗教』、北岡武司訳、カント全集 10（岩波書店、2000 年）、37-58 頁〕ちなみに、定言命法第一式は、「あなたの行為の選択肢がいずれも普遍法として通用するものでなかればならない」というもの。第二式は、「他者は必ず行為の目的として取り扱わなければならず、行為の手段としてはならない」というもの。

12　Kant, *Die Religion*, pp. 50ff.〔邦訳：62-63 頁〕

しつつ生きる人間を支える希望であり、同時に、人間に聖化を指し示す「至高の律法付与者」（der höchsten Gesetzgeber）、すなわち、自由意志の基盤として存在する[13]。そして、この律法に適うために、つまり、普遍道徳の義務遂行を自ら選択する自律性として聖であるために、人間は意志の構造の変革が求められる。この変革こそ、カントにとって「ある種の再生による」（durch eine Art von Wiedergeburt）「言わば新創造」（eine neue Schöpfung）ということになる[14]。

そして、こうした意志の変革をもたらす原型として登場するのがキリストである。カントにとって、キリストはこの意味での聖化の原型として機能する。すなわち、神の聖なる律法と現象の世界における人間の生とを統合したキリストの受肉は、人間が自分自身の内に見出すべき、また、追求すべき聖化の理想（das Ideal der Heiligkeit）を供給する。その上で、「至高の律法付与者」の人間に対する裁きをその身に負い、人間を最高善なる神へと招き、聖化、つまり、普遍道徳への完全な自律性へと導く。人間は、この原型への忠誠な態度と模倣によって聖へと引き上げられる。カントは、これを「神の御子への実践的信仰」（der praktischen Glaube an diesen Sohn Gottes）と呼ぶ[15]。

さて、ここで一つ注目しておきたいのは、カントの体系においてキリストは近代的自己に溶解されてしまっているという点である。すなわち、カ

13　Kant, *Die Religion*, pp. 154ff.〔邦訳：184-90 頁、他〕カントにおける律法の強調は、所謂律法主義とは区別される。というのは、カントにおいて律法は各個人の自律性と自由意志が必然形式として徹底して前提とされるからである。

14　Kant, *Die Religion*, p. 52.〔邦訳：63 頁〕

15　Kant, *Die Religion*, pp. 63ff.〔邦訳：79-82 頁〕この意志の変革が神のわざか人間のわざかという点は、議論の割れるところかもしれない。しかし、もし、カントの Willkür（自由意志）と Wille（自由意志の基盤）との概念的区別に注目し、かつ、後者を神、あるいは、キリストの声と解釈するならば、カントの思想をペラギアニズムと見なす必要はない。

16　Kant, *Die Religion*, pp. 142ff.〔邦訳：171-72 頁〕ちなみに、カントはユダヤ教について、（1）外面的行動への集中、（2）現世的報い、（3）排外的傾向のゆえに、自律的でも普遍的でもないと批判している。つまり、カントの道徳神学の理

ントは紀元1世紀のユダヤという特殊な文脈で生きたナザレのイエスの具体的な姿には殆ど注意を払わない。「イエスが主である」という告白が、「受肉者が近代的自己の聖化の原型である」という命題に呑みこまれている。後者の枠組みの中でのみ、前者の意味が見出されるのである。つまり、カントにとっては結局、主イエスへの信仰告白やキリスト教神学の諸概念が意味を持つのは、近代的自己が普遍道徳において純粋な自律性を促される聖化においてのみ、ということなのである。カントは、次のように述べている。

> こうして、神学それ自体が道徳的努力の究極の目標として設定されることはあり得ないが、人間を道徳的に向上させ、徳を増し加えるための補強材として機能することは可能なのである。何故なら、それは道徳的努力（善、さらには、聖化に向けての格闘としての）では到達不能な究極の目標を予想することにより、その努力を助け、保証するからである。[17]

カントはこうした枠組みで聖化を捉えるので、それを具体的な教会生活に直接に関連付けて語ることをしない。カントの関心は、普遍道徳への自律性の形式的純粋さであって、特定の人々の集合体・共同体ではない。また、それは、近代的自己個人の内的自由の構造であって、ある共同体を形成して社会の中に存在させることではない。聖化の概念は、一応、教会と切り離して考えられている。事実、Heiligkeit という術語は、教会について

念に合致しない、ということである（Kant, *Die Religion*, pp. 139-41.〔邦訳：167-70 頁〕）。だからと言って、カントが社会的な反ユダヤ主義者であったというわけではない。むしろ、社会的な反ユダヤ主義は、定言命法第一式、第二式によって厳しく非難されるべきものである。

17　Kant, *Die Religion*, p. 206.〔邦訳：246 頁〕

18　例えば、*Religion* の第3部の第1章には、教会に関する記述が集中しているが、そこで Heiligkeit は用いられていない。むしろ、そこでの教会の扱いは、普遍道徳の実現に向けて構成される臨時の組織にすぎない、というものである。

述べられる個所では登場しない。[18]なるほど、カントも「倫理的共同体」（ein ethischen gemeinen Wesens）という概念で共同体らしきことを語るので、[19]個人主義と銘打つのは正しくないであろうが、カントの言う共同体は徹頭徹尾、近代的自己に依拠しており、それゆえ、自律する個人によって構成される道徳クラブにならざるを得ない。つまり、一見共同的であっても、それは、あくまでも、独立した個人が主体のクラブ的存在であり、従って、個人の自律と比して他者と分かち合う部分を捨象する傾向をもつ。つまり、リー博士の言う ex parte の典型とも言えよう。こうして、カントは結局、たとえ聖化が共同体形成の間接的要素の一つだとしても、それを共同体概念から分離するのである。聖なるものに触れられて起きる回心としての聖化は、教会から遠い事柄として扱われることになる。そして、それは、近代的自己の自律性を際立たせることであるので、聖化は自己の変革とはいえ、近代的自己にとっては批判・瓦解・転換ではなく覚醒・純化・先鋭化の方向にある。

カント道徳神学における近代的自己へのハワーワスの批判

1．ハワーワスにおける自己の扱いとカントの図式

さて、ここでカントからハワーワスへ視線を転じよう。カント道徳神学に対して、ハワーワスは自己をどのように捉えたのだろうか。近代的自己を如何に取り扱い、それにどのような判断を下し、回心、あるいは、聖化という課題に光を投じるのであろうか。

ハワーワスは、自己というテーマで多くの論述を行なっているが、その中に一見カントの図式の導入に見えながら、しかし、より広い視野から見てカントの主張とは明確に区別されるテクストが幾つか見受けられる。その区別の中にハワーワスのカント批判を理解するヒントを見出すことができるであろう。そうしたテクストは、特にハワーワスの初期の著作、例えば、*Vision and Virtue*（1974）にしばしば登場する。

19　Kant, *Die Religion,* pp. 105ff.〔邦訳：130-33 頁〕

以下はそのサンプルである。ハワーワスは言う。「意味のある行為は全て事実上規則によって規制されるが、それは必ずしも特定の規則の明らかな適応の結果とは限らない。[20]」この発言は、実践理性の形式の話をしているかのようである。また、彼は言う。「人間であるということは、自らが行為の自律的中心であり、自分自身を決定する源泉である、ということである。[21]」この発言は、近代的自己の自律性について述べているように見える。さらに、彼は言う。「我々が知る世界では、善は決して例証されないものかもしれない。しかし、その存在は確かである。何故ならば、それなしには道徳的生活は不可能だからである。[22]」これは、まるで最高善の概念のようである。

　確かに、これらのサンプルは、ハワーワスがカントの図式を導入しているかのように見える。しかし、如何なる文脈でこれらのことが言われているのかを検討すれば、カントの図式とは異なる主張をしているのが分かる。最初の例でハワーワスが言わんとするのは、道徳について分かち合われる言語によって道徳的主体としての自己は規制を受ける、ということである。すなわち、ここで中心となるのは、規則に対して決断する自己ではなく、道徳についての言語とその社会的文脈である。第2の例で言われていることは、主体としての自己は自律的行為の能力を有するだけでなく、自己自身の生の部分として受動的側面を引き受ける能力をも有する、ということである。つまり、「主体性を強調することは、我々の存在における受動的側面の重要性を否定することではない。[23]」第3の例で言われている

20　Stanley Hauerwas, *Vision and Virtue: Essays in Christian Ethical Reflection* (Notre Dame, Ind.: University of Notre Dame Press, 1981), p. 17.

21　Hauerwas, *Vision and Virtue*, p. 55.

22　Hauerwas, *Vision and Virtue*, p. 37.

23　Hauerwas, *Vision and Virtue.*, p. 61. このテーマは、G・オークタやA・マッキンタイアーとの議論を通してさらに深められ、他者や共同体、歴史や伝統など、人生の物語における様々な受動的要素を強調する方向へと徹底されていく。この過程は、主体の能力を記述する術語が「自己決定性（self-determination）」（Hauerwas, *Vision and Virtue,* 49）から「自己記述性（self-description）」に変化

のは、不確かで虚弱な人間存在にとって道徳が存在するためにはテロス（終局目的）が必要となる、ということである。つまり、自己が最高善の存在を道徳的努力の報酬として措定するということでなく、自己があまりにも不確かで虚弱なため、道徳性はそうした努力のテロスなしには存在さえおぼつかない、ということである。要するに、カントの図式が導入されていると見えるところで、ハワーワスは自己について、自身の存在のために自身の力では如何ともしがたいものを必要とする程度に受動的で虚弱なものとして語るのである。さらに、もし、こうした受動性と虚弱性が看過されるなら、それは単なる「自己欺瞞（self-deception）」でしかない、とハワーワスは言う。[24]

　このことは、ハワーワスがカントの思想に全く意義を認めていないということを意味しない。事実、ハワーワスはカントの図式を評価し、「公共の事柄への高い意識、行為について納得と的確さとを理性に与えるという要求、識別と判断において批判的技術を向上させる手段」という点でその価値を認めている。[25] しかし、こうした評価点にも関わらず、ハワーワスとしては、近代的自己に集中するカントの図式は自己の現実に十分に即しているとは言えないのである。つまり、ハワーワスが言わんとすることは、自己の受動的で虚弱な側面が自己の形成にかなり重要な役割を担っているということ、そして、カントの図式はその点を記述することに関して不十分であるということである。換言すれば、カントの図式は、自己とその生の関係を深く追究するための臨時の装置にすぎないのである。

している点に明らかに見られる。Hauerwas, *The Peaceable Kingdom: A Primer in Christian Ethics* (Notre Dame, Ind.: University of Notre Dame Press, 1983), pp. 38-44〔ハワーワス『平和を可能にする神の国』、東方敬信訳（新教出版、1992 年）、79-87 頁〕; idem, *Sanctify Them in the Truth: Holiness Exemplified* (Nashville, Tenn.: Abingdon Press, 1998), pp. 93ff.

24　Hauerwas, *Vision and Virtue*, pp. 30-36; idem, *The Peaceable Kingdom*, pp. 9, 30-31.〔邦訳：34, 67-69 頁〕;idem, *Truthfulness and Tragedy: Further Investigations into Christian Ethics* (Notre Dame, Ind.: University of Notre Dame Press, 1985), pp. 82-98.

25　Hauerwas, *Truthfulness and Tragedy*, p. 26.

上記のような自己の受動的で虚弱な側面は、普遍的原理を用いた客観的観察によってではなく、物語の形式によってこそ的確に記述される。というのは、前者においては、現在の自己に相対する他者（例えば、他者、社会、自分自身の過去など）を自由自在に操作可能な単なる対象として見る視点が与えられるのみで、従って、現在の自己が、自身についてこうした他者からの如何なる助けもなく独力で常にすべてのことを決定できるという幻想にいとも簡単に陥ってしまい、結果として、自己の受動的で虚弱な側面が忘れ去られてしまうからである。ところが、他方、物語の形式は、こうした他者が本当に自己を超えているということ、また、こうした他者と共に生きる生の中で展開する様々な状況に沿って自己が自分でも意外な性格さえ保持する歴史過程として自覚されることを、正直に映し出すことができるのである。[26]

　従って、物語の形式によって記述される自己は、近代的自己とは明らかに異なるものとなる。すなわち、後者が瞬間的状況における自己の自律にのみ注目するのに対し、前者は、受動的体験や他者、社会状況なども考慮に入れつつ、自己形成の旅路を正直に受け止めることを可能にする。換言すれば、後者では自己の成長というテーマを展開することができないのに対し、前者はそれを展開することができる。すなわち、後者が自己の自律に視野を狭めることで自己満足の世界に閉じこもりがちなのに対し、前者は、自己の周囲や自己を超えるものを顧みることによって、それを回避し、自己自身を成長に向かわせることができるのである。[27]ハワーワスが物語という方法に着目する主な理由の一つはここにある。

２．共同体の視点によるハワーワスのカント批判
　カント主義者たちは、ハワーワスに対して次にように反論するかもしれ

26　Hauerwas, *Truthfulness and Tragedy*, pp. 16-25,, 82-98. Hauerwas, *Vision and Virtue*, pp. 30-47.

27　Hauerwas, *A Community of Character: Toward a Constructive Christian Social Ethic* (Notre Dame, IN.: University of Notre Dame Press, 1986), p. 271.

ない。物語の形式は自己についての説明として信頼に足るものではない、と。すなわち、物語は普遍的客観的真理を指示すべき真理命題を解説するのに相応しくない、ということである。ところが、逆に、ハワーワスはこうした反論を疑うのである。つまり、普遍的客観的真理の存在がア・プリオリなこととして確認されなければ真理命題について話ができない、というのは本当なのか、という疑問である。確かに、ハワーワスは、普遍的客観的真理など絶対に存在しないという前提も受け入れないが、まず第一に普遍的客観的真理の存在が確認されなければならないという前提も退ける。むしろ、真理命題の周辺にある社会的現実に目を配る。すなわち、しかじかの真理命題がア・プリオリに真理であるという判断を早急に下すわけにはいかないが、その真理命題を真理として受け取る人々が真実で真摯な人々かどうかということなら、彼らの共同体的実践から見ていくことができる。つまり、ハワーワスにとって、真理命題は社会的現実に直接関わるものなのである。(28) この意味で、自己に関する真理を語るには、語り手を社会的現実から切り離す普遍的客観的命題よりも、語り手の社会的現実を計算に入れる物語の形式の方が優れている。というのは、前者が簡単に自己満足的独語に陥ってしまいがちなのに対して、後者は、公共の場での検証に委ねるべく、語り手自らを言語交流の場に公表するからである。この物語の公共性という性格は、物語という作業それ自体に由来する本質的なものである。というのは、物語るということは、自分の物語を分かち合うことで他者との共同性を形成したり、そうした共同性を自分の物語として

---

28 Hauerwas, *Community of Character*, pp. 89-108. ハワーワスは、特に、真実さを例証する要素として、非暴力という性格に注目している。何故なら、自己に関して真実であるとは、自己の受動性・虚弱性をも受け入れているということであり、それは自分で自分を力づくで守る姿勢よりも、自分のことを委ねていく姿勢を育むからである。Hauerwas, *Against the Nations: War and Survival in a Liberal Society* (San Francisco: Harper & Raw, 1985), pp. 91-103; idem, *Christian Existence Today: Essays on Church, World, and Living in Between* (Grand Rapids, Mich.: Brazos, 2001), pp. 89ff.; Samuel Wells, *Transforming Fate into Destiny: The Theological Ethics of Stanley Hauerwas* (Cumbria, UK.: Paternoster, 1998), pp. 85-89.

引き受けたりするという、一つの社会的実践であるからである。[29]

　このことからして既に、物語の形式によって自己を記述することは共同体の果実であり作業であることが明らかとなる。つまり、我々が我々自身について語る時、我々の語り方は所属している幾つかの共同体から受け継がれ、また、影響されている。我々自身について語る場所も一つの共同体を形成する。さもなくば、我々は独語を語っているにすぎなくなってしまう。そうではなく、自身を物語ることで共同体が形成されていき、また、自身の物語も共同体の物語の一部を担うようになることが起きてくるのである。こうした共同体の物語が再び我々自身の物語に影響を与えていく。このようにして、我々が自分自身について語る時、我々は、物語と共

29　物語の方法は多元主義に即座につながる、とは多くの人が持っている誤解である。例えば、聖書を物語として捉えることは、そのメッセージの普遍性を割り引くことではないか、という類の疑問がある（芳賀力「教会──オルタナティブな共同体？」『福音と世界』55/9 [2000 年 9 月号]: 38-41, 40 頁 4b を参照）。しかし、実際には、普遍性を追求するあまり、予め措定された普遍概念で聖書のメッセージを言い換えることの方が、むしろ、聖書を包括主義、さらには、多元主義の餌食にしてしまうのである。何故なら、それは聖書を普遍概念で換言可能な程度の代物と見なすことであり、聖書と他の何かとの間に代替可能性の余地を保証することになるからである。むしろ、代替不能な、かけがえのない物語として語る方が、多元主義に抗うことになる。そして、ここでハワーワスの言う物語の公共性を真剣に受け止めるならば、少なくとも聖書の物語と多元主義を助長する独語とを混同することはあり得ないであろう。さらに、ハワーワスが語り手の社会的現実、社会的実践、共同体の姿などを強調している点も、ここで見逃すわけにはいかない。ハワーワスによれば、物語が生み出す実践における真実さは、物語の内容の価値それ自体を決定するものではないが、その内容の意義を公共の場で証言するという。しかも、その実践における証言が全ての人々への招きを目的とする場合（聖書が、そして教会の宣教がそうである）、それは最早、多元主義と混同することは許されない。それでも、ある人は問うかもしれない。実践的証言によって物語の根本的違いを知ることが本当にできるのか、と。こうした問いには、次のように問い返したい。例えば、キリストの復活の物語と輪廻転生の物語とは、区別不能なほどに徹頭徹尾合致する全く同一の実践を生み出すのだろうか、と。

同体の相補関係に参与するのである。すなわち、物語は分かち合われる共同体を必要とし、共同体は物語の集積・共有によって構築・変革・維持されていくのである。さらに、これが時間の中で繰り返されてスケールが拡大すると、歴史・伝統・権威というテーマに繋がっていく。つまり、物語と共同体の相補関係が持続すると歴史となり、伝統が生まれ、伝統の権威が受け継がれていくということである。これは何も古い権威主義を肯定することではないことは、個々の物語が共同体を構築する動きからしても明らかなことであるが、同時に個々の物語の正直な内容が意味あるものとして語られる要因として歴史・伝統・権威ということが無視されてはならないことをも示している。ハワーワスは、自己とはこうした諸要素が絡み合って構成されると指摘するのである。その意味で、個人の内的自律性にのみ注目して語られる近代的自己は、あまりにも単純で、非歴史的、抽象的であり、それゆえに、自己の真相に忠実ではないと言わなければならない。ここに来て、ハワーワスのカント批判は厳しさを増し加えるのである。[30]

　ここでもう一つ、後に見るハワーワスによる聖化の議論との関連で興味深い点を指摘しておきたい。上記のように、我々が自分自身について語るとき、我々の語り方は所属する共同体の影響を受けている。つまり、我々は、如何に自分自身について語るかを共同体から学んでいるのである。そして、もちろん我々は、共同体から学んだ仕方で自分自身を語ることで共同体形成に貢献するのだが、同時に、それは自分自身の語り方をさらに身につけていくプロセスとなる。そして、ここに模倣と習熟のテーマが現れてくる。カントにとっては、このように他者を模倣し、他者から学ぶことは、単に他律的で不純であり、それゆえ、近代的自己における聖化と矛盾する。しかし、ハワーワスにとっては、模倣と習熟は自己形成の実際と不可分のことである。[31]　この意味で、ハワーワスがカントの自由意志の原型と

30　Hauerwas, *Community of Character*, pp. 97-101. こうしたハワーワスの指摘の背後には、A・マッキンタイアと共にL・ウィトゲンシュタインの言語哲学がある。

31　Hauerwas, *Community of Character*, p. 131. キリスト者は自己の語り方を共同体の物語である聖書から学ぶ。聖書の物語を学ぶ中で、自己を見出し、周囲を

してのキリストという概念を批判するのに、W. ローが強調する信仰生活におけるキリストへの模倣（まねび）に着目しているのは、興味深い。後に見るように、ハワーワスが主張する聖化において、ローの模倣（まねび）のテーマは重要な役割を果たすことになる。[32]

　以上のように、ハワーワスは、カントの体系における近代的自己を共同体の概念から批判するのであるが、その批判は、近代的自己が消費社会を染め抜く自由主義に援用されるとき、尚、厳しいものとなる。すなわち、共同体との関連で形成される自己が個人の自由追求の名で矮小化され、自己は自らを構成する諸要因（他者、歴史、伝統など）から切り離され、倫理は個人の利益をできる限り追求する手段と化し、人々が互いに無関心になるか、そうした社会に異を唱えるものに抑圧的になる、との批判である。[33]もちろん、カントの体系においては個人の義務が徹底的に追求されるので、消費社会の自由主義とは全く趣を異にする。しかし、他者に対立する自己の自律性を高揚し、共同体の形成に無頓着になりがちなのは軌を一にする。こうした近代的自己の強調は、他者を無視することによって暴力的にさえなり、その結果、共同体の存在を有名無実にしてしまうかもしれない。次の引用がそこを顕著に示している。

　　　カントの近代的自己は他者を尊ぶが、それは、その他者が自己と異なっているからではなく、自己の内にあるところの、互いの相違を抹殺する（つまり普遍的な）道徳律を尊んでいるからである。[34]

　　見つめ、自己を如何に語るかを身につける。言わば、聖書的に自己を語るスキルを得る訓練を受けるのである。キリスト者の言う「証し」とは、そういうことである。Hauerwas, *Christian Existence Today*, pp. 29-30, 43.

32　Hauerwas, *Community of Character*, p. 270. 言うまでもなく、W・ローの『キリスト者の完全』は、J・ウェスレーの神学に大きな影響を与えた著作の一つである。

33　Hauerwas, *Peaceable Kingdom*, pp. 6-12, 19-22,〔邦訳：30-39, 49-55 頁他〕

34　Stanley Hauerwas, *Dispatches from the Front: Theological Engagement with the Secular* (Durham, N.C.: Duke University Press, 1994), p. 203.

この辺りは、リー博士流に言えば、ex parte 社会の問題性を見抜き、それを超える論理について純化の方向でなく転換の方向で追求する思索ということになろう。ならば、ハワーワスは、回心、すなわち、完全な超越者（聖なるもの）に触れられて起きる存在と生き方の変革は、如何にしてもたらされると主張するのであろうか。

ハワーワスの神学的倫理学における聖化

1．聖化をもたらす聖なる物語：イエス・キリストの物語

ハワーワスがカントを批判するのは、カントの近代的自己が共同体の形成とその意義を軽んじる点であり、その批判の肝は、自己形成は所属する共同体の物語に深く関わるのが実際であるという点である。そして、言うまでもなく、キリスト者にとって自己の基底を構成し、自己形成において常に基軸となる物語は、信仰共同体が共有するイエス・キリストの物語である。

イエス・キリストの物語は、世間一般のあり方を形成するものとして世間で受け止められている物語ではない。その意味で、特殊な物語であり、また、人間を神に関わらせるという意味で、聖なる物語である。ところが、カントは、特殊な物語であるところのキリスト信仰・神学を近代的自己に基づく普遍道徳に従属させて、その結果、キリストの意義を自己の自律性・自由意志の原型として見なすに留め、キリストを物語られる方ではなく概念上の存在に割り引いて、歴史上の具体的な姿を見落としている。聖化とはいえ、それは近代的自己の純化であり、神との関わりは、人間理性から補助的に措定される事柄に留まっている。ハワーワスは、こうしたカント道徳神学の特徴を批判しつつ、キリスト者の自己形成と共同体形成にとっては、物語られるイエス・キリストの具体的な姿と意義こそ、その基底であり基軸であることを指摘する。聖化についてもまた然り[35]。従って、

35　Hauerwas, *Sanctify Them in the Truth*, pp. 29-30. カントの *Religion* を参照しつつ、

ハワーワスの主張する聖化が如何なるものであるかも、イエス・キリスト
の聖なる物語から始めなければならない。

　神学的倫理学を語るにあたり、ハワーワスが着目するのは、イエス・キ
リストの聖なる物語の特殊性である。この特殊な物語は、その特殊性のゆ
えに、最初の段階からその普遍妥当性を一気に全ての人に明示して保証す
るということをしない。むしろ、この物語は、そうした理性への保証抜き
で従うように我々にチャレンジする。そして、従うときにのみ、我々はそ
の確かな意味を悟ることができる。イエス・キリストに従うことなしに、
我々は、彼が誰であって、我々にどんな意味を持つのかを的確に知ること
はできないのである。従うことが理解することに先んじているのである。⁽³⁶⁾
これまた、カントの主張と対照的である。すなわち、カントにとっては、
従順、模倣、習熟などは単に他律的で、近代的自己の聖化にとっては不純
でしかないのだが、ハワーワスは、これらこそ我々を聖化に導く聖なる物
語の大切な要素であると指摘するのである。

　この従順の強調から説き起こして、ハワーワスは、紀元 1 世紀パレス
ティナの歴史的社会的状況を背景としたイエスの具体的な姿を参照しな
いところの、単に存在論的なキリスト論を批判していく。というのは、単
に存在論的なキリスト論は、従順の対象となるイエスの具体的な姿の社会
的性格を無視する傾向にあり、結果として、従順のテーマが軽んじられて
しまうからである。ハワーワスは、こうした存在論的な説明はキリスト論
の前面から撤退すべきである、と主張する。これは、存在論的説明は不必
要だという意味ではなく、イエスの姿と彼に従う共同体の従順によって、
そこに具体的な内容が与えられなければならない、という意味である。⁽³⁷⁾つ
まり、キリスト論は、我々を従順へと招く聖なる物語に根差していなけれ

　ハワーワスは、リベラル神学もまた、キリスト者の自己と共同体にとっての
　イエス・キリストの特殊な物語の意義を軽視することでカントの後を追って
　いる、と批判する。

36　Hauerwas, *Community of Character,* pp. 42-44.

37　Hauerwas, *Community of Character,* pp. 40-42.

ばならないのである。そうしたキリスト論のみが、真に聖化の源泉となり得る。逆に、単に存在論的なキリスト論においては、キリストが非歴史的・抽象的に捉えられがちで、従順のテーマが軽視されるゆえに、そこから出てくる聖化に具体性は見出しにくくなる。例えば、自己の自律性・自由意志の原型（キリスト）に沿うということで聖化を説明してしまうカント道徳神学のようなものになるであろう。

　さて、ハワーワスにとって、イエス・キリストの具体的な姿とは、聖なる物語として如何に記述されるのであろうか。ハワーワスは言う。イエスは、旧約聖書として語られるイスラエルと神の物語との関連において捉えられなければならない。人間が創造主なる神と関わらせられる聖なる物語である。その物語によれば、イスラエルの民は神の憐れみによってエジプトの奴隷状態から解放され、この憐れみ深い神を諸国の民に指し示す人々、すなわち、神の民になるべく導かれた。この神を礼拝し、この神の憐れみ深さを自分たちも身につけて社会の中で反映し、神の憐れみの証しとなるはずであった。ところが、神はその目的で忍耐を尽くしてイスラエルの民を導いてきたのに、歴史展開の中でイスラエルはその目的と役割をしばしば忘れ、その社会は神の民の道と矛盾するところの力づくの支配構造に巻き込まれていく。こうした社会状況はイエスの時代には一つのピークに達していた。そこで神から遣わされたイエスの生涯は、イスラエルの役割を真に回復し、完成することを目指すものであった。イエスは、力による支配構造の真っ只中でこれに徹して、社会の中で神の憐れみを示し、また、人々に悔い改めを迫ったので、反感を買って十字架につけられるが、神は彼を復活させて、彼の道こそ神の御心であることが明示された。今や、人間はイエスを通して神の招きに従順であるようにと招かれているのである。ハワーワスは言う。この聖なる物語を分かち合い、これに歩むことで、聖化は現実となっていくのである、と。⁽³⁸⁾

38　Hauerwas, *Peaceable Kingdom*, pp. 76-88.〔邦訳：136-54 頁〕この見方がイエスのユダヤ人としての背景を無視するカントの「キリスト」とは対照的であることに注意されたい。

２．聖なる物語に導かれる共同体：キリストの教会

　聖なる物語が分かち合われるとき、そこにはそれを分かち合う人々の存在がある。これを聖なる物語として受け止めて、自分たちも同じく神に招かれていると自覚して、自己・交わり・社会生活を形成するための基盤、また、基軸となる物語として共有する共同体が生み出される。イエスの弟子たちを核として歴史の中に生まれたキリストの教会である。ハワーワスの語る聖化は、イエス・キリストの聖なる物語を自らの物語として受け止める共同体、すなわち、キリストの教会において現実となることである。これは、カントの近代的自己が真の意味で共同体形成に繋がらず、それゆえに、近代的自己に基づく聖化観もキリストの教会との関係を見失ってしまったのと対照的である。それでは、そのキリストの教会は、如何に生み出され、如何なる特徴を持つ共同体となるのであろうか。

　イエスの復活を機に、イエスの弟子たちはイエスの生涯・働き・死を再解釈し、イエスを通して神が自分たちを招いていること、イエスがイスラエルの物語の完成であることを受け止めて、これを自分たちの物語として受け入れる。イエスこそ主キリストであると告白し、イエスの姿に倣い、キリストの教会という共同体を形成していく。

　すなわち、弟子たちのイエス理解によれば、イエスは神の憐れみを諸国の民に指し示すというイスラエルの役割の十全なる実現であり、それゆえにキリストと呼ばれるべき方であり、その招きは神の国の生き方として受け入れられなければならない。神の憐れみを分かち合い、敵をも赦し、平和をつくるしもべとしての生き方である。それは、自己、他者、世界、さらには神をも操ろうとする人間のわがままな欲望を反映して、抑圧を生み出し、社会を自滅に至らせる罪の構造・力づくの支配とは正反対である。十字架とは、このしもべの生き方に対して罪の構造・力づくの支配が激突した頂点的出来事であるが、このスキャンダラスな死さえもイエスからしもべとしての生き方を取り去ることはできず、逆に、イエスの勝利が復活によって顕わにされるのである。この復活がこの道に従うための確かな土

台を提供し、希望をもってこれに参与するように呼び掛けるのである。従って、力づくの支配に踏みにじられた人間の歴史においては、イエスは革命的であり、終末論的である。イエスこそが開始された全く新しい世界、神の国の礎である。このイエスに従うことによって、力づくの支配の暗やみを打ち破る可能性が与えられ、神の国のしるしとして生きることができるのである。⁽³⁹⁾

　弟子たちはイエスの物語をこのように解釈し、彼ら自身の物語として受け入れて、イエスの道に従い、キリストの教会という共同体を形成していく。より正確に言えば、この物語それ自体が共同体を志向している。何故なら、それは、力づくの支配を選び取らず、しもべとして仕え合うことを求めるので、従う人々を友愛の分かち合い、互いの助け合い、そして、共同体の形成へと必然的に導くからである。しかし、ここで注意すべきは、この共同体への志向性はそれ自体が目的なのではなく、あくまでも、イエスに従うことの結果であるということ。つまり、教会は一般的な共同体を目指しているのではない。むしろ、教会の共同体性は、常に聖なる物語によって性格づけられなければならず、また、聖なる物語を証言しなければならない。このことによって、教会は、イエスの生涯、十字架、復活が示すところのユニークかつラディカルな生き方を保つのである。すなわち、イエスが身の安全の保証を求めることなく神の恵みを分かち合い、十字架

39　Hauerwas, *Peaceable Kingdom*, pp. 81-91.〔邦訳：145-60 頁〕こうした見解に対して、イエスを単なるサンプルと見なし、神性を十分に強調していないという批判があるかもしれない。しかし、ハワーワスは、イエスが神の統治を示す神ご自身の自己開示であることを強調している。また、ハワーワスのキリスト論と神の国の見方に対して、聖霊論の弱さを指摘する批判がある。Arne Rasmusson, *The Church as Polis: From Political Theology to Theological Politics as Exemplified by Jürgen Moltmann and Stanley Hauerwas* (Notre Dame, Ind.: University of Notre Dame Press, 1994), p. 179. 確かに、ハワーワスの著作においては聖霊への言及が目立たないので、この批判は可能かもしれない。但し、これは、必ずしもハワーワスが聖霊を無視していることを意味しない。神の国は三位一体の神のみわざである、とハワーワスは明言している。Hauerwas, *Community of Character*, pp. 44-46; idem, *Christian Existence Today*, pp. 47ff.

の死に至るまで仕えたように、教会もまたこの世における保証や報酬が無くとも互いに仕え合うリスクを負う。しかし、イエスの復活を通して、教会は、この生き方の正しさを神が証明してくださることを知っている。それゆえ、教会は忍耐と希望をもってイエスに従い、互いに仕え、支配者になることを求めることなく生きる道を歩む。このラディカルな生き方は、力づくの支配に色づけられたこの世では想像し難いものなので、教会は、この世の真っ只中にあって、はっきりと区別される特徴をもって存在する。そして、こうした特徴において、教会は、それ自身の源、聖なる物語を証しするのである。このことは、教会がこの世の他の団体と協力することを拒否するとか、彼らの中に類似の生き方を見出すことを拒否するとか、そういう意味ではない。何故なら、教会は、神の国が教会よりも大きいことを知っているからである。従ってむしろ、このことは、教会は聖なる物語に忠実であること、教会は教会の生き方を証しはするが、この世にそれを押し付けることはしないということ、その結果として、その生き方の特徴が明確になる決定的な特徴があるということ、を意味するのである。こうした特徴をもって、教会は、聖なる物語に基づく生き方の可能性・社会のあり方の選択肢を、この世に対して提案・推奨するのである。[40]

　ここで、ハワーワスの示す聖化における教会の役割３点を指摘しておきたい。（１）教会が自ら基盤・基軸として忠誠を示すところの聖なる物語は、教会が記憶しているということ。（２）教会は聖なる物語を反映する共同体として、聖なる物語によって自らを形成すること。（３）教会は聖なる物語に根差す選択可能な社会提案として、それ自身をこの世に提供するということ。そして、この３つの役割を貫いている事実は、聖化の基盤・基軸として聖なる物語が我々にもたらされるのは教会経由なのだ、ということである。つまり、ハワーワスが強調するのは、聖なる物語に基づく聖化が自覚的に現実となるのは教会生活においてである、ということなのである。そして、振り返ってみれば、カントにはこの点が全く欠落していたのは明らかである。

40　Hauerwas, *Peaceable Kingdom*, pp. 96-115.〔邦訳：167-97 頁〕

3．聖化に向かい共に歩む旅：教会生活における自己形成と成長

　ここまでの議論で明らかなように、ハワーワスは、イエス・キリストの聖なる物語から始めて、聖なる物語に導かれる共同体・キリストの教会へと、聖化についての見解を展開させる。ならば、この展開の順序から、聖化の個人的体験は聖なる物語から教会へという手順を踏んで理解されなければならない、ということになる。近代的自己の自律性に徹するカントの聖化観とは対称的であると言わなければならない。

　さて、こうしたハワーワスの聖化観は、キリスト者が信仰共同体において信仰告白に生きるという、具体的生活として実を結ぶことを目指しており、その意味で義認と聖化を緊密に関わらせて捉えようとする特徴を持つ。キリスト信仰を告白することとキリスト信仰に生きることとは別物ではなく、動的に緊密に関わり合う。しかし、このことは、ハワーワスが「恵みのみ」の強調と行為義認の棄却に立つプロテスタント陣営からの攻撃対象に成り下がることを意味しない。むしろ、「恵みのみ」に立つ豊かさを描き出すことになる。というのは、ハワーワスによれば聖化は聖なる物語と教会なしにはあり得ないので、聖化の基盤は、個人の体験や行為ではなく、聖なる物語を与えて教会を導く神ご自身であるからである。事実、ハワーワスによる義認と聖化の緊密な動的関係の強調は、教会において開花する神の恵みの社会的側面を示すことを目的とするのである[41]。

　こうした聖化の文脈の中で、ハワーワスは、北アメリカのウェスレアンの伝統における聖化論が個人的体験にのみ傾斜していく潮流を、「ある意味でカトリック的な教会論」によって是正しようとする。そればかりでなく、ハワーワスは、こうした是正によってJ・ウェスレー自身の神学にとって最も大切な事柄を復権することができる、と主張する。

41　Hauerwas, *Peaceable Kingdom*, pp. 91-95; idem, *Character and the Christian Life: A Study in Theological Ethics* (Notre Dame, Ind.: University of Notre Dame Press, 1994), pp. 185-95, 210.

敬虔主義と聖化は歴史の上でしばしば混同されてきたが、それらは分離可能であるばかりか、対立的でさえある。それは特に、個人の経験の敬虔主義的強調がイエスの弟子として形成されるための教会的訓練の重要性を切り捨てる場合がそうである。アメリカのメソディズムにおける皮肉の一つは、19世紀のリヴァイヴァル主義的熱狂がこの教会的訓練の重要性を理解していたウェスレーの主旨を棄却することに一役買ってしまったことである。[42]

そして、聖化に向けてこの教会的訓練を復権するために、ハワーワスは、ここで「素朴なカトリシズム」という概念を導入する。これは、聖なる物語に忠実な生活を育むためになされるところの、教会における日常的な共同体的実践に参与することを意味する。この概念には、礼拝（礼典、信条、説教）、信仰共同体として継承されてきた実践（祈り、証し、奉仕活動、生活習慣など）、日常的行為を通して培われるキリスト者としての徳性の形成（希望、忍耐、平和など）、こうした実践によって形成された先達の物語の記念などが含まれている。ハワーワスは、これらを誇張することが形式主義を生み出しやすいことに注意を払いつつも、聖化が教条と個人体験の間の出来事ではなく、聖なる物語を分かち合い「キリストのからだ」として形成される共同体の事柄であることを強調するのである。[43]

42　Hauerwas, *Sanctify Them in the Truth*, p. 78. ハワーワスは、自らの教派的立ち位置を「高教会的メノナイト、すなわち、メソディズム」としている。それゆえ、先の「ある意味でカトリック的な教会論」とは、ローマ・カトリックのことではなく、エキュメニカルな視野で教会の伝統の中に息づく聖なる物語の継承を重んじる実践を意味する。

43　Hauerwas, *Sanctify Them in the Truth.*, pp. 77-80. ハワーワスは、この議論の後、D. マーティンの *The Corinthian Body* を参照しつつ、古代の感覚では個人のからだと社会的からだとは不可分であることから、新約聖書における「キリストのからだ」としての教会はその各構成成員の存在論的基盤とみなされるべきである、と論じている（pp. 80-84; cf. Dale Martin, *The Corinthian Body* [New Haven and London: Yale University Press, 1995]）。

そして、ハワーワスによれば、こうした文脈で聖化に向けての自己形成が展開するという。より正確に言えば、きよめられた個々の自己が教会を建て上げるのではなく、神の恵みが聖なる物語によって個々の自己を教会に巻き込み、それによって教会が聖化に向かう個々の自己形成の基本的文脈となるのである。そして、この過程を踏みながら、教会はこうした自己形成の基本的文脈として、尚も形成されていくのである。

　さらに、この教会論的展望は聖化に関するもう一つの重要な概念に繋がっていく。それは、教会生活における自己の成長である。上記のように、教会は、聖なる物語を通しての様々な人々の様々な自己形成を含みつつ、それ自身の歴史を刻んでいる。そして、信仰共同体としての自らを形成していく。それゆえ、聖化に向かう自己形成として教会に参与するということは、教会のこうした歴史的旅に参与することを意味する。このように聖化を旅のモチーフで捉えることで、聖化に向かう自己形成は、単なる瞬間的変化としてではなく時間のかかる成長として、また、自動的・機械的進歩ではなく成熟に向かう入り組んだ過程として理解される。それゆえ、ハワーワスは、ウェスレーの「キリスト者の完全」の概念をキリスト者生活のテロスとして高く評価しつつも、ウェスレーによる聖化の段階的説明は組織的に整い過ぎているとして、これを批判するのである。そして、この段階的説明に対し、ハワーワスは、W・ローによるキリスト者の成熟のための教会生活における模倣、訓練、習熟の強調を再評価するのである。これは、必ずしも、ハワーワスが聖化における実存的体験の価値を割り引いていることを意味しない。ただ、旅のモチーフで示される側面を無視して実存的体験のみ強調することは危険であると警告しているのである。何故なら、そうした強調は自己の瞬間的内面だけを誇張し、自己を非歴史的存在に引き下げてしまい、さらに、自己と教会を分離してしまうからである。[44]実に、自己を非歴史的な存在とし、かつ、孤立させてしまうこの傾向は、近代的自己の自律性を追求するカントの聖化観の特徴でもあった。従っ

44　Hauerwas, *Sanctify Them in the Truth,* pp. 123-42; idem, *Character and the Christian Life,* pp. 195ff., 215ff., etc.

て、この点でも、ハワーワスはカントと対極をなすのである。すなわち、カントとは異なって、ハワーワスは教会生活を通しての自己の成長を聖化の重要な要素として強調するのである。この辺り、リー博士流に言えば、ex parte タイプの社会における回心、すなわち、聖なるものとの出会いで起きる近代的自己の変革は、カントにおいて純化・先鋭化であるところ、ハワーワスにおいては批判・瓦解・相対化、そして、方向転換からの総合的変革と言えるのではないか。

結語

　リー博士がハワーワスの「物語の神学」、あるいは、神学的倫理学を示唆するのは、ex parte タイプの社会であれ ex toto タイプの社会であれ、近代化してきた社会の中で回心という課題、すなわち、聖なるものとの出会いで起きる自己の変革をより健全に描き、促す意味で有益と考えるからであった。果たして、本稿において、その意味するところ幾許かでも明らかになったであろうか。

　本稿においては、ハワーワスの対話相手としてカントに注目し、両者の聖化観を概観・比較して、近代的自己と回心の課題に投影する議論を試みたので、どちらかと言えば ex parte タイプの社会における議論ということになろう。独立した個人の自由意志と自律性の十全な能作を可能にする形式を普遍的に整えようとするカントにとっては、聖化は結局、近代的自己の純化・先鋭化であり、イエス・キリストの特殊な物語とも、教会という共同体とも直接の関わりを持たない。なるほど、これでいくと実際には意志的選択が自己目的化して、自己変革の形式の純粋さに関心が傾き、その意味内容や社会的共同の具体像が希薄になる。これに対して、ハワーワスは、自己形成の全体像を共同体の視点も加味しながら出来得る限り総合的に捉えることで近代的自己を批判する。そして、そこから捉えられる聖化は、イエス・キリストの具体的な聖なる物語とそれに基づく信仰の共同体・教会のう重要性を強調するもので、自己は教会に参与することで自己

形成の旅路を成熟に向けて進み、同時に、それによって教会も信仰共同体としての形成過程を進むというプロセス全体を視野に収める。これならば、自己形成の意味内容や社会的共同の具体像は見失われない。リー博士の指摘の通り、*ex parte* タイプの社会における回心の課題は乗り越えられるであろう。

　ならば、*ex toto* タイプの社会においては、どうであろうか。それは、本稿の議論の範囲を超えてはいるが、予測できることとしては、諸集団の意識が内在化して自己のまとまりに困難を抱える傾向に対して、ハワーワスの提示する聖化観は、イエス・キリストの物語が「聖なる」物語として全てを貫く自己同定へと導き、教会という共同体を他の社会集団に対して明確に位置付けるので、自己意識は分散から守られ、中身のない忠誠表現に捕われる必要もなくなる。やはり、リー博士の示唆する方向に議論は進むであろう。ただし、そこを検証するには、カントとは別の対話相手を立てなければならない。筆者の予測では、和辻哲郎の倫理学などが興味深い対話相手になるかもしれないと考えている。ただ、ハワーワスは和辻倫理学については何も語ってはいないので、思想観察と分析ではなく思想実験という形なるであろうが。

　もう一つ、*ex toto* タイプの社会ということで言えば、リー博士も述べている通り、*ex parte* タイプとか *ex toto* タイプとかいうのはあくまでも対極をなす社会の特徴であって、近代化というのは実際には流動的で複雑であるので、*ex toto* タイプの社会とはいえ、*ex parte* タイプの社会システムの影響は少なからず受けているのが実情である（逆もまた真なり、だが）。なるほど、個人の自律性の尊重や社会の中での選択の自由などの幅もかつてよりは拡張されてきている。そして確かに、こうした傾向は、ある意味で教会にとって追い風になり得る。例えば、それは日本社会が全体主義的になって教会を迫害した歴史を凌駕する流れとして見られるであろうし、個人の権利や自由を謳う思潮そのものが教会発信という経緯も見過ごすことはできない。しかし、そこで社会システムの思想形式だけを有難がって

45　Lee, "Self-Identity," pp. 54, 64.〔邦訳：100-101, 114-15 頁〕

いては、足元をすくわれるであろう。教会の具体像とそれを生み出すイエス・キリストの特殊な物語の強調がなければ、形式を受け入れた社会の中で教会は埋没し、存在意義の主張は自己満足に終わりかねない。むしろ、それとは逆に、教会の具体性やイエス・キリストの物語の特殊性を主張すればするほど、実際に社会の中に自律性とか自由とかが何を意味するのか証言するスペースが生まれることになるであろう。この部分でハワーワスの思想は傾聴に値する。否、実践に値する。さらに、自律性や選択の自由の強調が教会に持ちこまれることで、教会を教会たらしめる物語・共同体の実践・伝統が侵食されることに対しても、ハワーワスの思想は警鐘として学ばれなければならないであろう。

　また、カント研究の側から日本における教会の宣教ということについて言えば、本稿で指摘したようにカント道徳神学がイエス・キリストの特殊な物語や教会の具体性を必要としない思想体系を組み上げた方法は、ある意味「日本社会ウケ」する方法で、その点で注意を要するという指摘ができよう。大変に面白いことだが、カント研究において国際的にその成果が認められているのは、欧米以外では日本ぐらいである。その理由を詳しく

46　この点に注目する思想を代表するものとして、大木英夫の『新しい共同体の倫理学』（教文館、1994）を挙げることができる。

47　G・ローフィンクは、こうした傾向を教会のスーパー・マーケット化（教会が個人の好みの宗教的プロダクトを販売する「店」と化し、気に入らなければ個人は「店」にいくらでも注文をつけることができる、あるいは、「行きつけの店」をいくらでも替えることができると主張する現象）と称して、嘆いている。Gerhard Lohfink, *Jesus and Community: The Social Dimension of Christian Faith* (Philadelphia, Pa.: Fortress, 1982), pp. 1-5.

48　O・ホッヘは、カント哲学に関する著書の中でカントの国際的影響力について述べているが、そこで取り上げられているのは、ドイツ以外にはバルト3国、フランス、英国、アメリカ、イタリア、日本におけるカント研究の成果である。カント全集が2社から日本語で刊行されていることにも触れている。Otfried Höffe, *Immanuel Kant* (New York: State University of New York Press, 1994), pp. 237-40. ちなみに、筆者の恩師の一人、R・ヒュッター博士が、カント全集とバルト全集がそろっているのはドイツ語以外には英語と日本語だけだと話してく

探りだすと、これまた大変な論稿になるが、筆者はその一つに「和魂洋才」的志向があると考えている。近代社会の普遍道徳を築くのにカントの形式は「洋才」として使えるが、キリスト教信仰の具体像はその議論の中心には上って来ない。カント自身は補助的役割を最大限認めようとしているが、近代日本社会においては「そこは和魂で」というような感覚であったのではないか。そうだとするならば、カント的な方法では教会の主張は具体性を奪われて骨抜きにされてしまいかねない。

　さらに、本稿を踏まえた研究として興味深いと思われるのは、聖化論である。ここを指摘して結びとしたい。ハワーワスの聖化観は、近代的自己を批判し、聖化を個人の自己意識の構造に限定するカント的な方向に逆行する。そして、その思想に則って、19世紀アメリカのリヴァイヴァリズムにおける聖化観に批判的に挑んでいる。そこで一つ、課題として立てておきたいのは、例えば、中田重治が影響を受けたとされるA・M・ヒルスの聖化観が、実際にどの程度、近代的自己を無自覚的な前提としたものであったのかということ。ヒルスの著作から辿ってみるのも面白い。筆者の予測では、例えば *Holiness and Power for the Church and Ministry* (1897) などはタイトルに教会と謳われていながらも、聖化論と教会論の関わりへの言及はほとんど欠落している辺り、やはり、ヒルスは近代的自己を無自覚的にでも前提としていたのではないかと推察される。 いずれにしても、19世紀アメリカのリヴァイヴァリズムを一つの源泉として持つ教会の潮流に生まれ育った者として、ハワーワスの批判は傾聴に値すると考えている。

　リー博士の示唆から始めて議論が随分と多岐にわたってしまったが、尚も前方に諸課題の海が広がっているように思う。博士の学識に裏付けられた様々な示唆は常に筆者を刺激し、尽きることのない神学と宣教の課題に対する謙虚さを呼び覚ましてくださった。自戒する意味で思い起こすのは、リー博士が「君の論文で世界を救おうと思うな」と語ってくださったことである。心からの敬意と感謝をこめて、筆を置く。

れたことを思い出す。

第 6 章
終末的苦難のなかでの世界宣教とイエスの弟子育成
── マタイ福音書におけるイエスの弟子共同体を中心に ──

横田法路

はじめに

　日本は世界有数の災害大国である。地震、津波に加え、近年は毎年のように台風被害、水害、土砂災害が起きている。こうした事態に際して、キリスト教の多くの教会やキリスト者も、キリストの愛をあらわすために、災害支援に携わる機会が増えてきている。

　その一方で、わたしたちがこれまで大切にしてきた宣教は、このような時代、このような社会状況の中で、どのように進められていくのであろうか。これまでと同じでいいのか、それとも社会状況の変化のなかで、見直すべきことがあるのであろうか。そもそも、聖書は自然災害と宣教について何を教えているのだろうか[1]。

　このような視点から聖書を読み直すときに、今まで気づいていなかったことに気づかされる。イエスは世の終わりの徴として様々な苦難が起きることを預言しているが、そのような中で福音は全世界に伝えられていくことを教えている（マタイ 24 章）。

　本稿では、マタイによる福音書をメインのテクストとして、終末的苦難と世界宣教、さらには宣教の鍵となるイエスの弟子育成の課題について論述していく。

1　参照　横田法路編『「キリストさん」が拓く新たな宣教─災害大国日本に生きる教会と共に』いのちのことば社　2019 年　本書は、災害支援と宣教の関係を多角的に検討したものである。

1．世界宣教のコンテクストとしての終末的苦難

イエスの弟子たちの「世の終わるときには、どんな徴があるのですか」
（マタイ 24:3）との問いかけに対し、イエスは次のように答えられた。

> 「人に惑わされないように気をつけなさい。私の名を名乗る者が大勢現
> れ、『私がメシアだ』と言って、多くの人を惑わすだろう。戦争のこと
> や戦争の噂を聞くだろうが、慌てないように注意しなさい。それは必
> ず起こるが、まだ世の終わりではない。民族は民族に、国は国に敵対
> して立ち上がり、方々に飢饉や地震が起こる。しかし、これらはすべ
> て産みの苦しみの始まりである。その時、人々は、あなたがたを苦し
> みに遭わせ、殺すだろう。また、私の名のために、あなたがたはすべ
> ての民に憎まれる。その時、多くの人がつまずき、互いに裏切り、憎
> み合うようになる。また、偽預言者が大勢現れ、多くの人を惑わす。不
> 法がはびこるので、多くの人の愛が冷える。しかし、最後まで耐え忍
> ぶ者は救われる。そして、この御国の福音はすべての民族への証しと
> して、全世界に宣べ伝えられる。それから、終わりが来る。」（マタイ
> 24:4-14）

世の終わりの「徴」として、異端の出現、戦争や戦争のうわさ、民族間
や国家間の対立の勃発、世界各地での飢饉や地震などの自然災害の頻発が
預言されている。さらには、イエスの弟子たちに対する迫害が起こり、そ
れによってイエスから離れてしまう者や、またキリスト者間での対立も起
きる。偽預言者も多く出現し、多くの人が惑わされていく。また無法者が
多く出てくることで社会が混乱し、その結果、人々の間でますます愛が冷
えていく。しかし、そうした中でも、最後まで耐え忍ぶ人は救われる。

このように世の終わりに向かって起きてくることは、社会にとってもキ
リスト者にとっても、苦難であることは確かである。それゆえに、私たち
の宣教の前進が妨げられるのではないかと考えるかもしれない。しかしな
がら、イエスはこのブロックの結論として、逆のことを語られるのである。

「そして、この御国の福音はすべての民族への証しとして、全世界に宣べ伝えられる。それから、終わりが来る。」（マタイ 24:14）

　そのような終末的な苦難を通る中で、神の国の福音はますます宣べ伝えられ、全世界に広がり、すべての民族に証しされる。それから終わりがくるのである。換言すれば、福音宣教は、自然災害を含む終末的な苦難の中で、停滞や後退ではなく、前進していくことをイエスは預言しているのである。[2]

2　世界宣教の戦略としてのイエスの弟子育成の三本柱

　では、どのようにして世界宣教は進んでいくのであろうか。その宣教戦略について具体的に教えているのが、マタイ福音書の最後に出てくる「大宣教命令」である。

> 「私は天と地の一切の権能を授かっている。だから、あなたがたは行って、すべての民を弟子にしなさい。彼らに父と子と聖霊の名によって洗礼（バプテスマ）を授け、あなたがたに命じたことをすべて守るように教えなさい。私は世の終わりまで、いつもあなたがたと共にいる。」
>
> （マタイ 28:18-20）

　イエスの大宣教命令は、「すべての民」を対象とする世界宣教である。その命令の中心は、「弟子にしなさい」（主動詞）である。イエスが語られた全世界への福音宣教は、このイエスの弟子を育てることを通して、遂行されていくべきことを命じられたのである。

2　14 節の冒頭にギリシア語本文では、接続詞の kai が入っている。これは直前（耐え忍ぶ）を受けるだけではなく、このブロックの結論として、これまでの流れ全体（終末的苦難）を受けていると理解すべきである。そうであれば、このテクストは、苦難が宣教の妨げではなく、前進へとつながることを教えている。Frederick D. Bruner, Matthew: A Commentary Volume2: The Churchbook Matthew 13-28 (Michigan:Eerdmans, 1990), 490

では、どのようにしてイエスの弟子は育てられていくのであろうか。イエスの弟子を育てるという働きをサポートするのが、三つの分詞動詞で示されている活動である。第一は、「行って」、あるいは、「行きながら」弟子を育てるということである。マタイの10章においては、二人一組で弟子たちが神の国を宣べ伝えるために遣わされていく。直前のマタイ9章37-38節において、働き人の不足が語られており、そのために祈るように勧められていた。したがって、その文脈の中でこの弟子の派遣を考えるならば、その主眼は、弟子たちの育成にあったと考えることができる。宣教に派遣されていくなかで、働き人の育成がなされていたのである。

　また、「行きながら」、すなわち活動や生活を共にしながらの弟子の育成という意味も含まれることが考えられる。なぜならイエスは、まさに弟子たちと生活を共にしながら彼らを育てられたからである。

　「私に付いて来なさい。人間をとる漁師にしよう」（マタイ4:19）

　イエスは弟子たちに真理を教え（たとえば、「山上の説教」マタイ5-7章）、手本を見せ（マタイ9:35-36）、働きに参加させ（マタイ14:16）、間違いを正し（マタイ16:23）、励まし（マタイ14:31）ながら育てられたのである。

　第二の弟子育成をサポートする活動は、「バプテスマを授ける」である。これは洗礼を通して、父、子、聖霊なる三位一体の神の交わりの中に入ることで、イエスの弟子として成長していくことを意味している。また三位一体の神の交わりが、イエスの共同体の交わり、すなわち教会の交わりを生み出していくものである。したがって、イエスの弟子は、そのような二重の交わり（共同体）の中で育てられていくのである。

　実際イエスは、弟子を育てられるために、あえて12人の弟子の集団を作られ、その中で訓練されたのである。そのメンバーは、徴税人（親ローマ派）のマタイと熱心党（反ローマ派）のシモンにあらわされているように、全く異なった考えや背景をもつ者たちが集められ、イエスの下で互いに愛し合うことの訓練をうけたのである。そのような愛に生きることがイエスに似た者、イエスの弟子であることの徴である（参照ヨハネ13:34-35）。

　第三の弟子育成をサポートする活動が、「教える」である。イエスが「命

じたことをすべて」を守るように教えるのである。それは、イエスの全生涯を通じて（ことばと行動をもって）教えてきた内容全体をさすものである。その内容については、次節で取り上げる。もう一つ大切なことは、命令を「守るように」教えることである。すなわち、「山上の説教」の結論部分で強調したように（マタイ 7:24）、イエスの教えを単なる知識としてもつのではなく、それを実践することを命じているのである。

3．実践すべきイエスの教えの内容
──神の国のしるしとしてのイエスの弟子共同体

　では、イエスが教えたこととは何であろうか？　イエスがガリラヤで公に宣教を始めた時の第一声は、「悔い改めよ、天の国は近づいた」（マタイ 4:17）であった。「天の国」とは神の国のことであり、それは神の支配を意味している。イエスは神の支配の到来を宣言したが、「主の祈り」に示唆されているように、神の国の完成は、なお未来においてである（マタイ 6:9-10）。イエスは、このような神の支配の到来を、ことばと行動を通して告げ知らせたのである[3]。

　この神の国の到来は、「からし種」のようなものだとも語られる。神の支配は、最初大変小さくて、多くの人は気がつかないような始まり方をする。しかしながら、後になると神の支配は大きく広がり成長し、誰の目にも明らかになるという特徴をもっている（マタイ 13：31-32）。

　イエスの度々行った病の癒やしや悪霊追放は、その神の国の到来を示していた。

> 「私が神の霊で悪霊を追い出しているのなら、神の国はあなたがたのところに来たのだ」（マタイ 12:28）

　ここでわかるのは、病の癒やしや悪霊追放は、神の憐れみと恵みが到来したことの徴であったのだ。つまり、神の支配の特徴は、恵みなのである。その点を明確にするために、小林和夫は、神の国を「神の恵みの支配」と

3　リチャード・ボウカム『イエス入門』新教出版社、2013 年）、62-66 頁。

説明する。[4]

　この神の国は、またイエスの食卓の交わりにもあらわれていた。通常は、誰と食事をし、誰とは食事をしないということについての社会的境界線が引かれていた。しかしながら、イエスはその境界線を破り、罪人たちや徴税人たちと食事を共にした。イエスはその食事の交わりを通して神の恵みをもたらし、そのような人たちを喜びの交わりに招きいれたのである（9:10-13）。来るべきメシア時代の祝宴の先取りとして、その場にいる人たちにすでに神の国が到来していることを示したのであった[5]（9:14-17）。

　イエスの象徴行為の中で最も重要なことの一つは、特別な使命のために12人の弟子たちを集められ、共同体を構築されたことである。この12という数字は、明らかにイスラエルの12部族をあらわしている。その意図は、旧約時代のイスラエルは諸国民の光として神を証しする役割を期待されていたが（イザヤ 60:1-3）、数々の偶像礼拝の罪に陥り、その役割を果たすことに失敗してきた。そのイスラエルを再生させるために、イエスはご自分が完全なイスラエルとして様々な誘惑に勝利し、神のみことばに従いぬかれたのである[6]（マタイ 4:1-11）。さらには、イスラエルの再生のために12人の弟子を選び、新しいイスラエルの核とし、「世の光」としての役割を再び担うことができるように訓練されたのである[7]（マタイ 10:1-4; 5:14）。旧約時代のイスラエルは、出エジプトの救いの出来事の後、神から律法を与えられることを通して、周りの諸国民とは異なる聖なる生き方へと召された（出エジプト 19:3-6; 20:2-17）。それと同じように、弟子たちは（第二のモーセとしての）イエスの教えと模範をとおして「聖なる生き方」へと召され、そのための訓練を受けていたのである[8]（マタイ 4:19;マタイ 5-7 章）。

4　小林和夫『栄光の富Ⅱ』(日本ホーリネス教団出版局、1988 年)、163-69 頁。
5　ボウカム『イエス入門』75-80 頁。
6　R.T. フランス『マタイの福音書』、ティンデル聖書注解（いのちのことば社、2011 年)、60-63 頁。
7　ボウカム『イエス入門』85-86 頁、フランス『マタイの福音書』63-66 頁。
8　小林和夫『聖書 66 巻のキリスト証言Ⅲ──新約 マタイの福音書 – 黙示録』(小林和夫著作集 3：いのちのことば社、2010 年)、21-31 頁。

したがって、問われているのは、個人の立ち振る舞いというよりは、共同体として弟子たちお互いの関わり方において神の恵みを反映しているかということであった。共同体でのお互いの関わりの中で、個人個人の霊性は支えられると共に、チャレンジをもうけるのである（マタイ 16:21-28; 20:20-28）。そのような共同体生活のなかで弟子たちは、キリストの似姿へと変えられていくのである。そのような共同体は、真の神を知らない社会に対しての代替共同体、新しい共同体となるのである（マタイ 20:25-28）。このイエスの弟子共同体は、神の国のしるしとしての役割をもつのである。[9]

　以下では、イエスの弟子たちによって構成された新しい共同体の特徴について列挙していく。

・イエスによって召し出された弟子共同体（マタイ 4:19）
　ラビの弟子たちは、通常自らラビのもとに出向き、弟子入りを申し出る。しかしイエスは自らペテロやアンデレのところに近づき、弟子になるように召し出す。[10] このように、イエスの弟子共同体は、イエスによって召された者たちの集まりなのである。

・イエスに従う弟子共同体（マタイ 4:19、21）
　イエスを唯一の主として崇め、その関係が第一であり、その他の関係はすべて第二義的なものとする者たちで構成される共同体である。[11]

・人を神の国に導き入れる共同体
　イエスが、イエスに従う弟子たちに与えられた約束は、「あなたがたを

9　ロバート・リー『日本と西洋キリスト教──文明の衝突を超えて』（東京ミッション研究所、2005 年）、212-13 頁。
10　フランス『マタイの福音書』129 頁。
11　ロバート・ラムザイヤー「その社会の中の教会のあり方とその使命」、東京ミッション研究所編『これからの日本の宣教──発想の大転換』（東京ミッション研究所、1994 年）、137-38 頁。

人間をとる漁師にしてあげよう」（マタイ 4:19）であった。魚をとるのではなく、人間を神の国に導き入れることを中核的使命とする共同体である。

・神の国のしるしとしての共同体

イエスのことばと働きを通して神の支配がもたらされた。そのイエスに従う弟子たちがつくる社会は、神の支配の下にある。[12]しかしながら弟子たちのイエスへの服従は完全ではないゆえに、神の完全な支配は、いまだ実現しておらず、やがて完成すべきものである。したがって、イエスの弟子共同体は、神の国の存在を指し示す神の国のしるしとしての共同体である。

・イエスの言葉を聞いて行う共同体（7:24）

イエスの弟子共同体は、イエスのことばを実践する共同体である。イエスのことばは、神の律法と別のものではないが（マタイ 5:17-18）、神の国が到来しつつあるという新しい現実のゆえに開かれた新しい可能性を映し出しているのである[13]（5:20）。

・教育と宣教といやしの共同体（10:1; 28:19）

教育と宣教といやしはイエスの働きの三本柱であった（マタイ 4:23; 9:35）。イエスの弟子共同体は、このイエスの三つの働きを継承しているのである。

・「失われた羊たち」を探しに行く共同体（10:6）

良き羊飼いである神から離れて「失われた」状態にある人々を捜しにでていく共同体である。

・「小さな始まり」を大切にする共同体（13:31-33; 11:2-6）

神の国、すなわち神の恵みの支配は、「からし種」のように小さく始ま

12　ボウカム『イエス入門』89 頁。
13　ボウカム『イエス入門』124-25 頁。

る。イエスの共同体自身もまた小さな始まりであった。したがってイエスの共同体は、「小さな始まり」を大切にする共同体である。

・この世の生き方と対照的な（コントラストとなる）共同体（5:13-16）
イエスの弟子共同体は、「世の光」「地の塩」として、この世の共同体とは対照的な存在である。イエスはパワーの用い方において、そのコントラストをより鮮明にしている。

「「あなたがたも知っているように、諸民族の支配者たちはその上に君臨し、また、偉い人たちが権力を振るっている。しかし、あなたがたの間では、そうであってはならない。あなたがたの中で偉くなりたい者は、皆に仕える者となり、あなたがたの中で頭になりたい者は、皆の僕になりなさい。」（マタイ 20:25-27）

・信仰告白にもとづく共同体（16:16-18）
イエスの弟子共同体は、イエスを「メシア、生ける神の子です」と信じ告白する者たちによる共同体である（参照　マタイ 18:18）。この信仰告白は、天の父によって可能とされたものである。イエスは、この信仰告白の上に弟子共同体を建てられたのである。[14]

・父なる神の御心に従って苦難を負う共同体（マタイ 16:24-25）
「私に付いて来たい者は、自分を捨て、自分の十字架を負って、私に従いなさい」とあるように、イエスに従う弟子の道は、苦難を負う覚悟が求められる。しかしその先に主の栄光があらわれるのである。したがって、イエスの弟子共同体は、苦難から栄光へと続く共同体である。

・あわれみの共同体（9:13;12:7; 23:23）
神の御心を正しく知るための鍵は、「あわれみ」（真実の愛）である（マタイ 23:23 新改訳 2017）〔聖書協会共同訳は「慈悲」〕。神の御心に従って生き

14　小林和夫『聖書 66 巻のキリスト証言Ⅲ』37-38 頁。

る共同体とは、「あわれみ」がその中核的価値となっている共同体である。

・和解の共同体（5:23-24）

共同体の中で何かのことについて分断が生じるならば、神への奉仕をささげる前に、まず両者の和解に向けての取り組みがなされなくてはならない。その和解に向けてのプロセスも個人の働きとしてではなく、共同体のわざとしてなされるべきことが教えられている（マタイ 18:15-17）。

・赦しの共同体（18:21-35）

天の父なる神の赦しを経験した者として、イエスの共同体は、赦しがその中核的価値となっている共同体である。

・神が臨在する共同体（1:23; 16:18; 18:20; 27:51; 28:20）

神の臨在（インマヌエル）が、マタイ福音書を貫く中心的テーマである。イエスキリストの贖いのみわざにより、神は、イエスの弟子共同体と共に、「世の終わりまで」共におられるのである。

・神の神殿として祈りが中心となる共同体（18:19-20; 21:13）

イエスの名によって集まっているイエスの弟子共同体は、イエス（神）が臨在する神殿であり、それゆえ、そこにおいてなすべきことの中心は祈りである。

・平和をつくりだす共同体（5:9, 43-44; 21:5-7）

イエスは、戦いの馬ではなく、ろばにのって柔和な王としてエルサレムに入城されたことが強調されている。このような平和の君であるイエスに従う弟子たちは、「〔あなたがたの〕敵を愛し、あなたがたを迫害する者のために祈」ることをとおして、平和をつくり出す共同体へと召されているのである。[15]

・神の家族である共同体（12:49-50; 23:9）

　イエスの共同体は、単なる知識の獲得ではなく、生活全面においての生き方が問われる生活共同体である。これに最も近いのが家族共同体であろう。しかしこの家族は血縁や地縁で結びあわされたものではなく、それらを超えて、（イエスにおいて示された）父なる神の御心に従うことで結び合わされた「神の家族」である。

・仕える共同体（20:25-28）

　王であるイエスが、仕えられるためではなく、仕えるために来られ、その究極の奉仕として、「多くの人の身代金として自分の命を献げ」られた。したがって、イエスに従う弟子共同体もまた「仕える」ことを使命とする共同体である。

・洗礼共同体（3:15; 28:19）

　イエスの公生涯は、洗礼を通して始まった。そして弟子たちにも、他の人をイエスの弟子化するにあたって、「父と子と聖霊の名によって」洗礼を授けるように命じられた。したがって洗礼が、イエスの弟子共同体に属するか否かの一つの重要なポイントとなっている。

・悪と戦う共同体（13:24-43; 16:18; 28:11-15）

　「麦と毒麦のたとえ」（マタイ福音書だけに出てくる）に示されるように、イエスの再臨までは、イエスの弟子共同体の悪との戦いは継続されていく。

・悪の現実の中で主への信頼によって歩む共同体（11:2-5）

　バプテスマのヨハネが牢に入れられ、ヘロデ王の手で処刑されようとしていた。その時ヨハネは弟子をイエスのもとに遣わし、尋ねさせる。「来たるべき方は、あなたですか。それとも、ほかの方を待つべきでしょう

15　W. M. スワートリー『平和の契約――福音の聖書神学的理解』（東京ミッション研究所、2006 年）、86-87 頁。〔 〕はギリシア語原文から補足した。

平和をつくり出す神の宣教――現場から問われる神学　*199*

か」（マタイ 11:3）。ヨハネの信仰に迷いが生じたことがわかる。以前は、イエスこそが来るべきメシアであると確信していたのに（マタイ 3:11-14）、なぜヨハネの心に迷いが生じたのだろうか。それは、ヨハネがイエスに期待していたことが実際には実現していないように見えたからである。ヨハネは、メシアが来ると、悪が即座にさばかれると信じていた（マタイ 3:8-12）。しかし実際は悪が今なお力をふるっている現実がある。その最たる証拠が領主ヘロデの暴政である。しかしイエスが告げられたのは、イエスの働きで起きていることであった。「目の見えない人は見え、足の不自由な人は歩き、規定の病を患っている人は清められ、耳の聞こえない人は聞こえ、死者は生き返り、貧しい人は福音を告げ知らされている」（11:5）。これはイザヤ 35 章 5-6 節の預言の成就を指している。これは主が来られた時に起こることであると預言されていたのである（イザヤ 35:4）。したがって、イエスはご自分の働きにおいて神の国は確かに来ていることをヨハネに伝えようとしたのであった。しかしそれは、恐らくヨハネが期待していたトップダウンのような華々しいさばきではなく、権力構造から言えば、社会の底辺で苦しんでいる人たちのところから神の恵みの働きは始まっているということであった。

そしてイエスは最後にこう言われた。「私につかずかない人は幸いである」（11:6）。イエスはご自分の宣教の方法において、理解できない、あるいは同意できないでつまずく人がでることはわかっておられたのだろう。しかしイエスは、そのことがわかった上で、この方法をあえてとっておられるのであった。

それゆえ、イエスがヨハネに求めておられたのは、たとえイエスの方法がヨハネの期待していた方法と異なっていたとしても、「わたしに信頼して従ってきなさい」ということだったのである。イエスの弟子共同体とは、このようにすべてが理解できなくても、イエスに信頼して従っていく共同体である。

・罪が贖われた共同体（1:21; 20:28; 26:28　過ぎ越しの小羊）

イエスが来られたのは、ご自分の民、すなわち、イエスを信じ従う弟子共同体を、その罪から贖うためであった。したがって、イエスの弟子共同体とは、イエスのいのちという代価が支払われたことで贖われた共同体である。イエスと弟子たちとの最後の晩餐は過越の食事であり、イエスが「過越の小羊として屠られた」ことを象徴する（1コリント5:7参照）。

・罪の赦しのための「新しい契約」共同体（26:28）

最後の晩餐の席でイエスは、もう間もなく起こるご自分の死の意味を説明された。エレミヤ31章31-34節で預言されていた罪の赦しの「新しい契約」が、神の子イエスが十字架の上で流されるご自身の血によって、有効となる出来事なのであった（出エジプト24:8）。

・聖餐共同体（十字架のキリストを想起する共同体）（26:26-29）

イエスは十字架にかかる直前の最後の晩餐の席で、パンと杯をとり、これから起こる自分の死の意味（罪の赦し）を印象的な形で説明された。それは弟子たちが、この後、聖餐式を繰り返す中で、十字架のキリストを常に想起する為であった。

・イエスを中心とする回復されたイスラエル共同体

イエス・キリストの系図が示すように、イエスはアブラハムの子、ダビデの子として生まれただけでなく、イスラエルの歴史のクライマックスとして、捕囚状態にあるイスラエルを解放し、回復させるメシアとして生まれたのである（マタイ1:1-17）。イエスにあって成就したホセア11:1が示唆するように、イエスは神の子であると同時に、真のイスラエルであった。旧約時代のイスラエルの民の失敗を塗り替えるために、イエスは真のイスラエルとして（代表して）神の律法を成就するために来られたのである（マタイ2:15; 4:1-11; 5:17）。

イエスが12弟子を集められたのは、イスラエルの回復を担うコアメンバーを集めるためであった（マタイ10:1-4）。神がモーセを通して、小羊の

犠牲によりイスラエルをエジプトの支配から救出した。その後イスラエルがその聖なる生き方を通して主を証しするために、神は彼らに十戒を与えられた。同じように、イエスはご自分の死によってイスラエルを救うことになるが、その前に、弟子たちにイエスの教えを与える。それは彼らが「世の光」としてのイスラエルの役割を果たすことができるように訓練されたのである（イザヤ 60:1-3; マタイ 5:14）。

　実際、イエスが十字架の上で死なれたとき、「神殿の垂れ幕が上から下まで真っ二つに裂け」とある（マタイ 27:51）。神の臨在をこれまで遮っていた幕が神の側から取り除かれ、神がイエスを信じる者たちと共におられる時代の幕開けを意味する出来事なのであった。さらにその時、「墓が開いて、眠りに就いていた多くの聖なる者たちの体が生き返」り、「イエスの復活の後、墓から出て来て、聖なる都に入」ったとある（マタイ 27:51-53）。これは、同じくイスラエルの回復を預言しているエゼキエル 37 章の「枯骨の谷」の預言の成就である（エゼキエル 37:1-14）。

　したがって、イエスの働きと、特にその十字架の死は、イスラエルの回復をもたらしたのである。その結果として、イエスの宣教の対象がイスラエルに限定されていたところから（マタイ 10:5; 15:24）、異邦人へと広げられた。もちろん、イスラエルの回復の完成は、イエスの再臨を待たねばならないが、イエスにおいてイスラエルの回復はすでに始まり、それゆえに、世界宣教への道が開かれたのである（マタイ 28:18-20）。

4．弟子育成のためのリソースーすべての権威をもつ　　復活の主の臨在とその愛の交わり

　イエスが弟子たちを育てるにあたって、三つのレベルの戦いがあった。一つは、宗教指導者たちとの戦い（預言者的批判）、二つ目は、弟子たちとの戦い「修正と訓練」、そして三つ目は、それらの背後に働いているサタンとの戦い（霊的戦い）である。このような戦いの中で、イエスの弟子の育成はなされなくてはならないのである。

しかしながら十字架にかかり復活されたイエスは、世界宣教と弟子育成のリソースとして、大切な宣言と約束を与える。

　「私は天と地の一切の権能を授かっている。」（マタイ 28:18）

　「私は世の終わりまで、いつもあなたがたと共にいる。」（マタイ 28:20）

　この世界をすべて支配しておられるのは、十字架にかかり復活されたイエスである。そのイエスが「世の終わり」まで弟子たちと共におられるのである。それは弟子たちの救いと勝利を意味する（参照ヨシュア 1:1-9）。この「世の終わりまで」はとても重要な言葉である。なぜなら、すでに見てきたようにマタイ 24 章において、「世の終わるとき」には、戦争、迫害、自然災害、異端などイエスの弟子たちが通るであろう様々な苦難が預言されているからである。したがってイエスが約束されたのは、そのような終末的苦難の只中においても、イエスは弟子たちと共におられるということなのである。そのような状況の中で、イエスの弟子は育てられ、宣教に遣わされ、その結果として福音が全世界に伝えられていくのである。

　最後に、このイエスの弟子の歩みの内なる原動力は何であろうか。十字架にかかり復活されたイエスは、ご自分についてきた女性たちと弟子たちに、ガリラヤで会えると二度伝える（28:7, 10〔7 節は天使を通して〕）。なぜガリラヤなのか。イエスはエルサレムで十字架にかかり、よみがえられたのに、何故わざわざガリラヤでイエスは弟子たちと会わなければならなかったのか。ガリラヤはエルサレムから約 120 キロメートル離れた場所であり、徒歩では 3 日ほどの道のりである。

　この「ガリラヤ」とは、弟子たちがイエスと最初に出会った場所である。イエスから弟子の道へと最初に招かれた場所である。

　「イエスは、『私に付いて来なさい。人間をとる漁師にしよう』と言われた。」（4:19）

　イエスを裏切ったことで、失望・落胆していた弟子たちを、イエスは彼らの弟子の道の出発点に連れ戻されたのである。イエスからの「最初の召し」とイエスへの「最初の愛」に連れ戻すためであった（参照ヨハネ黙示録 2:4-5）。そこで再び「イエスに会う」ためである。そこからイエスに従

う弟子の歩みが再スタートするのである。[16]

　このように、イエスの弟子の道は、十字架において決定的に示されたイエスの愛に対する愛の応答の道であり、両者のそのような愛の交わりが、弟子の道の原動力である（ヨハネ福音書21章では、ペテロの再召命・再献身に対して、ペテロのイエスに対する愛の再確認がなされている）。ここにイエスの弟子育成が律法主義化しないための鍵がある。これが「福音に根ざした」弟子育成の道である。[17]

結論

　現代世界においては、異端、迫害、戦争、地震、飢饉など、イエスが「世の終わるとき」の「徴」について語られたような苦難の数々があらわれている。しかしながら、それによって宣教が停滞や後退するのではなく、そのような中でこそ、逆に、福音宣教は前進していくのである。そのための必要な戦略が、イエスの弟子を育てることであった。このイエスの弟子は、教室の中でというよりも、共同体の中で生活を共にしながら育てられていく。いったいそれがどのような共同体であるのかの簡単なスケッチを本稿で試みた。このイエスの弟子育成は、困難な時代や社会状況の中でなされていくが、そこにも主が共におられるのである。さらに、その主との愛の交わりが、弟子の道の原動力である。福音に根ざした弟子育成の働きは、主が始め、主が成し遂げてくださる主の働きなのである。

　わたしの願いは、このようなイエスの弟子育成とその共同体が、日本各地に次々に生み出されていくことである。それこそが、恩師ロバート・リー先生が日本宣教の不可避の課題として指し示してくださった道である。[18]リー先生からいただいたこの大切な宿題を、主により頼みつつ、わた

16　この視点は、エドモンド・チャン師に負っている。

17　エドモンド・チャン『ラディカルな信仰者への旅―イエスの生き方にならう』（いのちのことば社 , 2019 年）参照。

18　ロバート・リー『日本と西洋キリスト教』、特に第 2 章と第 5 章。

しも果たしていきたいと思う。

　　　　　（九州キリスト災害支援センター理事長、関西聖書神学校講師）

第7章
被災地から問われる包括的福音[(1)]
── ローザンヌ運動の視点から ──

西岡義行

東日本大震災の被災地の支援活動に励む方々や現地の牧師にわずかでも耳を傾け、その地に身を置くとき、教会や宣教のあり方のみならず、キリスト者の存在の意味自体が問われていることに気付かされる。包括的福音を掲げつつも、私たちの存在や伝えていることが本当に福音となっているのかが、被災された方々の声なき声から聞こえてくる。ローザンヌ運動が強く掲げてきている包括的福音について、今改めて問われていることを整理し、その課題に目を向けたい。

ローザンヌ運動の歩み

福音への包括的理解が 20 世紀の福音派において明示されたのは、1974年のローザンヌ世界宣教会議であったとされる。ローザンヌ運動の中心的なスローガンは「全教会が全世界に福音の全体を」である。「全」に込められていることは、魂だけの救いという狭い視点から決別し、全人的な救い、しかも被造物の回復まで視野に入れた広く豊かな福音理解への転換である。この包括的理解へどのような経緯で進んでいったのか、また、その後どのように展開されていったのか、またされていかなかったかを宣教の神学の歴史を振り返りつつ素描したい。

---

1 本章は、『福音主義神学』44 号（2013 年）に掲載された論文に手を加えたものである。

ローザンヌ前史

　第 3 回のローザンヌ世界宣教会議が 2010 年にケープタウンで開催された。この年号には、深い意味がある。エキュメニカルな「世界宣教会議」がちょうど百年前の 1910 年にエディンバラで開催されたという、歴史的節目である。教派の伝統を超えて宣教のビジョンで一致したことは、宣教の歴史において大きな出来事であった。しかし、この会議では楽観主義的傾向が潜在し、必ずしも深い神学的検証がなされたとは言えなかった。実際に、人類史上未曾有の殺戮がなされようとする世界大戦が迫っているにも関わらず、そのような歴史的・社会的現実に対する預言者的使命を果たせなかったことは、否定できない。[(2)]

　こうしたことへの自己批判は、教会中心の宣教ではなく、社会的現実に答える宣教へとシフトすべきであるという声となっていった。しかし、この課題に取り組む中で、伝道を優先するべきか、社会の現実にまず答えるべきかという議論をめぐる神学的対立が次第に明らかになっていく。一方では、魂の救いこそ最優先すべきことであるとし、永遠と関わりをもたない、過ぎ去るべく地上のことには積極的に関わることを躊躇する立場がある。他方では、魂を獲得する教会中心の宣教の結末は、社会の課題から遊離した教会となり、もはや世における意義を失っているとする厳しい批判がある。こうした対立は、伝道と社会的責任との分離という悲劇へと発展してしまった。主イエスの宣教には見られないこの不健全な分離は、その後のプロテスタントの宣教に暗い影を落とすことになっていった。

ローザンヌ世界宣教会議（1974 年）

　20 世紀中盤、こうした課題を克服するために、さまざまな動きが福音派の中で生まれ、その結実が 1974 年にスイスのローザンヌで開催された世界宣教会議である。そこでは、もう一度聖書における福音の射程を見直

2　この点については、Timothy Yates, *Christian Mission in the Twentieth Century* (Cambridge: Cambridge University Press, 1994) pp. 17-24 参照。

し、聖書の権威とキリストの独自性を堅持しつつ、魂のみならず社会の現実をも変えていく福音の豊かな理解へと開かれていった。

　その会議で発表されたローザンヌ誓約（Lausanne Covenant）は、福音の包括的理解を保守陣営の国際会議の公式文書として明示されたという意味で注目されている。特に、第５項の「キリスト者の社会的責任」では、伝道と社会的責任とを対立させて理解ししてきたことへの悔恨の念が書かれ、分離ではなくより包括的な福音認識に立っていることは注目に値する。また、歴史的にも、大きな福音派の転換点ともいえる会議であった。その一部分を引用したい。

　　人間は神の像に似せて造られているので、一人一人は、人種、宗教、皮膚の色、文化、階級、性別、年齢にかかわりなく、それぞれ本有的尊厳性を有すものであり、それゆえに、人は互いに利己的に利用し合うのでなく、尊敬し合い、仕え合うべきである。私たちは、これらの点をなおざりにしたり、時には伝道と社会的責任とを互いに相容れないものとみなしてきたことに対し、ざんげの意を表明する。たしかに人間同志の和解即神との和解ではない。社会的行動即伝道ではない。政治的解放即救いではない。しかしながら、私たちは、伝道と社会的政治的参与の両方が、ともに私たちキリスト者のつとめであることを確認する。……救いの使信は、同時に、あらゆる形の疎外と抑圧と差別を断罪する審きの使信でもある。私たちは、罪と不義の存在するところでは、いずこにおいても、勇断をもってそれらを告発しなければならない。人がキリストを受け入れる時、その人は再生して神の国に入れられるのであり、この不義の世界の真只中で、ただ単に神の正義の何たるかを鮮やかに示すのみでなく、それを押し広めて行かなければならない。私たちが主張する救いは、私たちの個人的責任と社会的責任の全領域において、私たち自身を変革して行くものである。行いの

3　「ローザンヌ誓約」宇田進『福音主義キリスト教とは何か』（いのちのことば社，1984 年）200 頁。全文は 196-208 頁に所収。以下の日本ローザンヌ委員会公式

ない信仰は死んだものである。⁽³⁾

ここでは、伝道と社会的責任とを対立的に見るのではなく、両者を含む
より広い視野で宣教を捉えることへと踏み出している。こうした包括的な
視点が明確に表明されたことは、1966 年に開催されたホートン世界宣教
会議以来、福音派の変化の中でもっとも顕著なものであった。神との和解
と社会的・政治的和解の双方を含むより広い理解へと、福音派がシフトし
たことは、この会議の最大の貢献のひとつである。

この捉え方はその後もさまざまに議論されてきている。ジョン・ストッ
トは「伝道」（Evangelism）と社会的行動（Social Action）とは、不可分の関
係にあり、宣教（mission）に内包させるものとしている⁽⁵⁾（二つの円を包摂す
る図を参照）。したがって、宣教の働きにおいて福音が伝えられるとき、そ
れはイエス・キリストの福音を言葉で伝えるのと同時に、社会における行
いにおいて福音が証しされることが当然含まれるのである。そこに言葉と
行為の分離はなく、一つとなることによって福音が福音となるのだと理解
されていった。

マニラ（1989 年）からケープタウン（2010 年）へ
ローザンヌ運動は「全教会が全世界に福音の全体を」（The whole church

サイトの URL からも閲覧可能（2020/7/27 確認）。

https://www.lausanne.org/ja/content-library-jp/covenant-ja/covenant-ja

4 Efiong S. Utuk, "From Wheaton to Lausanne," In *The Church in Response to Human Need*. Vinay Samuel and Chris Sugden eds. (Grand Rapids, MI: Eerdmans, 1987) p. 109.

5 J. Stott, *Christian Mission in the Modern World*, (Downers Grove, IL: InterVarsity Press、1975) pp. 25-30.

taking the whole gospel to the whole world）を標語として展開されてきたと言えよう。この言葉は 1974 年に発表されたローザンヌ誓約の第 6 項に登場する。「世界伝道は、全教会が、全世界に、福音の全体をもたらすことを要求する。[6]」第一回会議では必ずしも注目されなかったこの言葉は、1989 年にフィリピンのマニラで開催された第 2 回の会議で重要なテーマとなった。この三つの「全」（whole）は、この会議で発表された「マニラ宣言」（Manila Manifest）の前書きにも引用され、しかも、宣言全体の枠組みとなったのである[7]。そして、福音を委ねられた私たちキリスト者の全て（全教会）が、全世界を網羅する世界規模のヴィジョンを掲げてひとつになろうと、呼びかけられたのである。宣教の主体としての教会、対象としての世界、そして宣教の中身である福音への理解が広がり、同時にその多岐にわたる使命が明確に示され、個人も教会も宣教団体も全てが結集していった点で大きく評価できよう。

　しかし、包括的福音に「生きる」という点で課題が残ったと、今では振り返ることができる。それは、福音派の教会の 20 世紀における躍進と深く関係している。確かに、主流派といわれる教会の低迷と比較すると、福音派の躍進は目を見張るものがあった。しかし、次第に教会自体が自己目的化し、その拡大と維持に心が奪われ、さらに宣教の成果が見えやすくなるために、福音が矮小化されてしまった。また、こうしたことへの神学的反省と宣教プロジェクトの実践とが、分離していったことは、この問題の改善を遅らせることになったのである。

6　引用は、日本ローザンヌ委員会の訳を採用。原文は以下の通り "We affirm that God is calling the *whole* church to take the *whole* gospel to the *whole* world." （強調は筆者による）宇田進『福音主義キリスト教とは何か』201 頁にも訳文が掲載されている。

7　John R. W. Stott, ed. *Making Christ Known: Historic Mission Documents from the Lausanne Movement, 1974-1989*, (Grand Rapids, MI: Wm. B. Eerdmans),1997 にドキュメントが所収。邦訳も原文も、日本ローザンヌ委員会公式サイトの URL からも閲覧可能。以下は訳文（2020/7/27 確認）。
https://www.lausanne.org/ja/content-library-jp/manifesto-ja/manifesto-ja

この社会的責任をも含める包括的福音理解は、この 2010 年に出された『ケープタウン決意表明』[8] において改めて強調された。とはいえ、この強調は、深い反省と自己批判抜きになされたのではない。議論されてはいても、実際には、真の意味での包括的歩みができていないことへの反省である。1974 年の会議で出された福音理解および宣教理解における包括的な方向付けが、神学的にはどのような展開を経てきているのであろうか。

伝道と社会的責任の関係理解の変遷

　伝道と社会的責任の関係については、様々な立場があり、分析もなされて来た。例えば、ストットは大まかに１）社会的奉仕は伝道のための手段である、２）社会的奉仕は伝道の一表現である、３）両者はパートナーである、とする三つの視点を紹介している[9]。ところが、両者の関係については、その後のさまざまな議論がなされ、それらをまとめると、伝道の狭い視点と広い視点との間で、対立していったと見ることができる[10]。

福音の包括性と伝道の優先性

伝道をより狭く捉えると、伝道はあくまでも福音を言葉で伝えることであり、個人および集団が福音を耳にする機会を提供し、イエス・キリストを救い主として受け入れることを目的とする。そして、この意味での伝道こそ優先されるべきものであり、そのことが社会的行動と混同されてはなら

8　第 3 回ローザンヌ世界宣教会議『ケープタウン決意表明』日本ローザンヌ委員会訳（いのちのことば社，2012 年）。原文も邦訳文も日本ローザンヌ委員会公式サイトで閲覧可能（2020/7/27 確認）。https://www.lausanne-japan.org/

9　J. Stott, *Christian Mission in the Modern World*, pp. 26-27.　この三つの視点は、1982 年のグランドラピッヅの会議で発表された文書にも引き継がれている。関西ミッション・リサーチ・センター（KMRC）/JEA 編、『伝道と社会的責任—グランド・ラピッズ・リポート』唄野隆訳、19-21 頁。

10　A. Tizon, *Transformation after Lausanne: Radical Evangelical Mission in Global-Local Perspective,* (Eugene, OR: Wipf and Stock Publishers, 2008) pp. 43-46.

ないとする。しかし、より広く福音を捉える者にとっては、伝道そのもの
は社会的責任と不可分の関係にあり、伝道の狭い捉え方を強調すること
は、社会の課題と関わらない福音宣教へと進み、その結果福音の矮小化と
なりうるとして強い懸念をもった。このように、広い福音理解の者は、狭
い理解の立場に対して、ローザンヌ運動の貢献を受け止めるというより、
むしろそれ以前の非包括的方向に逆戻りすることであると指摘した[11]。

さて、ローザンヌ運動で強調された二つのこと、すなわち福音の包括性
と伝道の優先性は、どのように主張されていったのだろうか。福音を伝え
ることの優先性の主張は、1974年のローザンヌ宣言では、第6項に述べ
られている。「犠牲的奉仕を伴う教会の宣教活動の中で、伝道こそ第一の
ものである[12]」。社会的責任の重要性を認めつつも、宣教の働きの中で、優
先されるべきことであり、最終的に重要なのは、イエス・キリストの贖い
による永遠の救いを伝えることだと主張される。この伝道の優先性と、包
括的に福音を捉えることとどのように関わるのかは、その後の大きな課題
となっていった。そうした議論の中で、次第に福音派の中に、伝道をより
狭く捉え、伝道の優先性を強調する側と、伝道と社会的責任をより包括的
に見ようとする側との間にある溝が深まっていったのである[13]。

この議論は、1975年にメキシコ・シティーでなされたローザンヌ継続
委員会（Lausanne Continuation Committee）を皮切りに、1979年には福音的
社会行動をテーマにインドで開催された神学会議において、また1980年
にはロンドンでの「シンプル・ライフスタイル」に関する会議において取
り上げられている[14]。さらに同年に二つの重要な会議が開催された。ひとつ
はメルボルンにおけるWCC（世界教会協議会）主催の宣教会議で、そこで

11　Tizon, *Transformation after Lausanne*, pp.46-47.

12　日本ローザンヌ委員会公式サイトからの引用。宇田進『福音主義キリスト教
とは何か』201頁も参照。

13　Tizon, *Ibid*, pp.48-49.

14　邦訳は、関西ミッション・リサーチ・センター (KMRC)/ 日本福音同盟 (JEA)
編『シンプル・ライフ・スタイルへのすすめ』（誰もが知りたいローザンヌ宣

は飢えと貧しさに苦しむ抑圧され者の叫びこそが最優先課題として取り上げられている。もうひとつは、ローザンヌ世界伝道委員会（LCWE＝Lausanne Committee on World Evangelization）によって開催されたパタヤ会議（タイ）である。こちらでは、貧困に喘ぐ人々の叫びや難民などについても焦点が当てられていたものの、最優先課題は、福音を聞いたことのない人々に対して福音をまず伝えること、であった。両方の会議に出席した福音派の代表も少なくなく、彼らは、福音派の視野の狭さを嘆いた。それとは対照的に、あるものは終末における緊急性を強調し、いまだ福音を聞いたことのない地域への伝道の働きが急務であるとして、その優先性を強調した。このように、同じ福音派の中にある、対照的な二つの方向性は、いよいよ対立の方向へ進んで行った。

両者の動的関係に向けて

こうした対立に正面から取り組んだ会議が1982年にグランド・ラピッヅで開催された。この会議は、世界福音連盟（World Evangelical Fellowship＝WEF）とローザンヌ世界伝道委員会（LCWE）の共催で開かれ、「伝道と社会的責任との関係に関する協議会」（Consultation on the Relationship Between Evangelism and Social Responsi- bility=CRESR）をテーマとした。幅広い意見をまとめるためそれぞれの立場が真っ向からぶつかる形で議論された。そのため、もっとも緊張感の高いものだったと言われている。

この会議では、伝道と社会的責任の関係について二元論的に対立構造で見るのではなく、むしろそれらがどのように関わりあうかが強調された。それは、それまでの議論が、しばしば不健全な二項対立、すなわち、体と魂、個人と社会、創造と贖罪、自然と恵み、天と地、義認と正義、信仰と行いなどに強く影響されてきたからである。聖書に目を向けるなら、こうした二元論的対立によるよりも、より包括的に捉えられている。たとえば、福音書における神の国の福音は、神の恵みの支配を意味し、魂だけを扱う狭いものではなく、個人も共同体も、魂もその周りの共同体や社会・政治、

教シリーズ20）三ッ橋信昌訳。

さらには環境をも含む豊かな内容が含まれている。したがって、その会議では、伝道も社会的責任も不可分であるばかりか、創造的緊張関係として動的に見ることがより健全な見方であるとされた。[(15)]

　両者の動的関係は、三つの表現で表されている。第一に、社会的行動は伝道の結果であり、信仰が具体的行動に表されることは、ごく自然なことである。それらの分離こそが問題である。第二に、社会的行動は、伝道への架け橋となりうるということである。もちろん、伝道するために、社会行動を戦略的あるいは作為的に取り入れよとすることは問題視された。心を開くのは神ご自身であるとすれば、人間がそれを予測し、計画に入れることは、神に対しても、人に対しても、分をわきまえた行動とは言えなくなるであろう。社会的奉仕の先にあることは、人間には未知のことといえる。第三は、伝道と社会的行動はパートナーとして常に共に存在するものと理解される。それはさながらはさみが二つの刃でひとつであるように、鳥の羽が二つでひとつであるように、夫婦の関係がそうであるように、違いはあるがお互いがお互いを必要とし両者がひとつとなることで宣教が進められるのである。[(16)] もちろん、ローザンヌが伝統的に強調してきた、伝道の優先性（優位性）は保持されている。とはいっても、それは時間的な意味での序列ではなく、論理的な位置づけとして見ている。すなわち、どちらが時間的に優先されるかではなく、より根源的で永遠と関わるのは伝道であり、実際に伝道によってキリストの救いを受けることなしに社会的行動はなしえない、ということである。グランド・ラピッヅから出された文書には、以下のように優先性が表現されている。

　われわれは肉体的飢餓を満たすか霊的飢餓を満たすかの間の、あるい

15　関西ミッション・リサーチ・センター (KMRC)/ 日本福音同盟編『伝道と社会的責任―グランド・ラピッヅ・リポート』（誰もが知りたいローザンヌ宣教シリーズ 21 ／唄野隆訳，KMRC，1984 年）17 頁。

16　KMRC/JEA 編、『伝道と社会的責任』、21-22 頁。Edward R Dayton, "Social Transformation : The Mission of God." In *The Church in Response to Human Need.* Vinay Samuel and Chris Sugden, eds. (Grand Rapids, MI: Eerdmans, 1987) p.54 も参照。

は肉体を癒すか霊魂を救うかの間の選択をすることはまず滅多にない。隣人に対する真正な愛は、その人に対する全人的奉仕にわれわれを導くからである。それにもかかわらず、もし先の両者の間の選択を迫られるなら、われわれは、全人類の至高のそして究極的な必要は、イエス・キリストの救いの恵みであり、それゆえに、ひとりの人の永遠的な霊魂の救いは、その人の現世的、物質的福祉以上に重要であるといわなければならない（Ⅱコリント 4:16-18 参照）。[17]

この会議では、はじめは対立的姿勢が強かったが、直接的な対話を通じて、次第に排他的な言葉や福音の矮小化につながる還元主義的な見方に対して距離を置くようになった。さらに、全体として違った見方を持ちつつも、それぞれの立場を主張する背後の経験や神学的伝統などをお互いに理解し合うことによって、違いを乗り越えて聖書の視点を共有することができた。とはいえ、ひとつの結論が提示されたというよりは、むしろ福音的理解の可能性の幅が確認されたと評価されている。[18]

新たな包括的視点

グランド・ラピッヅでの会議で残された課題は、翌年 1983 年にホイートンで開催された世界福音連盟協議会で継続して議論された。そこでは、より包括的な視点を模索することとなり、「変革」（transformation）と「神の国」（kingdom of God）が鍵の言葉として注目されていった。[19] 人が罪から

---

17 KMRC/JEA 編、前掲書、21 頁。

18 Tizon, *Transformation after Lausanne*, p.49.

19 ホイートンの会議の前から、具体的には、WEF がスポンサーとなって、1978 年 9 月、翌年 4 月、さらに 1980 年の 3 月の 3 回に渡って福音派としての「開発」とは何かについて神学的に議論がなされた。そこで中心的に労したのは、ロナルド・サイダー（Ronald J. Sider）であり、彼が編集した *Evangelicals and Development: Toward a Theology of Social Change* (Exeter, UK: Petenoster, 1981) にその会議の内容を見ることができる。Tizon, "Precursors and Tensions in Holistic Mission," p.74.

救われることは伝道の中心的事柄であるが、それは、単に個人の問題では
なく、社会構造やシステムの問題でもある。十字架の贖いは一方のみに限
られたことではなく、両者に変革がもたらされることとして、より包括的
に見る視点が提供された。特に、世界の宣教の現場における伝道は、それ
ぞれのコンテクストの只中でなされることから、人間社会が持つさまざま
な罪の現実の中で、個人的罪のみに目を向け、社会の構造的悪から目を背
けるなら、真に福音をもたらしたとはいえない。伝道によって福音がもた
らされるとは、個人のみならず社会にも変革をもたらすことであり、それ
らは分離することができないものである。神の国をもたらす共同体として
の教会の使命は、こうした社会に対する責任が単に追加されたというので
はなく、宣教の本来的使命の中に総合的に含まれているものと認識される
ようになったのである。[20]

　この会議では、世界各地に見られる世俗の開発（development）との違い
についても議論されている。キリスト者の社会的責任としての「変革」は、
一般社会が目指していた開発とは袂を分かつものである。神の国をこの地
上に実現せしめる使命に召されたキリスト者にとっての「変革」は、一般
社会が目指す「開発」とは、その根底にある目的や世界観などにおいて
異っている。キリストによる贖罪の十字架においてはじめられた神の業
は、個人のみならず社会の構造的悪にもかかわり、社会の根底にも変革を
もたらすものであり、だからこそ、その取り組み方は異なってくるのであ
る。[21]　もちろん、それは、この地上で完成できるという楽観主義に基づく働
きではない。むしろ終末論的完成を待望しつつなされる信仰の業であり、

20　この会議の内容を踏まえて出版された論文集が、Vinay Samuel and Chris
　　Sugden, eds. *The Church in Response to Human Need*.(Eerdmans, 1987) である。世俗
　　の開発のみならず、当時の解放の神学とも異なる福音派としての取り組みを
　　目指していたこととして注目されるものである。

21　Tite. Tienou, "Evangelism and Social Transformation," In *The Church in Response
　　to Human Need,* Vinay Samuel and Chris Sugden eds. (Grand Rapids, MI: Eerdmans,
　　1987) pp.177-78, および Edward. R. Dayton, "Social Transformation," In *Ibid.* pp. 54-
　　56. を参照。

神の宣教への召しに答えることであると議論された。このように、伝道と社会的責任は、より聖書に基づき、終末論的に捉えられていった。[(22)]

包括的福音の議論と非包括的実践

　福音派における包括的な視点は、1989年の第二回ローザンヌ会議で発表された「マニラ宣言」（Manila Manifest）に反映していく。それは、ローザンヌ誓約（1974）で取り上げられた三つの「全」（whole）がその宣言の骨格となっている。包括的な視点で宣教を捉え、伝道も社会的責任と全人的にかかわることの重要性が強調され、社会的、経済的、文化的、霊的なあらゆる側面における変革をこの全世界にもたらすために、全教会が協力して取り組むことが主張された。そして、すでに全人的、包括的な取り組みがなされている教会や団体は、さらにその取り組みを進展させ、同時にそれぞれの協力が必要であると主張された。そのような中で新たな300を越える具体的な戦略的パートナーシップが生まれた。宣教の主体としての教会、対象としての世界、そして宣教の中身である福音への理解が広がり、同時にその多岐にわたる使命（ビジョン）が明確に示され、個人も教会も宣教団体も全てが結集していった点で大きく評価される。

　その後の1990年代は、2000年というミレニアムに向けて、駆り立てられるように様々なプロジェクトが生み出されていった。ところが、2000年を境に、目に見える変化が見られず、やり遂げられなかったプロジェクトも少なくなかった。また、神学的議論と宣教の実践との距離が次第に広がると、実践なき神学は机上の空論となり、神学なき実践はプラグマティックなヒューマニズムへと傾きかけていった。[(23)]

22　開発との違いについては、Tom Sine, "Development: Its Secular Past and Its Uncertain Future," pp.175-179, および Samuel and Sugden, "God's Intension for the World," In The Church in Response to Human Need. Vinay Samuel and Chris Sugden eds.(Grand Rapids, MI: Eerdmans, 1987) を参照。解放の神学との違いについては、Tizon Transformation after Lausanne の第3章に詳しい。

23　拙論「現代の宣教におけるローザンヌ運動」『宣教学ジャーナル』第4号（2010年）8頁。こうした不健全な分離は、主流派における、解放の神学にも見られ

第一回ローザンヌ会議以降の歴史を振り返るとき、社会的責任への実践的展開は見られたが、教会との関係が神学的にも実践面でも築けないできた。また、教会が遣わされたその地において、「地の塩、世の光」として包括的福音に「生きる」という点で課題が残ると言わざるを得ない。この問題は、福音派の躍進と深く関係していると思われる。確かに、主流派といわれる教会の教勢が低迷する中で、福音派が躍進したことは周知の通りであろう。しかし、次第に教会自体の拡大に心が奪われると、社会の現実から遊離し、自らが安住できる部族化した特殊世界の維持へと逸脱していく。こうした、自己目的化した教会は、社会の闇や地球規模の課題などに責任ある姿勢で臨むことせず、自己実現を追及するそのあり方の問題性にも目を向けることをしなくなる。さらに宣教の成果を見やすくするため、福音のフランチャイズ化がなされていった。結局は気がつくと社会の闇が、逆に教会の世界に入り込んでしまったのだ。

　目を世界の教会に向けるなら、包括的福音に生きているかを問わざるを得ない深刻な事態に直面する。たとえば、東アフリカで最もキリスト教化され、近隣諸国のリバイバルの発祥地とされるルワンダで起きた大量虐殺は、キリスト者が自らの所属する集団の拡大と維持に目を奪われていく中で、社会の腐敗が入り込み、醸造されてしまったことの現実を突きつけてくる。それ以外にも、南アフリカのアパルトヘイトの問題、キリスト教国となっているハイチの震災後の混乱など、多くの課題が突きつけられてい

たことであった。プラクシスという、極めて包括的な視点を提示したにも関わらず、政治運動が政治神学から離れ、社会的行動が教会からはなれて社会事業へと変わった。

24　これ以外にも、Christopher J.H. Wright は *The Mission of God* (Downers Grove, IL: IVP Academic), pp. 320-321（邦訳『神の宣教―聖書の壮大な物語を読み解く』［第 2 巻］東京ミッション研究所訳、いのちのことば社、2016 年、188 〜 189 頁）で、90 パーセントがキリスト者とされるインドのナガランドが、インド連邦の中で最も腐敗し、荒れた州であるという報告している。また、ベイルートで開催されたローザンヌ神学委員会において、福音的なキリスト教国といわれているタヒチ出身の神学者が、自らの国における地震後のさまざまな混

る。同じ神学的・信仰的あり方を共有している私たちは、そうした福音派にみられる世界の事態を非難することで、それらを対象化し、線を引いて距離をおくことは、許されてはならない。むしろ、キリストの体なる教会として、それらを自らのこととして捉え、福音的と言われる私たちの社会におけるあり方そのものを検証し、反省と変革を自らに課すことが求められているのではないだろうか。だからこそ、クリス・ライト神学委員長は、福音宣教を危機に追いやるものは、他宗教でも迫害でもなく、神の民の中に入り込んでいる見えざる偶像であるとし、悔い改めと福音派の新たな「宗教改革」を迫ったのである。

　もちろん、福音派陣営に社会的課題への取り組みがなかったわけではない。しかし、福音派の社会的貢献は、教会においてというよりは、宣教団体や非営利の奉仕団体に負うところが大きく、必ずしもそれらの働きと教会との連携がなされてきたとは言えない。キリスト教会全体で一つとなって働きがなされるというより、非包括的に社会的実践がなされているとすら言えよう。また、福音派における宣教の神学的研鑽は、1980 年代には、

かなりなされたが、実質的には、1990 年以降の約 20 年間は、1970 ～ 1980 年代と比較するなら、神学的議論はそれほど進展していない。[27]

　包括的福音の神学的研鑽と実践における証しという両者の重要性は、ケープタウンでの会議で確認された。それは、そこで採択された宣言文は、決意表明（commitment）として発表されたことにも表れている。すなわち、表明した内容に自ら献身し責任をもって実践するすること（コミットメント）の決断である。それは、責任ある決断のみならず行動を伴わない告白からの決別をも表明することである。その決意表明から、半年もたたない 2011 年の 3 月 11 日、日本は地震・津波・原発事故などによる未曾有の災害に直面した。今、私たちは、福音に与り、その福音をゆだねられた存在として、その決意と実践が問われ、同時にその根底にある動機やそれを左右する神学が問われている。

被災者支援における包括性の課題

　福音を伝える伝道と社会的責任とはどう関係しているは、東日本大震災におけるキリスト者の被災支援の取り組みの中で、具体的に問われ続けている課題である。まず、両者がどのような関係にあるかについての議論を紹介しつつ、その議論自体にある課題、さらにそこへの新たな視点の模索を紹介したい。

関係の類型的考察

　伝道と社会的責任の関係については、Ｔ．アデイェモ（Adeyemo）はさ

27　Bryant Mayers, "Holistic Mission: New Frontiers," In *Holistic Mission: God's Plan for God's People,* Brian Woolnough and Wonsuk Ma, eds. (Eugene, OR: Wipf and Stock Publishers / Oxford: Regnum, 2010) p. 121. この領域に関連して出版されたものの多くは、そうした働きのケーススタディが主なものであった。

28　Tokunboh Adeyemo "A Critical Evaluation of Contemporary Perspectives," I*n Word and Deed: Evangelism and Social Responsibility,* Bruce J. Nicholls ed.,(Grand Rapids, MI: Eerdmans, 1985), pp. 48-57.

まざまな議論を整理して以下のように、9つに分類している。[28]

①社会的行動は、人々の目を伝道からそらすもの
②社会的行動は、伝道への背信行為
③社会的行動こそ良い知らせを告げる
④社会的行動は、伝道の手段
⑤社会的行動は、伝道の一つの表現
⑥社会的行動は、伝道の結果として生まれてくる
⑦社会的行動は、伝道のパートナー
⑧社会的行動と伝道は重要度においては等しいが同じ宣教の働きの全く違った要素
⑨社会的行動は、良き知らせ（伝道）の一部

	A 排他的視点	B 伝道優先性	C 包括的視点	D 区別を前提	E 社会的福音
焦点	魂の救い	優先順位	変革／包括	現場に寄り添う	良い社会の実現
社会的行動	伝道から目をそらすもの／伝道への背信行為	大切ではあるが二次的意義　社会的行動は、伝道の手段である	両者がパートナーであるという視点を超え、伝道そのものの社会的広がりを見る。	社会的行動と伝道は重要度においては等しいが同じ宣教の働きの全く違った要素。	社会的行動こそが福音を伝えることである。
視点	二元論的で排他的	二元論的傾向が残る	二元論を超え、包括的視点	現場の只中で発想し、行動する	現場こそ最重要である。
9分類	①②	④⑤⑥	⑨	⑦⑧	③

　類型化には問題がないわけではないが、議論をスムーズに進めるために、9分類を5類型に分けて考察することとする。そのために、まず二つの極を想定し、その間に三つの立場を設定すると、表のA～Eの立場あるいは視点に分けることができる。[29]まず、最も対照的に位置づけられ、両極となるのが「排他的視点」（表のA）と「社会的福音」（表のE）である。

29　D. J. ヘッセルグレーブ（Hesselgrave）は両極の間を4つに分けている。D. J. Hesselgrave, *Paradigms in Conflict: 10 Key Questions in Christian Missions Today*, (Kregel Publications, 2005) pp. 117-124 参照。

前者は、社会的行動に対して否定的な立場をとり、後者は社会的行動こそが、良い知らせを告げることとなると考える。「排他的視点」によると、永遠に関連する魂の救いこそが、宣教の課題であり、それ以外の社会的な働きはむしろ不要であると考える。この極端な立場は、やがて滅びる地上の働きは一時的なものに過ぎないとし、永遠に関連する魂の救い以外の時間と労力そのものを否定する。

「社会的福音」の視点によると、人間の尊厳が尊重され、正義と平等が具現化されることがキリスト者の目指すものである。元来あった豊かな創造の秩序を回復することが福音なのだ。換言するなら、キリスト教的価値観に沿いつつ、より幸いな社会秩序をもたらすことが福音である、とする立場である。被災地支援の現場では、こうした、非宣教的スタンスはむしろ歓迎される。社会的行動こそ被災者にとっては良い知らせとなる。社会的変革や社会的な祝福をもたらすことこそが、その地域にとって福音であるという視点は、宗教を超えて、一般に最も歓迎されるスタンスであるといえよう。だが、このスタンスには、キリストの独自性や伝道して福音を伝えることを見失っていく傾向も否定できない。保守派の排他的なスタンスは、こうしたヒューマニゼーションを求める宣教理解に対する反動と理解することができよう。

これらの両極は、1920年代以降の根本主義と近代（自由）主義神学の二極化の中で、キリスト教会を二分するほどのことにもなった。表のAのEの立場の間に、少なくとも三つの可能性が考えられる。

伝道最優先

第一は、保守的な「伝道最優先」（表のB）という視点である。この立場は、しばしば「伝道第一」を標榜する。社会的責任を否定はしないが、あくまでもそれは二次的なものとみなして、積極的にそこにかかわることはない。もちろん、社会的な活動に対してそれなりの支援をし、応援するが二元論的枠組みの故に、依然として社会的行動は地上の有限的な領域であり、優先すべきは魂の永遠の救いとされる。

この立場では、被災者支援は、ある意味で、緊急事態の働きであり、それが単なる人道支援に終わることなら、積極的には取り組まない。伝道につながることが重要なことであるから、そうならない支援活動は、重荷とならざるを得ない。何よりも大切なのは、良い社会が形成されることではないからである。

　この立場の不十分さを認識し、社会的責任に目を開いたのが、「包括的優先」と呼ぶことができる。そこでは、伝道と社会的責任とを対立的にみることなく、両者を包括的に宣教に含めている。しかし、だからといって、伝道の優先性を放棄したりはしない。あくまでも、宣教の中心的な働きは、伝道であることが強調されるが、同時に社会的責任にも積極的にかかわろうとする立場である。後に取り上げる「包括的視点」（表の C）に近いものといえる。実際に、保守的な立場の牧師の苦悩を耳にした。それは、一年ほど支援活動を継続してきたが、自分自身の限界を超えて活動したことや、現実に教会の働きに支障が出ているゆえ、支援活動を断念せざるを得ない牧師の心の痛みであった。こうした、牧師の立場をどう理解したらいいのだろうか。

　伝道を優先する視点は、アデイェモが指摘する、④「社会的行動は、伝道の手段である」、あるいは⑤「社会的行動は、伝道の一つの表現である」いう捉え方と符号する。とはいえ、被災者支援の現実の中では、こうしたスタンスは微妙な課題を残すのではないだろうか。大震災という危機的状況では、「手段」としての援助は、その背後に別の目的があることであり、それが明らかにされるとき、敬遠あるいは拒絶されるケースがあることを耳にする。キリスト教の背景があることのゆえに、支援が断られることも直接耳にした。支援する側は、伝道の目的はないにもかかわらず、受け手

30　包括性と優先性の相互関係についての議論は、Craig Ott、and Strauss, *Encountering Theology of Mission: Biblical Foundations, Historical Developments, and Contemporary Issues.* (Grand Rapids, MI: Baker Academic, 2010) pp.142-149 を参照。彼らの議論の根底には二元論的枠組みがぬぐいきれない。

31　筆者が震災後 1 ヶ月後に実施した炊き出しの地域は、教会がひとつもなく、ほとんどが氏子によってまとまっていることから、支援が届けられた際、キ

が「布教目的」と判断し、断られることもないわけではない。被災現場で⁽³¹⁾は、こうしたことへの細かな配慮が必要とされることは、実際にかかわる中で、痛いほど感じた。支援が次第に長期化する中で、「いったいこうした支援は何のためなのか？」を自問自答せざるを得ない現実におかれる。そのとき、私たちはどのような視点を用いるのだろうか。

　危機的状況を伝道の手段とすること自体に違和感を覚え、むしろ被災現場では私たちの側の伝道ではなく相手の現実に寄り添うことが何よりまず大切だとする見方もある。岩手教会ネットワークの近藤愛哉氏の実際に支援をする中からの言葉は、重く私たちに突き刺さってくる。彼は、以下のように述べている。

　　震災後、キリスト者間で飛び交う言葉の中に「宣教のチャンス」「日本が変わるチャンス」「リバイバルのチャンス」というようなフレーズをしばしば耳にして違和感を覚え続けていた。嘆きや悲しみ、痛みが渦巻くただ中にあっては、「チャンス」という言葉はあまりにも「キリスト者本位」の軽々しい言葉に思われてならなかったのだ。教会の宣教とは、本心を隠しつつ嘆く者に近付き、「痛み」を食い物にしながら進められるものでは決してないはずだ。むしろキリスト者一人ひとりが、直接与えられる関わりの中で仕え、痛みを共有することだ、と思わされていた。
　　私たちキリスト者が、形だけではなく、見せかけでもなく、その価値観や行いの動機や質においてもどれだけ福音に生きる者とされているか、この点にこそ真の福音宣教の鍵があることをこの５か月間つづく実感させられている。証しをしたいと願う相手の近くに身を置くということは、私たち自身の在り方がより深く明らかにされるということを意味する。どこに希望と喜びを置き、どなたを恐れ、何を基準

リスト教団体であることがわかると、断られた。その地域出身の牧師は、何とか自分の故郷を助けたい、しかもキリスト者の愛をもって支援したいという願いをもっていたので、あきらめ切れなかったと伝えられた。

として生きているのかということがより鋭く問われる。[32]

　震災などの危機的状況において、支援活動を伝道の手段とすることに対して、どのように考えたらいいのだろうか。普段の生活が奪われ、危機的状況における支援活動という現場においては、「伝道への手段」とする活動は、福音の本当の意味を知らない方々にとって何を意味するのだろうか。信仰者の側で最終的に必要なことなのだから、として納得したとしても、受ける側にとっては、まったく逆のメッセージとなりうる。福音（good news）が悪しきニュースとすらなりかねない。伝道の手段としての支援活動というスタンスには、特に震災という現場においては、多くの疑問が残ってしまう。とはいえ、被災者にとってのもっとも必要なのは地上の生活の安定のみではないはずである。神との関係や真の救いこそ大切であるという確信は、どう支援と結びつくのだろうか。

　さて、アデイェモが５番目に挙げたの「社会的行動は、伝道の一つの表現である」というスタンスは、やや控えめなものと言える。社会的行動をする者が、相手が信仰者となることを意図せず、むしろ、福音に生きる、主の愛を行動を持って示すこと、そして自分自身が福音に与ったものとしてその恵みを具体的奉仕という形で表すことである。それによって、キリストの愛を示すのである。それは、無償の奉仕に励むということであり、相手が福音を信じるか否かについては、神にゆだねる姿勢である。もちろん、このスタンスも、伝道のためにしているのであるが、自らがそれを持って伝道するというのではない。むしろ、福音によって変えられた私たちが、行動によってその変えられた恵みをあらわしていくことによって、いつかそれに触れる人が主イエスの福音と出会っていただくことを願うのである。伝道は、その意味で極めて間接的になるが、基本的には、伝道のための奉仕活動である。伝道の優先性、重要性は、いずれの場合も強調されている。「直接伝道はしないが、あくまでも、福音を伝えるために支

32　近藤愛哉　「被災地支援と福音宣教の鍵」『クリスチャン新聞』　2011年9月4日号の「オピニオン」の欄に掲載。

援活動をするのであり、どんなに時間がかかっても、それに向かわない支援はない」とする視点。支援を利用するのではなく、福音を伝えることが究極的支援なのだと考える。

区別を前提とする社会行動

　次に取り上げるスタンスは、区別を重視する視点である（表のD）。伝道を目的とする支援活動そのものに疑問を持つ場合は、こうした区別を重視することとなろう。伝道と社会的責任とを、混同することなく区別する。もちろん、重要性については、同等と考え、アディエモが述べた「⑦社会的行動は、伝道のパートナーである」ということも含まれるが、彼が8番目に挙げた「社会的行動と伝道は重要度においては等しいが同じ宣教の働きの全く違った要素である(33)」という立場が最も近いといえよう。とはいえ、被災支援という視点から、区別をより強調した立場としてここでは取り上げる。これは、あくまでも伝道は魂にかかわることであり、神との関係に関連するが、それは社会的行動を区別されるべきであり、働きにおいても、区別しようとする立場である。

　この「区別」は、被災者支援という現場においては、一般にあらゆる宗教団体において要求されているスタンスでもある。実際に、支援活動が何らかの勧誘や宗教活動として認識されるなら、そこから活動を続けること

33　Tokunboh Adeyemo "A Critical Evaluation of Contemporary Perspectives," In *Word and Deed: Evangelism and Social Responsibility,* Bruce J. Nicholls ed., (Grand Rapids, MI: Eerdmans, 1985) pp. 54-56.　アデェヤモは、区別はしつつも二つを総合的に宣教の働きとして捉えるという点で包括的なものとして取り上げている。

34　「ボランティアを通じて隣に」（朝日新聞、2011年11月25日社会面）の記事には、キリスト教系の新興宗教が高速料金の災害車両証明書を交付してもらう添付書類として警察に提出するための「活動証明書」を依頼した際の対応にずれが生じている実態を報告している。布教活動は、当然苦情として報告されるが、一切布教活動をせずに、真剣に活動していた団体が、8月になってその背後に宗教団体があったことが明らかになったことで、微妙な関係になった事例などが紹介されている。

ができなくなるか、あるいは活動が制限される。支援活動に別の目的が入り込むことに対する嫌悪感は、宗教以外にも、政治家、タレント、スポーツ選手、その他のさまざまな支援者にも向けられる。だからこそ、こうした支援者は自らの行為に対して悩みもし、批判の対象ともなる。「売名行為」という不純物が入り込む支援は、もはや支援に値しないという見方は、支援とそれ以外の目的とを切り離すことへと促す。

　ところが、現場に滞在した方から、まったく異なる視点で、支援を見ていることを耳にした。その方の話によると、現場の危機的現実では、支援者や支援団体の動機を詮索する余裕などない時期があるのだという。突然被災し、寝る場所、暖をとる手段、水・食料などが絶対的に不足する中では、それがどのような目的があろうとも、「ありがたいもの」として受け取る以外に選択肢はないし、選んでいる余裕すらないのだ。

　確かに、新興宗教を含め様々な宗教団体が背後にあるボランティア団体も支援に加わった。背後に宗教団体があることが、後になって問題になるケースもあれば、初めから宗教団体であるが、宗教活動をしないということで、受け入れられることもある。しかし、実際に最も苦しいときに助けてくれた方々は、宗教を越えてありがたい存在なのだと。

　しかし、こうした非常事態の中での支援は、相手が極めて弱い立場におかれていることから、NOを言えない状況となる。そうした中での伝道（布教）活動は、基本的に受け入れがたいものと映ることであろう。「伝道を目的とした支援は、受ける側の弱い立場からみるなら、それは弱みに付け込む卑劣な行為だ」として嫌悪感や怒りをもつとしても、それを無視することも、否定することもできないであろう。だからこそ、伝道と社会行動は、切り離すことが大切なのだという結論へと導かれる。

　特に、それが公的な領域での支援となれば、この区別が極めて重要なこととなる。具体的な事例として、宮城県の沿岸で、まったく教会のないある地区の小学校で炊き出しのボランティアを実施したときのことを取り上げよう。仙台キリスト教連合被災支援ネットワーク（東北ヘルプ）を通じての活動であったが、一つの重要なことが伝えられた。それは、決して

伝道（布教・宗教活動）をしないでいただきたい、ということであった。その地区には、キリスト教会はない。地震のすぐ後にキリスト教系の団体であると明示した上で物資を運んだ際、断られたたという経緯があったからであるとも伝えられ、緊張が走った。その炊き出しは、日系ブラジル人教会の方々とともに行ったブラジル式バーベキュー（シュハスコー）であった。その地域出身の牧師とともに活動したのであるが、あくまでも日系ブラジル人の活動として、教会やキリスト教的要素は出さないという約束であった。こうした地区では、この明確な区別なしに支援活動に入ることは許されない、と実感した。伝道（宗教活動）と支援とを区別しない活動は、受け入れられないことであり、マナーに反することであるとすら言えよう。[36]

包括的視点：真に福音となる社会行動

　第三のスタンスは、包括的スタンスと呼べるものである。それは、両者の区別に焦点を当てるのではないし、両者の係わり合いかたを、包括的に見ようとすることでもない。むしろ、そうした区別自体に疑問を持ち、それらを超えた新たな視点を模索し、そこから伝道も支援も見直すという立場である。

　確かに被災地における社会的支援は、伝道とは区別される必要があるかもしれない。しかし、区別を前提としたとしても、キリスト者の社会にお

35　公共性の高い避難所（宮城県の小学校）での活動（炊き出し）であったが、教会からは子供たちへのさまざまなプレゼントや煮物も持っていくことになっており、その中にイースターエッグが入っていた。また、プレゼントには聖書の言葉が張ってあった。宗教的説明をしないことを条件に、持ち込み許可が出た。また、聖書の言葉はすべて剥がした。被災地での考察については、拙論「日本におけるホーリスティック（包括的）な宣教の課題と可能性」『キリストさんが拓く新たな宣教──災害大国日本に生きる教会と共に』横田法路編（いのちのことば社、2019 年）108 〜 124 頁）を参照。

36　クラッシュ・ジャパンの支援活動の多くは、個人的つながりから広がっている面が強く、長期的な支援で築かれていった信頼関係を通じて、信仰的な話しが可能であった。

ける働きが、まったく福音とかかわらないものなのだろうか。人間に本当に必要なのは、肉体的、精神的、社会的、経済的領域のみなのだろうか。深い魂の領域についてまったく触れないことで、十分といえるのだろうかという問いは常に重要である。はたして、伝道をまったく切り離して、社会行動することで、教会としての働きを完成したといえるのだろうか。もちろん、伝道と社会的責任に関する議論を、このような未曾有の大震災における支援という特殊なケースですること自体に無理があるのかもしれない。しかし、人は霊的領域を含めて人なのであり、全人的な支援は、部分を切り分けることをせずに、包括的にかかわることによって実現するのではないか、と考えるのがこの包括的視点である。

　この第三の捉え方は、伝道と社会的責任の双方がパートナーである、とする見方そのものに疑問を呈する。D. ボッシュは、「伝道」プラス「社会的責任」という、二つを結び付けるという発想そのものに課題があるとして、次のように述べている。

　　宣教を二つの分離した要素から成るものと捉えた瞬間に、その二つが原則的にそれぞれ独立したものであると認めることになる。社会的側面なしに伝道をすすめ、伝道的側面なしにキリスト者の社会参与をなすことが可能である、と暗に言っているのである。それ以上に、もし、一つの要素が第一で、もう一つの要素は第二であると示唆するならば、一つは本質的であり、もう一つは任意のものだということになる。これがまさしく起きたことなのである。[37]

　こうした、課題に対して取り組むなかで注目すべきなのは、「変革」をモチーフとして捉えようとする、ホイートンで開催された世界福音連盟協

37　デイヴィッド・ボッシュ『宣教のパラダイム転換・下』東京ミッション研究所訳（新教出版社、2001 年）259 頁。

38　Wheaton '83 の公式文書は、Samuel and Sugden, *The Church in Response to Human Need,* (Grand Rapids, MI: Eerdmans, 1987) pp. 254-266 に掲載。

議会（ホイートン83）の視点である。それによるなら、伝道にも社会的次元があり、社会的責任にも霊的な側面があるとして、双方が不可分に関わり合っていることに目を向ける。伝道によって福音がもたらされるとは、個人のみならず社会にも変革をもたらすことである。この視点では、社会的、経済的、政治的、霊的な要素を個別に扱うのではなく、統体として捉え、それらすべてに関わることこそが、福音（good news）なのである。神の国の到来はまさにそのような変革があらゆる次元においてもたらされることであり、教会はその完成を目指して神からこの世に派遣されている（神の宣教）のである。⁽³⁹⁾

　福音が実に豊かな恵みで、より包括的なものであることを受け取る上で、罪の理解は、重要なカギを握る。ここにおいても、より包括的な見方が提案される。

　　罪の結果と悪の力は、人間の人格のあらゆる次元（霊的、肉体的、知的、関係的）を堕落させてきた。それらは、歴史上のすべての文化と全世代にわたり、文化的、経済的、社会的、政治的、宗教的な実態にしみ込んできた。それらは人類に対しては測り知れない不幸を、神の被造物に対しては測り知れない損傷を引き起こしてきた。この暗い背景に対して、聖書の福音は実に喜ばしい良い知らせである。⁽⁴⁰⁾

　包括的な視点から見るなら、罪は個人のあらゆる次元のみならず、文化、経済、社会、政治、宗教、さらには被造物すべてに人間の罪の故の混乱、腐敗、堕落、破壊が浸透している。にも関わらず、十字架の贖いは、個人の罪ならず、人と人との社会的次元、さらには見えない主権者まで含む宇

39　Chris Sugden, "Mission as Transformation: Its Journey among *Lausanne*," *In Holistic Mission: God's Plan for God's People,* Brian Woolnough and Wonsuk Ma, eds. (Eugene, OR: Wipf and Stock Publishers, 2010) pp. 31-36.. を参照。

40　『ケープタウン決意表明』日本ローザンヌ委員会訳（いのちのことば社，2012年）32 － 33 頁。

宙大の恵みなのである。福音自体が包括的で豊かなものであることに目が開かれるなら、福音を非包括的に理解したり、側面に分析して対立的に考えたり、一側面のみを強調すること自体が、この大いなる神の業にそぐわないことに気づくであろう。福音をまるごと受け止めるとは、罪も救いも、十字架の奥義の豊かさも、聖書に書いてある通りをそのまま受け取ることなのだ。

　福音には、個人における神との関係の回復のみならず、個人と個人、個人と社会との関係を新たに変え、個人を取り巻く社会にも変革をもたらす力があると信じる。だからこそ、福音を委ねられ、そこに召されたものとして伝道を包括的にみるのであれば、罪や赦しについても、神との関係における個人の罪だけに目を向けるのではなく、神との関係における罪は人との具体的な関係に現れるものとして見る。それぞれに分けることなく、むしろ双方を同時に扱うことを重視する。さらに社会的罪や社会における赦し、さらには社会の背後における目に見えない悪の支配をも含めた包括的視点から伝道や社会的参与を捉えるのである。⁽⁴¹⁾

　山森鉄直は「共生」という生態学で用いられる概念を用いて福音の包括的視点を説明する。共生（シンビオティック）は、ギリシャ語のシン（共に）とバイオ（生命）が組み合わさった生物学的用語で、「二つの機能の異なった生物が、相互の利益のために、調和を保ちながらいっしょに生活すること」⁽⁴²⁾を意味している。双方に良い影響を与えながら共に生きる自然界に見られる「共生」をヒントに、教会と社会の関係を捉えようとする。キリスト者は社会にたいして、他では決して提供できないものをもって仕えることへと召されているのである。とはいえ、現実にはそうなっていないことに山森は警鐘を鳴らす。たとえば、犬につく蚤や、鯨に寄生するふじつぼのように、相手に害を与えながらいいところだけと吸い取る寄生虫のようなあり方である。それを防ぐために、置かれた状況、すなわちその歴

41　Tienou, "Evangelism and Social Transformation," p. 178.

42　山森、「共生的任務をめざして」、『難民への伝道』（誰もが知りたいローザンヌ宣教シリーズ5／関西ミッションリサーチセンター，1986年）32頁。

史的、文化的、社会的コンテクストに適合しつつ共にいきる「状況的共生」（contextual symbiosis）が重要であるとしている。[43]ともに生きる中で、私たちの存在が本当の意味でその社会において福音となるのだろうか。それこそが、この視点で考えなくてはならないことなのである。

では、被災支援の現場で考える場合、この視点から考えるなら、どのようなスタンスで活動することが求められるのであろうか。少なくとも、被災支援そのものが、時間の経過とともに変化する具体的なニーズや状況に対応することが求められる。この日本の社会に派遣されているキリスト者共同体として、その現場における「共生的任務」が何であるかを見出すことは極めて困難な作業であろう。しかも、それが全体の復興とまったく別のものとして個別にみるのではなく、そのコンテクスト中で真の意味で福音となることが重要である。さらに、社会が目指そうとしても目指せない何か、すなわち福音のみが神の恵みによって生み出すことのできる真のシャロームをこの地上にもたらすことのためになすべきことがあることを、私たちは求められているはずだ。それを抜きには「福音を伝えた」とは言えないであろう。

真に福音となる社会支援が何であるかは、キリスト者が聖書から導き出し、行動する責任があるのではないだろうか。そこには、あらゆる次元の考察と行動とが不可欠となる。それは、一教会や一キリスト者では不可能なのかもしれない。あらゆる団体が神の名のもとに結集して初めて可能であろう。しかし、その結集は必ずしも組織的結集ではないと思われる。それがどのようになされるかにも、包括的視点が求められることであろう。

包括的福音に生かされる

包括的福音をどう捉えるかについての神学的議論は重要である。しかしそれと同時に重要なことは、真に福音に生きることである。もし、福音が真に包括的であるなら、「生きる」という以上に「生かされる」というべ

43　山森、「共生的任務をめざして」、40-41 頁。

きであろう。その場合、私たちに何が求められているのだろうか。少なくともここでケープタウン決意表明の光に照らして三つの提案をさせていただきたい。それから神学的に残された課題に触れたい。

「教会の祝福となる」から「教会が祝福となる」へ

　まず問うべきは、誰のための教会なのだろうかという点である。まずそれは主ご自身のためであろう。主を礼拝する共同体である。同時に、世に向かっては、神がから派遣される選びの民である。主が愛しておられる滅びゆく民のために先に選ばれた存在なのである。アブラハムを選ばれた時、それは、祝福の基となるためであった。神の民を通して神は世に祝福をもたらすことを願っておられる。民を選んだのは、その特定の一部の民だけが祝福を受けるためではない。その一部が祝福されるのは、その周りを祝福するためなのである。もし、教会が自分たちの数が増えることを喜び、教会が安定することが目的となってしまったら、それこそ、教会の自己目的化であり、本末転倒と言わざるを得ない。イエスの時代にユダヤ教が陥った同じ過ちに陥ったと言えないだろうか。

　教会が遣わされた地の祝福となるということを真の意味で捉えようとするなら、物質的、経済的、社会的復興を無視することもなければ、それで満足することもない。それらが包括されて初めて祝福といえるのではないだろうか。旧約聖書のシャロームの意味を考えるのなら、その回復には、神との関係からお互いの人間関係、さらには社会的関係、環境との関係など実に豊かな内容が含まれている。それは、社会的領域に少し携わることで、「少し包括的になった」と教会の健全さを喜ぶような姿勢ではない。むしろ、主がその社会に遣わされた教会として社会の痛みを主と共に痛み、もがき、主からの真の希望に生きる中で、祝福となるために、仕えることではないだろうか。それは、教会のためではない。教会が祝福となるためである。主のため、主が愛する民のために、教会がどうあるかを問う者となりたい。

「教会」からではなく、聖書が描き出す「神の使命<ruby>ミッション</ruby>」から見る

「包括的福音」は、どの枠組みから見ることが望ましいのだろうか。「教会」という枠組みでも、世俗社会の枠組みでもなく、聖書が明らかにしている、「神の大いなるストーリー」という枠組みから見ることが大切である。そこにおいては、宣教は、人間の業ではなく、神が滅びゆく人間とその世界を愛するがゆえになされるそのみ業が遂行されることである。神が世を愛し、旧約聖書において約束された贖いの業は、イエス・キリストにおいて成就し、神の国の支配は始まったが、完成していない。

見失ってならないことは、神の使命に召された神の民が、教会を中心に考えるのではなく、神の計画、神の使命、すなわち神の宣教から私たちの働きを捉えることなのである。具体的には、支援を続ける中で、「目の前にいる人が神と和解し、新たにされるという奇跡がいつどのように起きるのか？」は、「誰にもわからない」ということではないだろうか。主の領域を主にゆだね、私たちは任された使命を果たすことが求められる。口で福音を伝えることも（表のB＝伝道優先）、相手の立場になって、伝道と活動との区別を前提とした働きにひたすら仕えること（表のD）も、結果的に用いて神の前に悔い改め、福音を信じることへと導くのは、神ご自身であり、その神の働きのために私たちが献身しているのである。時は神の御手にあるのだから、人間的な計画や戦略を献げて、この神の御業に存在をかけること、それが私たちの献身（＝コミットメント）なのだ。その人の回復を誰よりも包括的に願っているお方に私たちは仕えるのだ。

だから、神の大いなる使命のもとで、様々な宣教団体によるNGOにも近い働きと、教会とが認め合い、協力しあって、主の大いなる働きに仕え

44　宣教学においては、Charles Van Engen, *Mission-on-the-Way: Issues in Mission Theology.* (Grand Rapids, MI: Baker Book House, 1996)の第2章で論じている。また、クリストファー・ライト『神の宣教—聖書の壮大な物語を解く』第一巻　東京ミッション研究所訳（いのちのことば社, 2012年）なども、この視点から執筆されている。

ることが求められているのではないだろうか。そして、そのことが被災地において実際に起きていることを見るとき、それは大きな一歩であり、日本における、あるいは世界における宣教の大切なこととして伝えられる必要がある。このように、神の民が神のみ思いのもとで協力して仕えていくことによって、いよいよ地域の人の目に、その団体でも、教会でもなく、その背後におられる大いなる方が映し出されるのではないだろうか。そうすれば、その大いなる方の「ことば」に耳を傾けるようになるのではないだろうか。

契約の愛に生かされ、全人的に人を愛する

ケープタウン決意表明は、私たちに新たな視点を提供している。それは、「全人格的な愛の実践」という視点である。これは、単なる愛という感情ではない。契約に基づく覚悟と行動を伴う愛である。

> 本決意表明（コミットメント）の枠組みとなっているのは、愛という言葉である。愛は契約上の言葉である。聖書の契約、すなわち旧約と新約は、失われた人類と損なわれた被造物に対して手を差し伸べられる、神の救済の愛と憐れみの表現である。この契約は、私たちの応答の愛を求めている。私たちの愛は、契約の主に対する信頼と従順と熱心な献身（コミットメント）とにおいて表現される。[45]

この視点は、包括性を抽象的な議論の枠ではなく、愛の実践という、全人的行動を求める聖書の言葉から捉えている点で重要である。真の愛は、魂だけを扱って、食べるものや肉体の痛みを無視することはできないし、社会的、経済的、精神的に健全になればそれでよしとすることも出来ない。神に愛され、神を愛する者が、その愛に押し出されて人を愛するとき、非包括的関わりに痛みをさえ覚えることであろう。そして、包括的にかかわるよう自らを提供するであろう。

---

45 『ケープタウン決意表明』、11頁。

たとえば、わが子を愛するというとき、虫歯の痛みにもだえているなら、どうするだろうか。「最も大切なのは魂の永遠の救いであり、肉体は地上の一時的な領域だから」といって虫歯を無視するだろうか。自らも痛み、ともに病院に駆けつけ、何とかその痛みを取り除こうとしないだろうか。また、逆に、その同じ子が「健康で頭がよければ、心が罪で腐っていてもかまわない」などと思うだろうか。愛するとはその存在を人生丸ごと大切にすることであるとすれば、非包括的なかかわり方に、耐えられないだろう。

　この決意表明が「愛する」という動詞を多用していることは、全人的包括性への誠実な歩みへのチャレンジでもあり、そうしてこなかったことへの悔い改めの迫りでもある。人間の愛は時に薄れ、不誠実なあり方へと落ちる可能性が付きまとう。だからこそ、その現実を見出したならそれを悔い改め、主の十字架の前に出て献身を新たにさせていただくのである。それがあのケープタウンでの世界宣教会議においてなされたのだといえよう。しかし、それは始まりに過ぎない。もし改めなければならないことに直面したら、どこから落ちたのかを問い、悔い、改めることなしに、やり方だけを変えて物事を継続していくなら、同じ失敗を繰り返すことになろう。もちろん、やり方を変えることは重要であおる。それでも繰り返すならそれ以上別の課題に目を向ける必要があるということである。実際私たちは、全人的、包括的といいつつ、同じ失敗を繰り返してこなかっただろうか。被災支援の中で、そのことに気づいたなら、そこから自らを問い直す必要があるのではないだろうか。「変革」、「神の国」あるいは「全人的愛の実践への呼びかけ」などの視点が提供された。それらをどう受け止め実践し、それを内在化し、伝えていくか。その総合的な取り組みは始まったばかりであろう。

あとがき

西岡義行

　1989年12月に東京ミッション研究所が発足して、30年を記念する本書の出版は、天に召された初代所長である故ロバート・リー氏も心から願っていたことであろう。宣教地日本で出会った次世代を担う者たちを励まし、チャレンジし、その育ててこられた弟子たちの論文集であるだけに、その喜びは大きいに違いない。師から受けた、学者としての徹底した学究的誠実さ、伝統的に正しいとされてきていることであっても、そこに課題があるなら切り込んでいく勇気、さりげない形で表わされた私たちへの愛は、それらを受けてきた本書の論文執筆者の中に流れていることを、読者にはきっと感じていただけることであろう。そのような、真剣な取り組みから生まれた記念出版を送り出せることは、編集者として、またナンシー＆リー先生ご夫妻に様々な点でお世話になった者として、この上もない喜びである。

　さて、本書の出版は2019年度内にと願っていたが、昨年秋の台風19号による未曽有の河川氾濫の被害により、被災地域にあって、事態が大きく変わってしまった。いよいよ出版という段では、新型コロナウイルスの感染拡大による、想像だにしなかった大きな変化を目の当たりにした。さらに、7月の九州および岐阜長野の集中豪雨による水害により、出版は危ぶまれたが、何とかこの日を迎えることができた。とはいえ、教会も、社会もそして地球全体も、今までの生き方や常識をその根本から問い直さなければならない事態に直面している。だからこそ、本書を世に送り出すことの意義は大きいと信じている。

　ここで、本書の内容を端的に紹介させていただこう。まず、序章において、金本悟氏（初代総主事、第2代所長）が、東京ミッション研究所の使命、

そして発足時から今日に至るまでの歴史を述べ、さらに今後の展望を提示されている。そこに明確に述べられているように、TMRI の歴史は、ロバート・リー氏と、この人物と出会い影響を受けた一人一人の歩みなしには語ることができない。リー氏と研究所の具体的な歩みについては、ぜひ金本氏の文章を直接お読みいただければと願う。

　第一章は、リー氏が生涯の最後の時期に残された貴重な論文である。それまで出された様々な論考を踏まえ、統合し、そして新鮮な切り口で日本のキリスト者が本気で取り組まなければならない神学的、宣教学的、教会の実践的課題と可能性を示唆しているからである。オリジナルは 2003 年に "Paradigm Shifts From Ancient Jerusalem to Modern Tokyo: A Critical Expansion of Bosch" と題して *Mission Focus: Annual Review,* Vol. 11, Supplement (pp. 33-59) に掲載された。この論文は、今までリー氏が書かれてきたハーバード大学の博士論文をはじめとする数々の論考の集大成であり、多くの議論がコンパクトにまとめられつつ、重要な主張が盛り込まれている。

　この論考は『日本と西洋キリスト教』（2005 年）の第 5 章と内容はほぼ一致している。そのあたりの事情に少し触れたい。英語版 *The Clash of Civilizations*（1999 年）を出版してから 4 年後の 2003 年 7 月 22 日から 24 日に、AMBS（Associated Mennonite Biblical Seminaries ／ 2012 年より Anabaptist Mennonite Biblical Seminary）で神学協議会 "East Asia Theological Consultation on Mission" が開催された。この会議は、リー氏が数年かけて計画した重要なもので、東アジアの中国、韓国、日本およびアメリカから宣教の神学に関する論考を結集させた。こうしたやり取りは、時代を先取りしたユニークな神学会議で、ボッシュの目指した宣教の神学を具現化したものといえる。すなわち、西洋の神学カテゴリー（聖書学／歴史神学／組織神学／実践神学）によって断片化された神学ではなく、三位一体の神の派遣行為（ミッシオ・デイ）に対する、またそれがどのように捉えられ、表現され、受け継がれてきたかへの、専門領域を横断する動的な総合的神学のトライアルであった。しかも、ボッシュが十分視野に入れることができなかった「キ

リスト教社会（Christendom）の枠を超えた歴史的文化的コンテクスト」からの解釈を重視するという意味で、リー氏が生涯にわたって目指してきたことの第一歩と言える意義深い会議であった。だからこそ、その内容が *Mission Focus* 誌の Supplement（臨時増刊号）として 2003 年に出版された（日本からは、東條隆進氏、藤原淳賀氏、中島真実氏、横田法路氏、河野克也氏がこの神学協議会で発表し、同誌に論文が掲載されている）。したがって、その中でのリー氏の論文は、新しい取り組みの幕開け的な意味を持っていると言ってよい。2005 年に、*The Clash of Civilizations* を『日本とキリスト教──文明の衝突を超えて』として邦訳出版する際、最後の第 5 章を大幅に改定するに当たって、この論文をほぼそのまま用いたのである。一冊の本の最終章ということで、重複する部分もあることから、部分的に変更されている。そこで、本書の第 1 章は、2003 年のものを尊重して訳出することにした。

　本論文では、ボッシュが指摘する 5 つのパラダイム転換の中で、根本的に重要な二つの転換から始める。まず教父時代における転換、すなわち、この地上における神の救済の行為という歴史的理解から、神の本質をギリシア哲学的範疇で捉える形而上学的理解へと移ったことによって、歴史の現実における諸課題（コンスタンティヌス主義や正義の戦争理解の変質や十字軍など）に預言者的使命を果たすことができず、かえってローマ世界のあり方が教会の思索と行為を根本的に変質してしまったことである。さらに宗教改革によるパラダイム転換が見られたとは言うものの、啓蒙主義による転換に注目すべきだとする。すなわち、形而上学的二元論が崩壊し、脱神聖化され、科学や実証主義的歴史認識が世界を規定する中に移行した。社会の領域においても、神聖なる王の宗教的権威の支配から解放され、市民社会と市場経済による近代の国民国家が形成され、異なる様々な領域が、それぞれの内的論理によって合理化されていった。さらに、市民宗教やヒューマニズムの磁場の混乱は、権威の所在の主張をめぐるあらゆる領域での攻防を招き、皮肉なことに世俗化そのものの神聖化ともいえる事態すら見え隠れするとしている。そのような中で、神学も教会の実践も方向

性を見失っているのだと、ポストモダンの現状を述べている。

　しかし、リー氏は、こうした自らの考察を含めて、ボッシュの分析自体を西洋キリスト教社会を念頭に置いた一方的なものであると批判し、アジアや日本というコンテクストでの近代化も、宗教や政治、さらに神学のあり方も含めて、もう一度問い直されなければならないと主張する。そこから先の彼の論考は、直接読んでいただきたいが、最後で取り上げられている10の提言は、当研究所が目を背けることなく継続して問わなくてはならない事々である。すなわち、本来聖書が伝えようとしている内容が正しく日本に伝わるために、西洋キリスト教社会を経由して受け継がれてきたものを無批判に継承するのではなく、受けた恵みを感謝しつつも、厳しい批判の目をもってその問題に向き合い、置かれた日本という歴史的・文化的・社会的コンテクストに真剣に向かうことを避けて通ってはならないと、私たちを鼓舞している。だとすると、以下に続く論考は、このことへの、彼の弟子たちによる真剣なレスポンスとして受け止めることができよう。

　第2章「平和神学の基盤としての聖書学的枠組み」（宮崎 誉）では、聖書における平和（シャローム）が、単に争いのない状態なのではなく、繁栄、正義／公義や実直さとも関連する多面的で豊かな意味を持ち、さらに、他の平和理解と対峙するという、ダイナミックな理解が紹介される。特に、聖書の中で王的イデオロギーにおける繁栄と統治を目指す「平和」と、預言者的な社会正義を目指す「平和」とが緊張関係にあるとするT・Y・ニューフェルドの研究は、聖書の平和理解において重要な指摘だと言える。さらに、ジョン・H・ヨーダーやW・スワートリーの視点から、ルカ19章のエルサレム入城を、ルカ福音書全体のナラティブの立体的展開に注目しつつ、当時の人々の願うものとは全く異なる「平和」の告知として描き出される。それは、残忍性を持つ巨大な帝国主義的社会システムを支える「ローマの平和（パックス・ロマーナ）」ではなく、「屠られた小羊の勝利」によるキリストの平和（パックス・クリスティ）であり、その告知者として召された弟子共同体が、どのように生き、何と対峙しているのかを、

今も問い続けてる。

　第3章の「修復的贖罪論の可能性を探る──パウロ神学の『新しい視点』から」（河野　克也）においては、福音派が伝統的に受け継いできた刑罰代償説に代表される応報的贖罪論が、その成立過程で時代的制約を受けてきたものであるとして、詳細な議論を踏まえて、慎重かつ大胆に相対化される。特定のコンテクストにおいて形成された法廷的義認論や、応報的正義を満たすものとして説明される贖罪論に、異議が申し立てられる。河野氏は、E・P・サンダースやジェイムズ・ダンの議論を批判的に継承しつつ、初期ユダヤ教黙示思想の世界観というコンテクストにおいてパウロ書簡を理解し、さらに、修復的正義の視点で捉えなおすことで、暴力性を内に秘めた贖罪論ではなく、むしろその暴力性を暴き、見えざる諸力からの解放と真のシャロームを生み出す十字架のみ業への参与としての贖罪論を提案し、今後の議論の方向性に光を当てている。

　第4章の「グレン・スタッセンの『受肉的弟子の道』の位置と展望」（中島　光成）では、重厚に歴史に根差し、キリストの主権が人間の全領域に及ぶことが具現化される「弟子の道」の受肉的性格が明らかにされ、そこから逸脱したイエスの捉え方に警鐘をならす。啓蒙主義的二元論によって歴史的現実から遊離し、整理しやすい形の抽象的概念へとまとめられた神学は、生きる意味を見出す枠組みを成り立たせている「人それぞれの物語」によって、いかようにも意味が変容する。結局は、聖書で伝えられたことが、公共の世界で受け入れやすい一般的な格言集へと薄められ、固有の独自性を失い、時代を支配するイデオロギーへの預言者対決の力を失ってしまうと指摘する。さらにS・ハワーワス、H・リチャード・ニーバー、J・H・ヨーダーの対立や違いを、いかにスタッセンが創造的に乗り越えようとしたかが素描される。最後に、恩師ロバート・リー氏夫妻の生き様に受肉した「弟子の道」が紹介され、その証に心動かされることだろう。

第5章の「スタンリー・ハワーワスの『近代的自己』批判」（中島 真実）では、I・カントの道徳神学から導き出されるキリストが、普遍的な道徳的義務に従って選択する、意志の完全に自律した状態を示す「原型」として提示され、それはいわば「近代的自己」の命題にキリスト理解が溶解したとするハワーワスの批判を紹介する。主体としての自律的自己の概念の偏狭性は、自己に相対する他者を（社会や自分の過去を含め）操作可能な単なる対象とし、「独立し自己決定し得る自己存在」という幻想に誘い、その結果、個人の社会的、歴史的制約や、律することのできない領域を引き受ける受動性、さらにテロス（終局目的）なしには意味を失い存在すらおぼつかないという、自己の不確かさや虚弱性を捉えきれていないと指摘する。だからこそ、普遍的客観的観察よりも、共同体や歴史などを特殊性を犠牲にすることなく複合的に捉える「物語の形式」がより適切である。執筆者は、このハワーワスの議論を提示しつつも、その限界と今後の研究の方向性を、恩師リー氏の視座から垣間見ている。

　第6章では、横田法路氏が「終末的苦難のなかでの世界宣教とイエスの弟子育成」と題して、マタイ福音書28章の宣教命令の「弟子とせよ」の内容を、マタイ福音書全体から、具体的に描き出している。それは、「行きながら」すなわち、実際の生活や活動をする中で、人々を共同体の交わりの中に導く「バプテスマを授け」ながら、行動をもって示された主を見せつつ、「教えながら」なされることであると述べる。そして、神の国の到来を言葉と行動をもって告知したイエスに注目し、彼によって召された「弟子」の共同体が、戦争、飢饉、地震や災害、さらに愛が冷えた社会の終末的現実の中でどんな存在であるのかが、マタイのテクストから浮き彫りにされていく。九州キリスト災害支援センターの責任者として被災地の現場で苦闘しつつ牧会に従事している、そのただ中からの訴えとして、この章が読者に迫ってくる。

　最終章は、編集者が『福音主義神学』44号（2013年）に掲載したもの

を、一部変更を加えて転載させていただいた。本来は新たに執筆するところであったが、実現できなかったことをお詫びしたい。「被災地支援」という現場の実践からの組織的な宣教学的考察が本書に必要との判断から、加えることとなった。本章を、リー氏が挙げた10の課題の最後の二つへの一つの小さな応答と理解していただければ嬉しい限りである。宣教の神学は、歴史や文化という変数によってその問うべきアジェンダも、問い方やトーンまでも変化するし、それが求められる（第9の課題）。また、神の国のリアリティは、この地上では「他には見られない終末論的希望」に生かされる在留異邦人として生活化されることで、初めて宣教地において可視化されるのだとすれば（第10の課題）、被災地での真摯な、献身的かつ継続的奉仕は、長い宣教の歴史の大切な一歩だと見ることができる。

　ここで、もう一度第1章で取り上げられた10の課題に目を向け、東京ミッション研究所の働きを振り返りつつ、展望したい。最初の二つの課題は、根本的な課題である。まず、日本の近代化は西洋の近代化に取り込まれる形ではなく、むしろ日本独自の宗教的伝統の見えざる枠組みが今の日本社会を形成し、同時に日本人の現実認識を形作っていることを踏まえなくてはならない（第1の課題）。だからこそ、天皇制という日本宣教の不可避な課題に真摯に向き合わなければならない。キリスト教社会（Christendom）を通って伝えられた西洋型の「福音」が、「神道社会」（Shintodom）で育まれた文化に生まれ育った多くの人に届けられた時、文明の衝突が個人の深い部分でも、家族や親戚の中でも、また地域社会の中でも、起きたからだ（第2の課題）。これらの課題と向き合うために、TMRIでは、発足からの10年間、故千代崎秀雄氏を中心とするツアーで伊勢神宮、出雲大社、比叡山、善光寺と上田市の国分寺、高野山などを回った。今後も、こうした学びが続けられたらと願わされる。また、いくつかの研究（出版）をリストアップする（カッコ内は講師）。

1990年　「社会的・政治的な視点から見た天皇制」（古屋安雄）　フォーラム、『天皇制の検証』第2章に所収（1991年）

1990 年　「天皇制の検証」（藤巻 充、千代崎 秀雄）　牧師研修会

1991 年　「日本文化と天皇制」（久保田 周）　フォーラム

1991 年　「本居宣長と日本における宣教」（小畑 進）フォーラム

1991 年　『天皇制の検証──日本宣教における不可避な課題』TMRI・
　　　　千代崎 秀雄編（新教出版社）

2002 年　「古代日本の思想とキリスト教」（喜多川 信）　フォーラム

2004 年　「賀川豊彦の生涯と思想」（西村 虔）　フォーラム

2005 年　『日本と西洋キリスト教──文明の衝突を超えて』ロバート・
　　　　リー著（TMRI 訳、新教出版社）

2010 年　「仏教文化と日本宣教──伝統文化との関係を捉え直す」（大
　　　　和昌平）リトリート

2011 年　「日本の伝統文化と宣教の実践──神道に見る日本文化の土
　　　　壌」（髙桑照雄）夏期学校

　第 3 の課題は、教会と国家、教会と社会という問題であるが、その問い方自体も含む課題である。それは西洋型の類型によるニーバーの議論などを射程に入れる神学的課題でもあり、同時に実践的領域にも視野を広げる取り組みが求められる。これは第 4 の課題、すなわち、国家社会におけるアイデンティティ構築にもつながっていく。具体的には、所属集団の見えざる伝統の中に自らを位置づけるか、あるいは個人主義的な自律的アイデンティティを確立するかの間で、日本人キリスト者のアイデンティティをどう捉えるかという宣教の課題である。実際当研究所は、超教派 9 団体の一つとして、「戦後 50 年を迎える日本キリスト者の反省と課題」という声明を 1995 年 4 月 10 日に出した。こうした神学的かつ実際的課題に対して、今まで様々な取り組みがなされてきたので研修を列挙したい。

1991 年　「社会と教会との関係」（ロバート・ラムザイアー）フォーラム

1996 年　「キリスト教宣教と近代文化」（ウィルバート・シェンク）フォー
　　　　ラム

2000 年　『「ポリスの神学」・美徳の誕生──ハワワス神学をめぐって』東方敬信著（TMRI フォーラムシリーズ Vol. 3）

2000 年　『ポストモダンの方向』喜田川 信著（TMRI フォーラムシリーズ Vol.4）

2002 年　『社会を動かす礼拝共同体』　ジョン・ハワード・ヨーダー著（矢口以文・矢口洋生・西岡義行共訳，新教出版社）

2004 年　「ポスト・モダンにおける共同体形成」（喜田川 信）リトリート

2006 年　「新しい社会を形成する教会」（ハワード・ゼア）夏季学校

2009 年　「『社会を動かす礼拝共同体』を今日に問う」（マーク・ネイション、メアリー・ネイション）夏季学校

2009 年　「個人と共同体の信仰のあり方を問う──バルトとボンヘッファーの違い」（喜田川 信／西谷幸介）フォーラム

2012 年　「平和の共同体──その正義と福音」（東方敬信）フォーラム

2019 年　「文化の神学──神の国の平和をもたらし文化を変革する教会」（藤原淳賀）夏期学校

　第 5 の課題は、近代宣教運動が、西洋文明の発展と不可分であったことを無視することなく、日本の伝統文化における近代化への批判的な理解を深めることである。第 6 の課題は、西洋のプロテスタント宣教が残したもの、すなわち世界の文明が一つへと収束するという、啓蒙主義がもたらした世界認識である。さらに、その反動としてのポストモダンが多元的世界認識をもたらしていることに、日本においてどう向き合うかである。その中で、第 7 の課題が不可欠となる。それは、西洋キリスト教の徹底的な相対化であり、脱構築である。そのことなしに文化脈化を望むことは出来ない。これらの関連しあう歴史的、文明論的、さらには哲学的なパラダイム次元の課題は、TMRI でしばしば取り組んできた。特に D・ボッシュの『宣教のパラダイム転換』の出版は大きい。また、それに対する批判的考察もリー氏自身が繰り返し語ってこられた。以下に挙げるように、これに関連する研修を実施してきた。

1993 年　「日本の近代化と福音」（東條隆進）フォーラム

1993 年　「日本人論と日本たたきの間」（ロバート・リー）夏季学校

1994 年　『これからの日本の宣教──発想の大転換』TMRI 編（いのちのことば社）

1996 年　『現代神学におけるパラダイムの転換』栗林輝夫著（TMRI フォーラムシリーズ Vol. 1.）

1998 年　「21 世紀に向けて──ポスト・モダンにおける宣教」（ウィルバート・シェンク）宣教セミナー

2000 年　「宣教の宗教社会学的考察」（ロバート・リー）セミナー（早稲田）

2001 年　「日本における宣教学──ポスト・ボッシュと 21 世紀」（小田武彦）フォーラム

2001 年　「ポスト・ボッシュと文明の衝突」（今橋 朗）フォーラム

2002 年　「イエズス会のパラダイムと日本宣教」（ロバート・リー）夏季学校

2002 年　「日本宣教と文明の衝突」（ロバート・リー）セミナー（早稲田）

2002 年　「9 月 11 日の衝撃──国際秩序の地殻変動」（佐々木 哲夫）フォーラム

2003 年　East Asia Theological Consultation on Mission（AMBS ／ TMRI）*Mission Focus: Annual Review,* Vol. 11, Supplement として出版

　また、こうした西洋神学に流れてきた前提を批判しつつ相対化し、現場から遊離させ、預言者的使命を果たせない偏狭化された神学への真摯な取り組みも紹介されてきた。具体的には、神学の方法論、平和論、聖化論、贖罪論など各分野で問い続けてきた。以下をご覧いただきたい。

◇平和／和解

1994 年　「贖罪と非暴力的愛の道」（マーリン・ミラー）夏季学校

1994年 「キリストの平和と文化の諸領域」（東方敬信）夏季学校

1995年 「和解の宣教」（マイロン・アウグスバーガー）夏季学校

1995年 「平和を実現するもの」（エスター・アウスバーガー）特別講演

1996年 『キリストの平和と文化の諸領域』東方敬信著（TMRIフォーラムシリーズ Vol. 2）

1997年 「平和を創りだす営み」（ロナルド・クレイビル）夏季学校

1998年 「平和の福音」（ノーマン・クラウス）夏季学校

1998年 『愛する人が襲われたら？――非暴力平和主義の回答』ジョン・ハワード・ヨーダー著（棚瀬多喜雄訳、新教出版社）

1999年 「戦争と平和」（ベン・オーレンバーガー）夏季学校

2004年 「神の国の倫理」（グレン・スタッセン）夏季学校

2004年 『イエスの平和を生きる――激動の時代に読む山上の説教』グレン・スタッセン、デービッド・P・ガッシー著（棚瀬多喜雄訳、いのちのことば社）

2005年 「平和つくりの道――J. P. レデラックの著作より」（水野節子）リトリート

2006年 『平和の契約――福音の聖書神学的理解』ウィラード・スワートリー著（東京ミッション研究所訳，いのちのことば社）

◇聖書／解釈／救済・贖罪、他

1995年 「女性の視点で聖書を読む」（絹川久子）フォーラム

2000年 「十戒とキリスト教倫理」（スタンリー・ハワーワス）夏季学校

2001年 「〈聖〉をめざす旅――新約時代から現代まで」（アラン・クライダー）夏季学校、『〈聖〉をめざす旅』（棚瀬多喜雄訳、TMRI、2000年）

2004年 「力の論理と聖書の倫理」（グレン・スタッセン）講演会

2005年 「旧約時代の多神教と一神教」（並木浩一）フォーラム

2005年 「マタイ・パウロ・ヨハネ黙示録の神学――聖書が伝える救いの確かさ」（ウィラード・スワートリー）夏季学校

2008 年　「日本におけるヨーダー神学の意義」（藤原淳賀、中島真実、矢口洋生）リトリート／『ジョン・H・ヨーダーの神学——平和をつくり出す子羊の戦い』（TMRI ヨーダー研究会編、新教出版社、2010 年）として出版

2010 年　「幕屋と礼拝——荒野を旅する神の民」（ポール・オーバーランド）夏季学校

2012 年　「神の言を神の世界へ——聖書全巻と福音宣教」（クリストファー・ライト）夏季学校　クリストファー・ライト著『神の宣教——聖書の壮大な物語を読み解く』1–3 巻（いのちのことば社、2012 ～ 2016 年）邦訳出版

2016 年　「イエスの共同体の神学——これからの教会形成への聖書的視点」（横田法路）夏季学校

2018 年　「イエスの信実への参与——パウロ贖罪論への新たな視座」（河野克也）フォーラム

　第 8 の課題は、日本人の人間関係の感性に向き合い、日本人の「和」を変貌し得る神学の試みである。それは、第 9 の課題とも深くかかわっている。すなわち、聖書のメッセージを受け手に届けるために、聖書の時代のコンテクストに対しても、またそれを届ける日本の歴史や文化といった複雑で豊かなコンテクストに対しても、真摯に向き合うとことである。物事の解釈の枠組みを提供する文化が異なれば、福音理解、回心、教会組織や構造、キリスト者のあり方などあらゆる領域で問い直さざるを得ないからである。これらは実際的な現場からの問いかけによって、明らかにされることが多い。したがって、こうした取り組みは、机の上からではなく、宣教の現場や痛みを訴える存在の現実から始まるといって過言ではないであろう。この領域に関連する TMRI の取り組みは多岐に及ぶことから、公式 HP から、今までの研修行事一覧や出版一覧などを参照されたい。ここではその一部を（特に日本文化や実践の現場からのものに限って）列挙しよう。

◇神学的研鑽（第8）

1991年 「北森神学と日本宣教」（北森嘉蔵）フォーラム

2006年 「つつみつつまれる関係性の究明」（阿倍 仲麻呂）リトリート

2007年 「西田哲学から聖霊の神学へ」（小野寺 功）リトリート

2019年 「キリスト者の証言——人の言語化の営みから宣教を考える」（原 敬子）フォーラム

◇実践的考察（第9）

1998年 「隣人・韓国との和解を目指して」（吉田耕三）特別講演

2009年 「レデラックに学ぶ平和つくりの道」（水野節子、宮崎 誉）リトリート

2010年 『敵対から共生へ——平和づくりの実践ガイド』ジョン・ポール・レデラック著（水野節子、宮崎 誉、西岡義行訳、株式会社ヨベル）

2011年 「被災現場から包括的福音を問う」（米内宏明）リトリート

2013年 「被災地の現在とキリスト者の責任」（川上直哉）フォーラム

2016年 「地域社会に開かれた教会」（井上貴詞、岩上敬人、西岡義行）フォーラム

2017年 「地域社会に開かれた教会」（横山聖司、犬塚 契、東條隆進）フォーラム 『社会に開かれた教会——地域の福音となる新たな一歩』（いのちのことば社、2019年）として出版

　最後に、10番目の課題は、神の国のリアリティーがいかにキリスト者の共同体として、この地上に具現化されるかである。この共同体は、罪ゆえに腐敗し混乱しつつある現実に、しかもそれに気づかずにいる社会の中に遣わされている。災害や疫病などの危機の中では、気づかずにいた人間の現実が露わになり、うろたえる。しかし、だからこそ終末論的希望に生かされ続ける弟子共同体が「地の塩、世の光」として派遣されているので

はないだろうか。今求められているのは、神の宣教に参与し、神の国のリアリティーを具現化する「在留異邦人」としての「代替共同体」に他ならない。それを見せなくさせているものを徹底して批判する学問的営みを怠ることなく、この共同体に参与する営みを行動しつつ指し示していくこと、それがこれからの東京ミッション研究所が追い求めていくことなのだ。ロバート・リー氏が提示された 10 の課題は、今も、これからも私たちをチャレンジしていくことだろう。

最後に、ロバート・リー氏のプロフィールと著作を紹介しよう。

故ロバート・リー博士プロフィール

1928 年 7 月 6 日、オレゴン州ポートランドで、中国からの移民 Lee Soon（Harry Lee）と Sue Lin Lee の長男として生まれる。中国からの移民がほとんどいない地域で、家庭、学校、教会での交わりの中で育つ。オレゴン州立大学で電子工学で学び（B.S.1949 年）、同州の Bonneville Power Administration にシステム・エンジニアとして就職。その後、1951 年から 5 年間、メノナイト中央委員会より戦後のドイツでの復興支援、および韓国の孤児院での働きに従事する。帰国後、ゴーシェン聖書神学校（Goshen Biblical Seminary）で聖書学を学ぶ（B.D. 1959 年）。在学中に、ゴーシェン大学で英語教師をしていたバージニア州ハリソンバーグ出身のナンシー女史（Nancy Burkholder）と出会い、結婚。

1959 年に、メノナイト宣教委員会（Mennonite Board of Missions）より、二人で日本に派遣された。国際基督教大学構内に住み、一年間の語学研修の期間を経て、1964 年まで北海道帯広のメノナイト教会で、宣教師として仕えた。その間に、3 人の子どもが与えられた。その後、米国に戻り、ハーバード大学で学び、1974 年に神学と宗教社会学のダブルメジャーで、日本人における自己アイデンティティと宗教の問題において博士号（Ph. D.）を取得。その後、テネシー大学を皮切りに、内村鑑三も学んだアマースト大学、サウスウェスタン大学（宗教学部長）

で教えた後、ボストン大学（ユニバーシティー・プロフェッサー）で教鞭を執りつつ、プリンストン高等研究所のメンバーとして研究を続けた。

1986年より、再び宣教師として日本に赴任。明治学院大学の教授として、宗教学や宗教社会学などを教えながら、日本における宣教活動を再び開始する。1988年より、東京聖書学院内において東京ミッション研究所開設の準備を始め、1989年12月より、同研究所の初代所長、2003年からは国際所長として指導力を発揮する。その間、アジア神学大学院への支援、葉山レポートの編集、東京聖書学院での教鞭をとりながら、日本メノナイト文書教会（JMLA）の活動にも尽力する。東京ミッション研究所の夏期学校やフォーラムにて、ウィルバート・シェンク、マーク・ラムザイアー、ウィラード・スラートリー、アラン・クライダー、エヴェレット・ハント、マーリン・ミラー、マイロン＆エスター・アウグスバーガー、ベン・オーレンバーガー、ノーマン・クラウス、スタンリー・ハワーワス、デイヴィッド・アウグスバーガー、グレン・スタッセン、ハワード・ゼア、マーク＆メアリー・ネイションらを招き、日本と西洋の神学との対話を通じて、宣教の神学を発展させた。さらに、2005年の日本宣教学会の設立に尽力し、顧問として学会を支え続けてきた。

この間、東京聖書学院の構内住み、学院教授や東京聖書学院の教授や、学生、アジア神学大学院の研究生などと良き交わりをし、東京聖書学院教会では、月2回の英語礼拝での説教の御用を続けた。

2005年に引退し、米国に帰ってからは、ハリソンバーグにあるVirginia Mennonite Retirement Community に住み、Park View Mennonite Church のメンバーとして、教会の働きに積極的に参加した。また、イースタン・メノナイト大学(Eastern Mennonite University)の "Anabaptist Center for Religion and Society" の創設メンバーとして尽力した。

2016年2月29日、闘病生活を終えて、多くの人々に惜しまれつつ、静かに天に召される。

故ロバート・リー博士著作論文リスト

1974　*Religious Evolution and the Individuation of the Self in Japanese History.* (Harvard University Ph.D. dissertation), Tokyo: Tokyo Mission Research Institute, 1991.

1981　"Service to Christ and Country: Uchimura's Search for Meaning." In *Culture and Religion in Japanese-American Relations: Essays on Uchimura, 1861-1930.* Ray A. Moore, ed., pp. 71-99. Ann Arbor: University of MichiganPress. Reprinted in *The Japan Christian Quarterly,* vol. 54 (1988): 92-110.

1981　"The Problem of Transcendence in Comparative Religion: The Quest for the Sacred in Kamakura Buddhism." in *Transcendence and the Sacred.* Alan M. Olson and Leroy S. Rouner, eds. South Bend, IN: University of Notre Dame Press.

1988　"From Ancient Jerusalem to Modern Japan: Contextualization in Japanese Culture and Society." *1988 Hayama Missionary Seminar Report,* pp. 38-51. Reprinted in *The Japan Missionary Bulletin,* vol. 42, pp. 127-40 (1989) and in *Mission Focus,* vol. 17, pp. 24-30 (1989).

1989　"Unchanging Emperor System." *1989 Hayama Missionary Seminar Report,* pp. 17-22.

1990　*"Heisei": A New Era or More of the Same? Missiological Issues in the 90's.* (editor with Barry L. Ross). *1990 Hayama Missionary Seminar Report.*

1990　"Response and Epilogue." In *1990 Hayama Missionary Seminar Report,* pp.81-96.

1991　「日本人のアイデンティティ、天皇制および近代化」『天皇制の検証──日本宣教における不可避な課題』、152 〜 203 頁、東京ミッション研究所編　新教出版社 1991 年.

1991　*The Enigma of Japanese Society.* (editor with Barry L. Ross). *1991 Hayama Missionary Seminar Report.*

1992　*A World in Shambles in an Ordered Universe; Renewing Mission*

Engagement. (editor). *1992 Hayama Missionary Seminar Report.*

1993　A response to "Why Jesus Instead of the Buddha?" *1993 Hayama Missionary Seminar Report,* pp. 84-91.

1994　"Contextualization: Self-identity and Conversion in Japanese Culture and Society." *1994 Hayama Missionary Seminar Report,* pp. 67-91.

1994　*A.D. 2000 and Beyond: Christian Education and Mission: Missionary Survival Before A.D. 2000: Two Seminars: Innovative Strategies, Contextualizing the Gospel,* (ed. with Russell Sawatsky). Tokyo Mission Research Institute.

1995　"Deconstruction and the Modern: Missiological Trends and Issues for the Church in Japan and the Missionary." *1995 Hayama Missionary Seminar Report,* pp. 89-123.

1995　"The Japanese Emperor System: The Inescapable Missiological Issue." [English trans.] preface to *The Japanese Emperor System: The Inescapable Missiological Issue,* pp. v-xiii. Tokyo: Tokyo Mission Research Institute, 1995.

1997　"What Is True Religion?" *The Japan Mission Journal,* vol. 51: pp. 84-102.

1998　「福音的ラディカリズムの実践者──追悼 J・H・ヨーダー」（棚瀬多喜雄訳）『福音と世界』第 53 巻（4 月号）、39-44 頁。

1999　*The Clash of Civilizations: An Intrusive Gospel in Japanese Civilization.* Harrisburg, P.A.: Trinity Press International.（邦訳『日本と西洋キリスト教』, 2005 年）

2001　「まえがき──上巻から下巻へ」『宣教のパラダイム転換』（ディヴィッド・J・ボッシュ著）下巻、東京ミッション研究所訳、9-26 頁, 新教出版社.

2003　"Paradigm Shifts From Ancient Jerusalem to Modern Tokyo: A Critical Expansion of Bosch. " *Mission Focus: Annual Review,* Vol. 11, Supplement, pp. 33-59.

2005　『日本と西洋キリスト教　文明の衝突を超えて』東京ミッション

研究所訳、東京ミッション研究所。

各章を担当した執筆（翻訳）者はつぎの通りである。

金本 悟（かねもと さとる／序章）：1948 年生、早稲田大学、ホイートン大学大学院、トリニティー神学校、プリンストン神学校、ボストン大学大学院、アジア神学大学院日本校（D. Min.）で学ぶ。現在、アジア太平洋神の教会連盟委員長、大泉ぶどうの木教会牧師、社会福祉法人神教福祉会・神の教会保育園園長、東京ミッション研究所理事、日本宣教学会副会長、日本ローザンヌ委員会アドヴァイザー。著書：D. ボッシュ著『宣教のパラダイム転換』（共訳／新教出版社）、『「聖化」の現代的意義──和解の福音の観点から』（ASGST/J）、「日本におけるポストモダン時代の幼児教育・家庭教育」『宣教学ジャーナル』（第 8 号）他。

宮崎 誉（みやざき ほまれ／第 2 章）：1974 年生まれ。東京聖書学院、合同メノナイト聖書神学校（M. A.）、アジア神学大学院日本校（D. Min.）で学ぶ。現在、東京聖書学院講師（新約聖書学）、日本ホーリネス教団鳩山のぞみ教会牧師。著作：「ヨハネの福音書の第一過越物語（2〜4 章）の集中構造的解釈」『福音主義神学』（第 41 号）、R・リシャー編『説教をめぐる知恵の言葉・下──古代から現代まで』（共訳／キリスト新聞社）、J・P・レデラック著『敵対から共生へ──平和づくりの実践ガイド』（共訳／東京ミッション研究所）。

河野 克也（かわの かつや／第 3 章）：1965 年生、国際基督教大学（教養学部人文科学科）、東京聖書学院、神戸ルーテル神学校、合同メノナイト聖書神学校（現アナバプテスト・メノナイト聖書神学校）、デューク大学神学部（Th. M. 新約聖書学）、サザン・メソジスト大学大学院宗教学博士課程（新約聖書学：満期退学）で学ぶ。現在、日本ホーリネス教団中山キリスト教会牧師、青山学院大学非常勤講師、日本聖書神学校非常

勤講師。著訳書：『聖書神学事典』（「贖い」「法」他8項目／いのちのことば社）、リチャード・B・ヘイズ著『イエス・キリストの信仰』（新教出版社）、H・-J・クラウク著『初期キリスト教の宗教的背景 下巻』（共訳／日本キリスト教団出版局）他。

中島 光成（なかしま みつなり／第4章）：1970年生、静岡大学（人文学部法学科）、東京聖書学院、基督兄弟団聖書学院、東部メノナイト大学（M. A. 紛争変革）、東部メノナイト神学校（M. Div.）で学び、現在フラー神学校（博士課程単位取得、Ph. D. 候補、キリスト教倫理）に在学中。北米ホーリネス教団ウエスト・ロサンゼルス教会牧師。

中島 真実（なかしま まさみ／第5章）：1968年生、南山大学（文学部哲学科）、東京聖書学院、神戸ルーテル神学校、東部メノナイト神学校、シカゴ・ルーテル神学校（Ph. D. 組織神学）で学ぶ。現在、基督兄弟団一宮教会牧師、東京聖書学院講師、東海聖書神学塾教師、関西聖書神学校講師。著作："Toward an Ecclecial Ethics of the Brand-New Community of the Cross in Japan Today"(diss.), マクグラス編『キリスト教神学資料集 キリスト教神学資料集』（共訳／キリスト新聞社）、『ジョン・H・ヨーダーの神学』（共著／新教出版社）、『受け継がれた福音のバトン』（いのちのことば社）他。

横田 法路（よこた ぽうろ／第6章）：1966年生、九州大学、同大学院、東京聖書学院、関西聖書神学校、米国合同メノナイト神学校（M.A.）、セントアンドリューズ大学大学院（Ph.D. 新約学）で学ぶ。現在、日本イエス・キリスト教団福岡教会牧師、九州キリスト災害支援センター理事長。著作：R. ボウカム著『イエス入門』（共訳／新教出版社）、『人生を聖書と共に――リチャード・ボウカムの世界』（共著／新教出版社）、『「キリストさん」が拓く新たな宣教――災害大国日本に生きる教会と共に』（編著／いのちのことば社）、*Struggles for Shalom: Peace and*

Violence across the Testaments（共著／ Wipf and Stock Publishers）他。

中川 美弥子（なかがわ みやこ／第1章翻訳）：1937年生、青山学院大学（英米文学科）、東京聖書学院を卒業。現在、東京ミッション研究所事務主事。著訳書： アーノルド・スナイダー著『イエスの足跡に従う―アナバプテストの伝統』（共訳／ TMRI）、サビーナウォム・ブランド著『聖書密輸入の愛と受難の物語』（真菜書房）、ロバート・リー著『日本と西洋キリスト教――文明の衝突を超えて』（共訳／ TMRI）他。

西岡 義行（にしおか よしゆき／第7章、あとがき）：1961年生、東京聖書学院、アズサ・パシフィック大学、同大学院、フラー神学校（Ph.D. 比較文化論）で学ぶ。現在、東京聖書学院教頭、東京ミッション研究所総主事、東京基督教大学非常勤講師、日本ホーリネス教団川越のぞみ教会牧師。著作："Worldview Methodology in Mission Theology"（*Missiology* vol. 26）、D・ボッシュ著『宣教のパラダイム転換』（編集共訳／新教出版社）、『社会に開かれた教会』（共編著／いのちのことば社）、"A Creative Death Ritual: Receptor-Oriented Sense-Making in Japan." In *Traditional Ritual as Christian Worship.*（Orbis Books）他。

　本書が出版されるためには、米国で研究生活を送っている井上敬文・鳩子夫妻の助け、当研究所の中川美弥子氏や金本史子氏の陰のサポートに、心から感謝している。また、全ての章をくまなく見てくださり、各章の本文や脚注にも貴重な助言をくださった河野克也氏の綿密な労に深謝したい。さらに、何度も出版時期を遅らせたにも関わらず、忍耐を持って原稿を待ってくださったヨベルの安田正人氏には、申し上げる言葉が見つからない。

　最後に、本書に直接触れることなく他界されたロバート・リー氏には改めて深い感謝を申し上げたい。葬儀に列席することができなかったが、その様子を井上氏の助けで東京聖書学院の会議室で TMRI 理事やスタッフ

と共に動画を見、思いを新たにしたことを昨日のように思う。また、先生のお世話になった者の有志で集めた日本からのお花料を、ナンシー夫人がすべてこの出版のために捧げてくださった。先生がたの存在に触れたことは、私たちの宝であり、「この感謝をどう表したらよいかわからない」という思いが、私たちを動かしていることだけは、何とかお伝えしたい。

　　2020 年 9 月

東京ミッション研究所関係出版

東京ミッション研究所編『天皇制の検証 ── 日本宣教における不可避
　な課題』新教出版社、1990 年. ──英語版 *The Japanese Emperor System:
　The Inescapable Missiological Issue*. Robert Lee, ed. TMRI, 1990.

東京ミッション研究所編『これからの日本の宣教 ── 発想の大転換』
　いのちのことば社、1994 年.

栗林輝夫『現代神学におけるパラダイムの転換』TMRI フォーラムシ
　リーズ Vol. 1. TMRI、1996 年.

東方敬信『キリストの平和と文化の諸領域』TMRI フォーラムシリーズ
　Vol. 2. TMRI、1996 年.

ヨーダー、ジョン・ハワード『愛する人が襲われたら？ ── 非暴力平
　和主義の回答』棚瀬多喜雄訳 新教出版社／ TMRI、1998 年.

Lee, Robert. *The Clash of Civilizations: An Intrusive Gospel in Japanese
　Civilization.* Trinity Press International, 1999.

東條隆進『日本宣教における「地方」の問題』KMRC・TMRI、1999 年.

ボッシュ、デイヴィッド『宣教のパラダイム転換　上巻　聖書の時代か
　ら宗教改革まで』TMRI 訳、新教出版社、1999 年.

東方敬信『「ポリスの神学」・美徳の誕生 ── ハワーワス神学をめぐっ
　て』TMRI フォーラムシリーズ Vol.3. TMRI、2000 年.

喜田川 信『ポストモダンの方向』TMRI フォーラムシリーズ Vol.4. TMRI、
　2000 年.

クライダー、アラン『〈聖〉をめざす旅 ── シャロームを生きる神の
　民』棚瀬多喜男訳、TMRI、2000 年.

ボッシュ、デイヴィッド『宣教のパラダイム転換　下巻　啓蒙主義から
　２１世紀に向けて』TMRI 訳、新教出版社、2001 年.

ヨーダー、ジョン・ハワード『社会を動かす礼拝共同体』矢口以文・矢
　口洋生・西岡義行共訳、新教出版社、2002 年.

オイヤー、J. S., R. S. クライダー『殉教者の鏡物語』棚瀬多喜雄訳、シャローム出版、2002 年.

アウグスバーガー、デイヴィッド『赦し ── 新しい人間関係を生み出す』棚瀬多喜雄訳、いのちのことば社、2003 年.

スタッセン、グレン、デービッド・P・ガッシー『イエスの平和を生きる─激動の時代に読む山上の説教』棚瀬多喜雄訳、いのちのことば社、2004 年.

リー、ロバート『日本と西洋キリスト教 ── 文明の衝突を超えて』TMRI 訳, 新教出版社／TMRI、2005 年.

スワートリー、ウィラード『平和の契約 ── 福音の聖書神学的理解』TMRI 訳、いのちのことば社、2006 年.

ヨーダー研究会編『ジョン・H・ヨーダーの神学 ── 平和をつくり出す小羊の戦い』新教出版社、2010 年.

レデラック、ジョン・ポール『敵対から共生へ ── 平和づくりの実践ガイド』水野節子・宮崎誉共訳、西岡義行編、ヨベル、2010 年.

齋藤孝志『無限の価値と可能性に生きる ── 使徒言行録全説教』ヨベル、2010 年.

ライト、クリストファー・J・H『神の宣教 ── 聖書の壮大な物語を読み解く』第 1 〜 3 巻、TMRI 訳、いのちのことば社、2012 〜 2016 年.

スナイダー、A.『イエスの足跡に従う ── アナバプテストの伝統』中川美弥子・矢口以文共訳、東條隆進監修、TMRI、2013 年.

西岡義行・井上貴詞共編『社会に開かれた教会 ── 地域の福音となる新たな一歩』いのちのことば社、2019 年.

東京ミッション研究所選書シリーズ 18

平和をつくり出す神の宣教──現場から問われる神学
〈東京ミッション研究所創立 30 周年記念論文集〉

2020 年 10 月 31 日 初版発行

編集者 ── 西岡義行

発行者 ── 東京ミッション研究所（TMRI）

〒 189-8512 東京都東村山市廻田町 1-30-1　東京聖書学院内
TEL/FAX 042-396-5597

発行所 ── 株式会社ヨベル　YOBEL, Inc.

〒 113-0033 東京都文京区本郷 4-1-1　菊花ビル 5F
TEL03-3818-4851　FAX03-3818-4858
e-mail : info@yobel.co.jp

装丁 ── ロゴスデザイン・長尾 優

印刷 ── 中央精版印刷株式会社

配給元──日本キリスト教書販売株式会社（日キ販）
〒 162 - 0814　東京都新宿区新小川町 9 -1
振替 00130-3-60976　Tel 03-3260-5670

©2020　ISBN978-4-909871-28-2 C0016

聖書は、聖書 聖書協会共同訳（日本聖書協会発行）を使用しています。